DIE GERMANEN DES RHEINS

Reliefdarstellung der Pachtzahlung aus Trier

PROF. DR. WATTERICH

DIE GERMANEN DES RHEINS

IHR KAMPF MIT ROM
UND DER BUNDESGEDANKE

AKADEMISCHE VERLAGSGESELLSCHAFT

Akademische Verlagsgesellschaft ist ein Imprint des Phaidon Verlags.

Gesamtherstellung : Millium Media Management
Printed in Germany

ISBN 3-88851-211-5

VORWORT.

Die grosse Frankenbewegung am Rhein, gekrönt durch die Eroberung Galliens und den Aufbau des welthistorischen fränkischen Reiches, hat nach zwei Seiten hin Segen gebracht. Gallien wurde erobert und germanisch verjüngt; romanisirt wie es war, entging es so dem Verhängniss des hinsiechenden Rom und begann eine neue zukunftreiche Entwicklung. Germanien links und rechts des Rheines erstarkte in der gewaltigen Kraftanstrengung seiner Franken und gewann, zugleich mit der Verjüngung Galliens, die Grundlage seines eignen politischen Daseins. Hier ist der Krystallisationskern des germanisch-christlichen Europa.

Den Schwierigkeiten und Dunkelheiten, die trotz der ausgezeichneten Untersuchungen deutscher, belgischer und französischer Gelehrten über den Anfängen der Germanen des Rheins und der Franken noch obwalten, sind die in gegenwärtiger Schrift enthaltenen Forschungen *) gewidmet.

---

*) Zu denen zunächst einzelne, bei Behandlung der Herkunft des Germanennamens (vgl. hier S. 4. Anm. 1.) unerledigt gebliebene Nebenfragen den Anstoss gaben, freilich um nunmehr als Hauptfragen in den Vordergrund zu treten und eine präcisere Fassung und Lösung zu erfordern. Dahin gehört die Bestimmung der Grenze von Germania I und II, der Rheinbrücke Cäsars, der Rheinmündungen, der Wohnsitze der Ambivariten und der rechtsrheinischen Völkerverhältnisse. Es ist hier nicht der Ort, auf die Ergebnisse jener Schrift nochmals zurückzukommen. Rücksichtlich eines voreiligen Recensenten jedoch erlaube ich mir, auf zwei Dinge aufmerksam zu machen. Wer vom Splitter im Auge des Nachbars redet, darf nicht

Der erlauchteste unter den Germanenstämmen des Rheins sind von früh an die Sigambern gewesen, — nicht darum, weil sie wider Rom tapfer und selbstbewusst gestanden, sondern weil sie dem Kampfe durch den Bundesgedanken Leben und Fruchtbarkeit, Nachdruck und Sieg verschafft haben. Die vom Sigambrischen Gedanken durchwehten Kriege am Rhein, an der Weser, an der Elbe haben das Germanische Selbstbewusstsein grossgezogen, das berufen war, das Römische Reich zu erschüttern; — die Sigambern auch sind es gewesen, die im 5. Jahrhundert Rom in seiner reichsten wichtigsten Provinz den Todesstoss gegeben —, und abermals sie sind es, die in dem einzigen dauerhaften Germanenreich an der Spitze gestanden haben. Diese grossartige Continuität deutscher Entwicklung, soweit die Quellen gestatten, bloss zu legen, darauf war des Verfassers Augenmerk vor Allem gerichtet.

Der Gewinn für unsere ganze ältere Geschichte ist bedeutender, als einstweilen ausgeführt werden konnte. Möchte es dem Verfasser vergönnt sein, die Wege, die von den gewonnenen festen Punkten aus durch die ganze christliche und vorchristliche Germanen- und Frankengeschichte gehen, mit Liebe zu verfolgen.

Zur Veranschaulichung der wichtigsten Resultate wird eine Karte vom nordwestlichen Germanien, von der Marne und dem Main bis zur Elbe und der Nordsee; erscheinen, deren technische Vollendung zu übernehmen Herr Premierlieutenant von Heyden die Güte gehabt hat.

---

im eignen Auge den Balken haben; wer die prosodischen und sprachgeschichtlichen Schwierigkeiten bei der deutschen Ableitung des Germanennamens hervorheben will, von dem muss erst feststehen, ob er nicht mit keltischer Ableitung (von lauter Längen) den vermeintlichen Fehler der germanischen zu einem muthwilligen und unerklärlichen macht, — der darf ferner nicht, weil ihm die gothische Glosse gairu unbequem ist, durch die Bemerkung, sie sei „auf Romanischem Boden entstanden,“ den Ulfilas selbst verloren haben.

INHALTS-VERZEICHNISS.

EINLEITUNG.

ERSTER THEIL.

ZWEITER THEIL.

DRITTER THEIL.

Des Freiheitsbundes Fortdauer und Nachwirkungen.

VIERTER THEIL.

Die versetzten Sigambern. Die Salier. Dispargum.

EINLEITUNG.

DIE GERMANEN AM NIEDERRHEIN SEIT CAESAR.

Die Grundlage unserer Kenntniss von der Germanenwelt bilden die durch Einfachheit und Klarheit ausgezeichneten Kriegsdenkwürdigkeiten des langjährigen, scharfsinnigen Augenzeugen, des Feldherrn und Staatsmannes Julius Cäsar. Ihm folgt der Zeit wie der Zuverlässigkeit nach Tacitus. Der Nächste würde um seiner Reichhaltigkeit willen Ptolmäus sein, wenn seine Nachrichten gleichmässiger und klarer wären. Was dann Strabo und Plinius bieten, sind Fragmente, die aber bei Strabo durch die Zeit, in der er schrieb, bei Plinius durch seine längere Anwesenheit in Germanien hohen Werth erhalten. Vieles aus dem verlorenen grossen Werke des Plinius über „die Germanischen Kriege" ist uns ohne Zweifel bei Cassius Dio erhalten. Die flüchtige Skizze des Begleiters von Tiberius in Germanien, Vellejus Paterculus, ergibt zwar nur spärliche Nachricht, immerhin aber Besseres, als der oberflächliche Florus. Aus Pomponius Mela sind nur wenige aber werthvolle geographische Züge zu gewinnen und Suetonius, der von einer Fülle historischer Litteratur umgebene Sekretär Kaiser Hadrians, mehr auf Kulturhistorisches gerichtet, steht was die Ausbeute für Germanengeschichte angeht, fast — dem Frontin gleich.

Diese für die ersten Zeiten maassgebenden hauptsächlichsten Schriftsteller empfangen eine wesentliche Ergänzung durch die besonders in den Rheinlanden zahlreichen gleichzeitigen Inschriften.

Die Verschiedenartigkeit dieser nicht immer sofort übereinstimmenden Zeugnisse erfordert es, bei ihrer Verwendung nach bestimmten Regeln zu verfahren. Vor allem darf als Grundsatz aufgestellt werden, dass geographische Angaben, welche im Zusammenhang von zuverlässigen Berichten über bestimmte historische Ereignisse auftreten, ebenso wie gleichzeitige Inschriften vor statistisch-geographischen Daten den Vorzug verdienen. Das wirkliche Leben ist die entscheidende Instanz über alle Karten und geographischen Handbücher [1]). Ausserdem wird es nöthig sein, jede Aussage zunächst nur für ihre Zeit anzunehmen, und eine Geltung vor- oder rückwärts nur in dem Falle zu gestatten, dass nicht starke Gründe überhaupt oder bessere Zeugnisse widersprechen. Hierbei möge daran erinnert werden, dass wenn die Germanen auch, einmal im Wandern, immer leicht gegürtet waren, wir uns die germanische Welt doch keineswegs in allgemeiner ruheloser Bewegung denken dürfen. Auch sie, und sie mehr als ihre Feinde, wussten von der

---

[1]) So einfach dieser Grundsatz ist, so selten hat man ihn befolgt; dadurch ist viel heillose Verwirrung in der Geographie Germaniens angerichtet worden. Es muss hier noch auf einen besondern Umstand aufmerksam gemacht werden. Die Geographen hatten Karten vor sich liegen; das sieht Jeder bei Ptolmäus auf den ersten Blick, auch bei Strabo lässt es sich nicht bezweifeln. Aber was für Karten waren das? Vor Allem keine Tabula Peutingeriana; denn diese ist gar keine Landkarte, geschweige eine Völkerkarte, sie ist ein gezeichnetes Reichsitinerar, das schon nicht im Geringsten die Raumverhältnisse der Länder darstellt, noch viel weniger die Situation der Völker oder auch nur deren Namen. Ihre Entstehung, von Mannert richtig erkannt, dann aber von Ritschl und Petersen vollends in's Licht gestellt, geht übrigens auf keinen Geringern, als eben — Julius Cäsar zurück. Hätten wir die Karten, die den beiden grossen Geographen vorlagen, so würde Vieles gewonnen sein; sie fehlen uns. Aber auch wenn wir sie hätten, fielen sie unter die Kontrole des obenaufgestellten Grundsatzes, gleichwie ihr Text, und was nicht mit der Geschichte, mit der lebendigen Völkerkunde im Einklang stünde, das müsste fallen, wäre es auch noch so schön gesetzt und noch so scheinbar consequent geordnet.

Liebe zum heimischen Boden zu erzählen, und der Zauber, der sie daran fesselte und den insbesondere der ernste Tacitus [1]) an ihnen bewundert — „wer möchte nach Deutschland ziehen mit seinem wüsten Boden, rauhen Himmel, freudlos für Aug und Herz, wem es nicht Heimath wäre!" — dieser Zauber gründete im tiefsten, im religiösen Bewusstsein. Nur die bittere äusserste Noth konnte sie dazu bringen, von den Hainen, den Bergen, den Quellen zu scheiden, womit ihr innerstes Leben verwachsen war [2]).

Um die einzelnen Völker kennen zu lernen, gibt es kein besseres Mittel, als uns zunächst der Führung Cäsars in den Denkwürdigkeiten über seine belgisch-rheinischen Feldzüge zu überlassen. Wir beginnen mit den Trevirern. Nördlich von den rheinaufwärts angesessenen Tribokern, Vangionen und Cäracaten und den im oberen Moselthal [3]) wohnenden Mediomatrikern sich ausbreitend, hatten sie das ganze übrige Flussgebiet der Mosel [4]) einerseits bis an den Rhein, von da an, wo die Nahe mündet, abwärts [5]), andererseits das ganze Luxemburg einbegreifend bis an die Maas, wo sie westlich an die Remi [6]) und nordwestlich an die Nervier, [7]) grenzten.

---

[1]) Germania, 2: Quis .. Germaniam peteret, informem terris, asperam coelo, tristem cultu aspectuque, nisi si patria sit!

[2]) Das unternehmende Leben der Gefolgschaften darf nicht mit dem der Völker verwechselt werden.

[3]) Wie es scheint, früher bis zum Rhein: Rhenus .. per fines .. Sequanorum, Mediomatricorum, Tribocorum, Trevirorum citatus fertur. Caesar BG. IV. 10.

[4]) Belgarum (clarissimi) Treviri; urbesque opulentissimae: in Treviris Augusta. Pomponius Mela, III. 2. Legio XVI — in Coloniam Trevirorum transgredi jubetur. Tacitus IV. 62.

[5]) Hier bezeichnet die Lage der Cäracaten (in der Creuznacher Gegend, rechts der Nahe), worüber Heep (Jahrbücher des Vereins von Alterthumsfreunden im Rheinlande, Bonn 1858. Heft XXVI. 21 ff.) eine treffliche Abhandlung geliefert hat, die Trevirische Grenze; es war die Nahe. Vergleiche Tacitus h. IV. 70.

[6]) Arduenna — per medios fines Trevirorum a flumine Rheno ad initium Remorum pertinet. Bell. Gall. V. 3. — Quartam (legionem) in Remis cum T. Labieno in confinio Trevirorum hiemare iussit. BG. V. 24.

[7]) Scribit Labieno, — cum legione ad fines Nerviorum veniat. BG. V. 46.

Von dem mittleren Maasthal, zwischen Sedan etwa und Lüttich, waren sie durch die Pämanen und Condrusen und weiter durch die Cäräser und Segner [1]) getrennt. Nördlich der Linie Rheineck-Lüttich-Löwen sass das Eburonenvolk, das also von da an, wo die Segner und Cäräser endigten, von den nördlichen Ausläufern der Eifelberge, bis zur Mündung des Vinxtbaches bei Niederbreisig in den Rhein unmittelbar an die Trevirer grenzte [2]). In der Zeit des Augustus wurden die nördlich von den Trevirern bis an den Rhein ausgebreiteten Eburonen durch die dorthin übergesiedelten Ubier zurückgedrängt; die Abtheilung des Germanenheeres, das Civilis auf dem linken Rheinufer zur Plünderung der damaligen Römerfreunde südwärts geschickt hatte, kommt aus dem Ubiergebiet in das der Trevirer [3]). Seitdem am linken Rheinufer an die Trevirer die Ubier grenzten, ist die Grenzlinie bestimmter zu erkennen. Dieselbe war nämlich

---

Arduenna silva) — ab ripis Rheni finibusque Tervirorum ad Nervios pertinet. BG. VI. 29.

[1]) Segni Condrusique — qui sunt inter Eburones Trevirosque. BG. VI. 32. Wir verweisen über die Völker im Norden der Trevirer auf unsere Schrift: Der deutsche Name Germanen und die ethnographische Frage vom linken Rheinufer [Belgien], 1870, besonders Abschnitt IV.

[2]) Caesar postquam ex Menapiis in Treviros venit, duabus de causis Rhenum transire constituit, quarum una erat, quod Suevi auxilia contra se Treviris miserant, altera, ne ad eos Ambiorix (Eburonum rex) receptum haberet. BG. VI. 9. (Ambiorigem) per Treviros venisse Germanis in amicitiam cognoverat. Ebenda 5. (Treviri) Ambiorigem sibi societate et foedere adiungunt. Ebd. 2. Die Sigambern setzen etwas unterhalb der im Trevirergebiet geschlagenen Rheinbrücke über und: primos Eburonum fines adeunt. BG. VI. 35. — Die Menapier wohnten, wie von uns in oben genannter Schrift nachgewiesen ist, auf der Küste von den Morinern an nordwärts bis zur Linie Durstede-Utrecht, waren also in einem Bogen unter den Eburonen, zwischen ihnen und der Nordsee, sesshaft; Menapii propinqui Eburonum finibus, BG. VI. 5. Vgl. auch das jener Schrift angefügte Kärtchen. Ex Menapiis in Treviros ging der Weg durch's Eburonenland. Hierüber später mehr.

[3]) (Civilis) vastari Ubios Trevirosque — iubet. Tac. H. IV. 28. Der Befehlende befindet sich vor Vetera, diejenigen aber, denen diese Verwüstung aufgetragen wurde, waren nicht Völker in ihren Gebieten, sondern zwei von Vetera ausziehende Heerschaaren (aliam manum Mosam amnem transire iubet). Der Zug gegen die Ubier und die Trevirer ging am Rhein

auch die Scheidelinie zwischen Ober- und Unter-Germanien[1]), und der Grenzstein[2]) hat sich bei Rheineck, einer Burg zwischen den beiden alten Rheinfesten Rigomagus und Antunnacum gefunden.

Für unsere Frage ist das von eben diesem Grenzpunkte an aufwärts bis zur Nahe reichende Trevirische Rheinufer von hoher Wichtigkeit. Von diesem Ufer der Trevirer nämlich schlug Cäsar,

---

hin, darauf deutet: Caesae (Agrippinensium) cohortes — in vico Marcoduro incuriosius agentes, quia procul ripa aberant.

[1]) Germania I (von Rom aus betrachtet) und Germania II. Der bis zum Rhein hin liegende östliche Theil der Treviri war der nördlichste Bezirk der Germania I, das übrige Trevirische bildete das nördlichste Drittel der Belgica I.

[2]) Der Fundort dieses Grenzsteines ist nach Schmidt am Vinxtbach und zwar „an seinem nördlichen Ufer". Die Angabe Fiedlers: „bei dem Dorfe Fornich" ist nicht genau. Der Stein ist, wie ausdrücklich bezeugt ist, bei dem Brückenbau zu Tage gekommen. Fornich liegt eine Viertelstunde oberhalb Brohl, der Vinxtbach fällt aber erst eine kleine halbe Stunde unterhalb Brohl in den Rhein, und zwar unmittelbar am Fusse der von ihm an zwei Seiten umflossenen Burg Rheineck, so dass Rheineck auf einem thalabwärts gerichteten Vorsprung steht, gegen Untergermanien hin. Die Mündung des Baches ist gleich weit von dem stromauf gelegenen Brohl und dem stromab gelegenen Niederbreisig entfernt. „Unmittelbar am nördlichen Ufer" des Baches, wo die Brücke steht, bei den Bauarbeiten der jetzt stehenden Brücke hat sich 1810 der Stein gefunden, der jetzt zu Brüssel im königlichen Waffen- und Alterthumsmuseum ist. Bekanntlich weist Gallien manche dieser Finessteine und -orte auf, Ukert weist deren 18 nach; auch unserem Stein entspricht nicht blos der Name des Baches, sondern die drei kleinen, nahe an seiner Quelle, zwischen Ramersbach und Königsfeld, gelegenen Orte Ober-, Mittel- und Unter-Vinxt; wahrscheinlich trug auch ein Ort am Rhein, vielleicht mit einem auf dem Rheineck stehenden Wachtthurm, den Namen Fines. Freudenberg, der in den Jahrbb. des Rh. Alterth. Vrns. 1860. XXIX und XXX. S. 84—94. 233. die Bedeutung des Steins und eines ihm entsprechenden vom südlichen Vinxtufer trefflich erläutert, fügt die Bemerkung hinzu, in diesem Vinxtbach sei nun wohl der Obrincafluss des Ptolmäus (*Τῆς δὲ παρὰ τὸν ῾Ρῆνον χώρας ἡ μὲν ἀπὸ θαλάσσης μέχρι τοῦ Ὀβρίγκα ποταμοῦ καλεῖται Γερμανία ἡ κάτω.* Geogr. II. 8. Pt. macht freilich dann den Fehler, dass er noch Punkte von Obergermanien mit in Unterg. hereinzieht, z. B. Mainz, was immer zu jenem gehört hat; festzuhalten ist aber die Grenzscheide) gefunden, und erinnert gegenüber der Einrede, als könne der kleine Bach doch nicht von solcher Bedeutung sein, mit Recht an den jetzt fast namenlosen Bach Rubicon, der einst die Provinzen Gallia cisalpina von Italia trennte. Wir sehen nicht

wie er mit nackten Worten sagt, seine zweite Brücke über den Rhein [1]) und auf der andern Seite stand sie auf Ubischem [2]) Gebiet. Da er nun versichert, dass die erste nur in unbedeutender Entfernung unterhalb gestanden habe [3]) also beide Punkte so nahe beisammen lagen, dass die Entfernung nicht der Rede werth war [4]),

---

was man dieser wichtigen Bemerkung entgegenstellen könnte, und freuen uns nur, noch Eins hinzufügen zu können, was das Räthsel des Namens Obrinca in etwas zu mildern und den abenteuerlichen Versuchen, ihn anders wohin zu tragen, den Weg zu erschweren geeignet sein dürfte. Auf denselben Höhen, wo der Bach entspringt, dem interessanten Bergland zwischen der Ahr und dem Laachersee, über welches auch (von Fines aus) eine Römerstrasse gegangen zu sein scheint, hat sich der Name Brenk als Ortsname erhalten. Wenn der Obrinca bei dem grossen Geographen, so gut wie der Rubicon (Ῥουβίκων ποταμὸς III. 3. —) zum ποταμὸς hat promovirt werden müssen um seiner Bedeutung willen, so ist es gewiss nicht zu weit gegangen, wenn wir annehmen, dass sein Name auf die Benennung einer Ortschaft in seinem Quellgebiet Einfluss geübt hat; ein Aequivalent dazu ist uns ja in jenen drei Vinxtörtchen erhalten, und Obrinca war älter, der Name ist (vgl. Abrincatui bei Plinius n. h. IV. 32.) keltisch. — Die Inschrift nun lautet nach Brambach, corp. Inscr. Rhen. Elberfeld 1867. nr. 649:

FINIBVS. ET
GENIO. LOCI
ET. J. O. M. MILIT
LEG. XXX. V. V
M. MASSIAENI
VS. SECUNDUS
ET. L. AVRELIVS
DOSSO
V. S. L. M.

Zwei Soldaten der Legio tricesima Ulpia victrix bezeigen den Grenzgöttern und dem Genius des Ortes und dem Jupiter ihre Verehrung. —

[1]) Firmo in Treviris ad pontem praesidio relicto — BG. VI. 9.

[2]) Partem ultimam pontis, quae ripas Ubiorum contingebat, (wir machen schon hier auf den behutsamen Ausdruck contingebat aufmerksam) BG. VI. 29.

[3]) Paulum supra eum locum, quo ante exercitum traduxerat, facere pontem instituit. BG. VI. 9.

[4]) Wir müssen bei einem so exacten Schriftsteller, wie Cäsar, diesem Ausdruck seinen einfachen Sinn vindiciren. Wenn Cäsar in einer Sache, die ihm so wichtig ist, dass er eine nur etwas erhebliche Entfernung (6 Meilen) genau mit der Zahl angiebt (vgl. später den Uebergang der Sigambern über den Rhein), eine Entfernung gar nicht berechnet, so ist sie gewiss verschwindend klein; wie unmöglich auch Napoleons Ansicht

so unterliegt es keinem Zweifel, dass beide Brücken auf Trevirischem Boden standen. Erfahren wir nun weiter, dass die Sigambern, indem sie 6 Meilen unterhalb der Gegend der Brücken über den Rhein setzten[1]), sofort Eburonisches Gebiet betraten, so wissen wir, dass die Brücken beide zwischen Rheineck und einem höchstens 6 Meilen oberhalb gelegenen Punkte gewesen sein müssen. Erwägen wir hierzu, dass Cäsar, dessen erste Brücke so gut wie die zweite, gegen die Sigambern und die Sueven gerichtet war[2]), also nur einem und demselben Zwecke dienen konnte, die erste nur vorübergehend, in der Weise einer Pionirbrücke aufschlug, die zweite demselben Zweck dienende aber, wie von Cohausen sehr richtig hervorhebt, mit förmlichen Bauwerken zu einer dauernden machte[3]) — ein Fingerzeig, dass er die Stelle der zweiten als den geeigneteren Punkt festhielt, während er den der ersten als weniger zweckmässig aufgab, — so dürfen wir bei der geringen Ausdehnung der allein in Betracht kommenden Strecke hoffen, ihre wirkliche Stätte mit Bestimmtheit zu ermitteln. Zu diesem Zwecke sind die Resultate der von Ingenieur-Oberst von Cohausen an Ort und Stelle geführten

---

ist, die Brücke Cäsars (wir betonen das) sei bei Bonn gewesen, so hat er in Bezug auf paulum supra (Hist. de Jules César III., 7., 3. und 9., 5). unstreitig das Richtige gesehen. Uebrigens verweisen wir auf Note 3 dieser Seite.

[1]) Sigambri, qui sunt proximi Rheno — transeunt Rhenum navibus ratibusque XXX milibus passuum infra eum locum, ubi pons erat perfectus praesidiumque ab Caesare relictum; primos Eburonum fines adeunt etc. BG. VI. 35.

[2]) Er giebt die Zwecke, um deren willen er die erste Brücke geschlagen, IV. 19. an: ut Germanis (damit sind die Sueven gemeint, vgl. 16: Ubii — magnopere orabant, ut sibi auxilium ferret, quod graviter ab Suevis premerentur) metum iniiceret, ut Sigambros ulcisceretur, ut Ubios obsidione liberaret. Dieser Doppelzweck war nur statthaft, wenn Cäsar wusste, dass die von ihm in's Auge gefasste Gegend des Rheinlaufs zum Einfall ins Sigambrische (nordwärts) und ins Suevische (südwärts) gleich gut sich eignete und das zeigt unverkennbar, dass derselben gegenüber die beiden feindlichen Gebiete an einander grenzten. Doch hierüber weiter unten das Nähere.

[3]) Für den Uebergang selbst liess er die Brücke so schlagen wie die erste (nota atque instituta ratione — opus perficitur. VI. 9.), dann aber nach seiner Rückkehr aufs trevirische Ufer befestigte er sie, liess eine starke Besatzung zurück — magnisque eum locum munitionibus firmat. VI. 29.

Untersuchungen entscheidend, und wir nehmen dieselben, obgleich Herr von C. die von uns constatirte kürzere Ausdehnung der fraglichen Linie noch nicht vorgeschwebt hat, desshalb nur um so sicherer zur Grundlage. Zuerst spricht er es als eine keinem Zweifel unterworfene Thatsache aus, dass auf der ganzen Erstreckung vom Einfluss der Nahe bis „zum Siebengebirge" nur an einer Stelle der Uebergang Cäsars und die Brücke strategisch möglich gewesen sei, nämlich zwischen Coblenz und Andernach, in dem sogenannten Neuwieder Becken[1]). Wir lassen ihn selbst reden:

---

[1]) Jahrbb. des Altrth. Vrns im Rhl. 1867 S. 11. 56. Indem wir hier von den höchst wichtigen Arbeiten, deren Resultate Oberstlieutenant von Cohausen in den Abhandlungen: a. „Cäsars Feldzüge gegen die germanischen Stämme am Rhein" (Jahrbb. des Alterths. Vrns im Rheinl. 1867. XLIII. 1—56.) und b. „Cäsar am Rhein. Forschungen und Bemerkungen zu der Geschichte Cäsars von Louis Napoleon. Cäsars zweiter Rheinübergang" (Jahrbb. 1869. XLVII. und XLVIII. S. 1—65.) mitgetheilt hat, Gebrauch machen, können wir nicht unterlassen, zu bemerken, dass in den von uns bei Seite gelassenen Aeusserungen wichtige historische Momente übersehen sind. Zuerst der Wechsel des Ortes beim ersten und zweiten Brückenschlag. Von Cohausen meint (a. S. 11.), die beiden Punkte könnten schon desshalb nicht nahe beisammen zu suchen sein, weil die Römer eine Vorliebe gehabt hätten, alte Lagerplätze immer wieder zu beziehen; und wenn man den zweiten Rheinübergang nur 4—5 Milien vom ersten erfernt annähme, so würde das jedenfalls auf diesen einen Tadel werfen; der erste müsse sich daher sehr schlecht bewährt haben, wenn man so nahe daneben einen anderen gewählt habe". Die Richtigkeit dieser Ansicht ist gar nicht zu leugnen; aber warum sollte nicht selbst Cäsar einmal statt einer minder zweckmässigen Wahl eine bessere getroffen und so in der That sich selbst corrigirt haben? Selbst dem genialsten Feldherrn begegnet es, dass er, wenn er ein Terrain zum zweiten Mal zu prüfen hat, seine Dispositionen modificirt, gemachte Erfahrungen verwerthet, gewonnener besserer Kenntniss folgt; ja das gerade scheint uns den Feldherrn zu charakterisiren, dass er nicht an einmal beschlossener Bestimmung festhält, sobald wichtige Vortheile bei einer Modification des Planes zu erreichen sind. Und dass der Wechsel des Uebergangspunktes nur eine der Entfernung nach kleine Modification gewesen sei, das ist es gerade, was er selbst sagt. Durch eine irrige Vorstellung von den Wohnsitzen der Menapier und Eburonen, sodann aber durch Erwägungen, als müsse der erste Rheinübergang am Niederrhein statt gefunden haben, von der einen Seite verleitet, von der andern gezwungen, den zweiten Rheinübergang im Trevirischen, oberhalb des Vinxtbaches gelten zu lassen, befindet sich nun v. C. der Schwierigkeit

„Der Rhein durchläuft von Einfluss der Nahe bis zum Siebengebirge ein enges Thal, zu welchem das Hochland des Huntsrückens und der Eifel, des Einrichs und des Westerwaldes mit steilen Abhängen, mit kahlen Steinrauschen und Felsklippen abbricht und nur durch schluchtige Seitenthäler in Verbindung steht.

In dem Hauptthal wie den Nebenthälern hat die Natur selbst

---

gegenüber: „wie wir, die erste Brücke bei Xanten festhaltend, dies mit dem paulum supra vereinigen können und was wir unter paulum supra verstehen?“ Um sich dieser zu erwehren, greift er zu dem bedenklichen Mittel, beweisen zu wollen, bei Cäsar heisse propinque eine Entfernung von — 340 Milien, und non longe seien — 90 Milien; dann müsste man natürlich an Cäsars Maassangaben völlig verzweifeln. Was könnten dann noch 30 Milien sein? Aber jene beiden Stellen bei Cäsar missversteht v. C. Die erstere, (II. 35.) nennt die Carnutes, Andes Turonesque (Chartres, Anjou, Tours) civitates propinquae his locis, ubi bellum gesserat. Da nun Cäsar im nördlichen Belgien, zuletzt mit den Aduatucen Krieg geführt habe, schliesst v. C., so nenne er also die Entfernung von 340 Milien eine propinquitas. Ich glaube nicht, dass es nöthig, ja auch nicht, dass es statthaft ist, diese Ungeheuerlichkeit, wie L. Napoléon III. 5, 10. seines Werkes und Ritter (die Stelle der ersten Rheinbrücke Cäsars Jahrbb. d. A. v. 1868 XLIV. und XLV. S. 47.) wollen, durch Einschieben des vermeintlich ausgefallenen „Crassus“ (ubi Crassus bellum gesserat) zu beseitigen. Es braucht der Leser nur zu bedenken, dass Crassus der Unterfeldherr Cäsars war und den Krieg unter der Autorität und Verantwortlichkeit Cäsars geführt hatte, um Angesichts der Ortsbestimmung durch die drei Völkernamen — sofort zu wissen, welchen Krieg Cäsar mit den Worten ubi bellum gesserat meinen muss. Wer das 4. Kapitel gelesen hat, ehe er an das 34. kam, der war gar nicht in Gefahr, dabei an den in Belgien geführten Krieg zu denken, der musste an dens zwei Sätze vorher besprochenen Crassus denken. Die zweite Stelle beruft sich auf die erwiesen falsche Meinung, als seien die Usipier und Tencterer in der Gegend von Emmerich über den Rhein gegangen, worüber meine Schrift vom Germanennamen und die weiter unten folgende Darstellung das Genügende gibt. So kann denn von der seltsamen Behauptung v. C.'s.: Cäsar habe nur kleine Entfernungen in bestimmten Ausdrücken, in Schritten angegeben, und — was v. C. zwar nicht sagt, aber hinzugedacht wünscht — grosse Entfernungen lieber mit propinque, non longe, paulum, — von dieser Behauptung kann gar keine Rede sein. Vielmehr umgekehrt: wo Cäsar, dem selbst 30 Milien noch der bestimmten Angabe werth scheinen, die Ausdrücke paulum etc. gebraucht, da muss die Entfernung so klein sein, dass sie so gut wie keine ist. Gerade die Angabe der 30 Milien ist es, die übrigens auch, da sie nicht dasselbe, wie paulum, sondern das Gegentheil sagt, die Ansicht Ritters (Jahrbb. d. A. V. 's. 1864. XXXVII. 20 ff. und 1868. XLIV. und XLV. 46 ff) widerlegt.

keinen Raum gelassen für Wege, auf welchen jenes in seiner Längerichtung zu durchwandern oder durch diese von einem Höhenrande zum andern zu überschreiten gewesen wäre. Nur einzelnen Jägern und Fischern mochte das gelingen und gewohnter Beruf sein. Heute haben wir in Deutschland nur noch wenige Thäler, die eine so urzeitliche Anschauung gewähren; das Selkethal im Harz mit seinen Felstrümmern und Geröllböschungen, das Donauthal an manchen Stellen zwischen Passau und Linz, einige Seitenthäler der Saar, wo sie die Grauwacke durchbricht, mögen als letzte Beispiele solch vorweltlicher Unwegsamkeit übrig sein, mit welcher das Rheinthal einst im grössten Theil der bezeichneten Länge abschrecken musste.

Nur an einer Stelle inmitten der ganzen Erstreckung erweitert es sich auf beiden Ufern zu einem runden Kessel: zwischen Coblenz und Andernach. Hier bietet es den Hochlanden, die es trennt, vier geneigte Bahnen, die sanft zum Ufer hinableiten. Von Süden senkt sich hier der Huntsrücken über das Tafelgelände der Carthaus zum Zusammenfluss von Rhein und Mosel; von Westen flacht sich die Eifel durch das Maifeld und die Pelenz in Meilenbreite zum Rheinthal ab. Gegen Norden führt eine sanfte Berglehne über Heddesdorf und Rockersfeld zu den Höhen, welche das Rheinufer bis zum Siebengebirge begleiten; und endlich wird der im Osten liegende Westerwald auf einer ebenso sanften Rampe über Heddesdorf, Niederbieber, Melzbach, Rengsdorf nach Altenkirchen hin erstiegen.

Keine andere Nebenstrasse führt aus dem Rheinthal und selbst diese nach Norden, Osten und Süden gerichteten Strassen führen über Gelände, das von beiden Seiten durch Thalschluchten auf eine sehr geringe Breite eingeengt ist, die nördliche zwischen Rockersfeld und dem Forsterhof durch die Nonnenbach, welche zur Wied, und die Rheinbrohler Bach, welche zum Rhein fliesst; die östliche bei Rengsdorf durch Seitenthäler der Laubach und Wied — und des Mairansthals — und die südliche bei Waldesch durch die Mühlbach von Rense und das Conderthal, das gegenüber Winningen in die Mosel mündet. Und da auch die Kesselränder sehr steil und die sie durchbrechenden Seitenthäler ganz unwegsam, so war die Ebene, zu welcher das rechte Rheinufer zwischen Bendorf und Neuwied sich verbreitert, ebenso leicht militärisch abzusperren wie zu benutzen, um nord- und ostwärts vorzudringen. Es bildet hierdurch in der natürlichen Schranke, die sich vom Main bis zur Siegmündung erstreckt, einen Vorhof zu der einzigen Pforte für den friedlichen und den kriegerischen Verkehr der Völker des Ostens und des Westens. In ihm liegt zugleich der Uferwechsel für den alten Verkehrsweg, der von Süden her auf der Wasserscheide zwischen Mosel und Rhein als Klingelstrasse hinaufzieht, den Rhein unterhalb Coblenz überschreitet und als Rennweg sich zwischen Rhein und Wied nordwärts fortsetzt.

In diesen Verhältnissen liegt die hohe Wichtigkeit des Neuwieder Beckens; sie wurde von jeher durch Kriegsoperationen und Befestigungsanlagen benutzt und beurkundet, indem sie jene strategisch herbeigeführt und diese taktisch durch günstige Terraingestaltung erleichtert hat.

Wenn auch durch die Strassenanlagen der Römer und durch die der neueren Zeit die Verkehrsverbindungen grosse Aenderungen erfahren haben, so reichen diese doch nicht aus, das Grundgepräge eines Landes so zu verwandeln, dass dies nicht fortfahren sollte, feindliche Massenkräfte zu scheiden, weil, was die Kunst geschaffen, ihr leicht ist auch wieder aufzuheben; und je mehr Mühe die Anlage einer Strasse gemacht, desto geringer ist die Mühe sie wieder zu zerstören und zu verwehren. Es wird uns daher nicht schwer, auch unter den neueren Gravirungen das alte Gepräge des Geländes immer noch zu erkennen. —

Durch diese Bodengestaltung war der Verkehr zwischen den Trevirern und Sueven hieher gewiesen und — von der Natur eingeleitet und erleichert; in ihr lag der Hauptgrund, weshalb Cäsar hier diese Verbindung trennen und hier über den Rhein gehen musste. Durch seinen Marsch [durchs Eburonische] — schob sich Cäsar wie ein Keil zwischen die Trevirer und die Sueven. —

Was uns die Stelle (an der Nett) sehr geeignet erscheinen lässt, hier den Cäsarischen Uebergangspunkt zu suchen, sind, ausser der allgemeinen taktischen Configuration, in welche er sich trefflich einreihen lässt, zwei Thatsachen:

a) dass diese Stelle allein durch eine auf dem jenseitigen Ufer-auf sie zuführende alte Strasse ausgezeichnet ist, und

b) dass man von hier aus und zwar nur von hier aus das Castell bei Niederbiber [Victoria] erblicken kann.

Man fand nämlich eine alte, unter Neuwied und unter den Feldern von Heddesdorf sich hinziehende Strasse, die in dieser Richtung sich fortsetzend, das genannte Castell erreicht haben würde; sie nahm in dieser Richtung zugleich den erhabensten, zwischen der Wied und dem Auslauf der Schlöth wasserfrei bleibenden Rücken ein; und wenn auch nicht behauptet werden soll, diese Strasse sei von Cäsar von seiner Brücke aus angelegt worden, so ist es uns doch wahrscheinlich, dass seine Brücke so gut gelegen habe, dass man auch später diese Richtung für die Strasse beibehielt, oder aber dass seine Brücke selbst sich einem noch ältern vorhandenen, auf der natürlichen Wasserscheide hinlaufenden Wege angeschlossen habe und dass dieser eben so ein Stück jener Trevirisch-Suevischen Verbindungsstrasse gewesen sei. —

Die Nette macht vor ihrem Einfluss in den Rhein eine so bestimmte rechtwinklige Wendung, dass man in ihr und in dem Rhein die Grabenbegränzung eines ungefähr quadratischen Lagers von 600 Schritt Seitenlänge anzunehmen versucht ist".

Das entscheidende der in der Untersuchung angegebenen Momente ist indess wohl weniger der von dort aus freie Blick in die Rasselsteiner Schlucht und nach der späteren Victoria der Römer, als vielmehr eben das Vorhandensein einer gerade auf diesen Punkt auf dem rechten Ufer auslaufenden noch erkennbaren uralten Strasse vom Westerwald, und zwar dieser nach Cäsar von den Römern verbesserten Strasse als Beweis einer ihr zu Grunde liegenden

Germanischen. Wie jene strategischen Gründe von dem Uebergang der Franzosen im Jahre 1795 an bis zurück in Cäsars Zeit gelten, so haben sie auch, wie v. C. selbst mit Recht hervorhebt, früher gegolten und wir haben hier eine Hauptverkehrslinie zwischen den rechts- und linksrheinischen Völkern von höchstem Alter vor uns, die Cäsar, wie er überhaupt auf vorgefundenen Strassen seine Gallischen Feldzüge gemacht hat [1]), Stratege genug war für die auch seinem Zweck entsprechenden zu halten. Der Unterschied, ob er sein Heer, wie bis dahin die Germanenschaaren gethan, auf Schiffen und Flössen [2]) oder auf einer Brücke hinübersetzen wollte, änderte Nichts an der gegebenen Sachlage.

Muss es demnach für ausgemacht gelten, dass die zweite Brücke Cäsars bei dem heutigen Neuwied gestanden hat (und die erste, demselben Zwecke dienende, nur eine kleine Strecke weiter unten, noch im Neuwieder Becken [3]), so dient es zur auffallenden Bestätigung, dass wir auch den Uebergangspunkt der Sigambern über den Rhein, den ersten von Neuwied an rheinabwärts, abermals als strategisch bedeutend auch von den Römern acceptirt finden in dem genau 6 Meilen unterhalb Neuwied gelegenen Bonn!

Dass mit einer an dieser Stelle geschlagenen Brücke nicht blos die Sueven, sondern auch die Sigambern bedroht waren, die unmittelbare Nähe beider also keinen Zweifel leidet, gibt Cäsar deutlich

---

[1]) Es ist das ein Umstand, der deshalb nicht genug betont werden kann, weil Cäsars rasche Feldzüge ohne das Vorhandensein solcher Völkerstrassen ganz und gar unmöglich waren und überhaupt die Cultur in diesen Ländern keineswegs erst mit den Römern begonnen hat.

[2]) Vgl. oben: navibus ratibusque.

[3]) Hierzu zwingt die Beschaffenheit des Rheinthales zwischen den Fines und Neuwied. — Vgl. von Cohausen in der Abh. a., S. 4: — „an der Stelle, welche nach unserer Meinung Cäsar am angeführten Ost bezeichnen will, in der Gegend zwischen Coblenz und Andernach, stand ein sanft abfallendes linkes Ufergelände den mächtigen Trevirern wirklich offen, was längs der schroffen Uferwände zwischen Bingen und Coblenz und zwischen Andernach und der Vinxtbach nirgends der Fall war“.

genug zu verstehen, indem er den Grund angibt, wesshalb die Sigambern so weit unterhalb übersetzten. Er sagt nämlich[1]), sie seien übergesetzt „30 (Römische) Meilen unterhalb der Stelle, wo die (zweite) Brücke vollendet und die Besatzung (von 12 Cohorten = 6000 Mann) zurückgelassen war." Obgleich die Sigambern wussten, dass sie durch ihre Plünderungen im Eburonenlande Cäsar einen Gefallen thaten, so mieden sie doch das für einstweilen unzweckmässige Zusammentreffen mit den 6000 Mann, wodurch sie nach den Antecedentien des Jahres 55 leicht bei der allgemein freigegebenen Plünderung des Eburonenlandes hätten zu spät kommen können. Sie mieden den Uebergang bei Neuwied: wir wissen also auch hieraus, auch ihrerseits, dass er ihnen sonst nicht fern gelegen hätte.

An die Trevirer schloss sich, wie schon bemerkt, unmittelbar das Volk der Eburonen an, die bis zur Maas bei Lüttich Theil hatten an dem grossen Waldgebirg der Arduenna und dann links der Maas das ganze von der Maas und untern Schelde umflossene Gebiet nördlich der Linie Brüssel-Lüttich, freilich minder dicht[2]) als das Land zwischen Maas und Schelde, bewohnten. Es war, mit dem Gebiete der Pämanen, Cäräser, Condrusen und Segnen zusammen, das linksrheinische Germanenland im hervorragenden Sinne des Wortes und dass trotz weit vorgeschrittener Amalgamirung mit den im Lande verbliebenen keltischen Elementen dennoch das germanische Bewusstsein unverwüstlich dauerte und die Auszeichnung im Namen guten Grund hatte, dafür gibt die Thatsache Zeugniss, dass von allen belgischen Völkerschaften das Hauptvolk dieser Gruppe, die Eburonen, unter ihrem König Ambiorix, allein von Cäsar nicht besiegt worden sind. Dieses im Vergleich zu Rom

---

[1]) BG. VI. 35.

[2]) Dies der einzig richtige Sinn von Cäsars so viel missbrauchter Stelle: Eburones, quorum pars maxima est inter Mosam et Rhenum. V. 24. Vgl. Germanenname, S. 75.

„armselige Volk“, wie die Römer meinten[1]), ist es gewesen, das, auf den Rath ihres tapferen Stamm- und Gesinnungsgenossen, des Trevirerkönigs Indutiomar, im Jahre 54 zwei Legionen in der Arduenna das Schicksal bereitete, das im Teutoburger Wald Varus fand durch die Cherusker. Der freiwillige Tod, den der König über die eine Hälfte, Cativolk, sich gab, da er bei seinem hohen Alter für den Verzweiflungskampf des Volkes um die Freiheit gegen Cäsar nur ein Hinderniss sein konnte, verräth ächt germanische Wildheit und der glühende Hass Cäsars gerade gegen dieses Volk, der bis zum feinen Spott über den Heldentod des Königs[2]) und bis zur Vogelfreierklärung des ganzen Eburonenlandes für Gallier und Germanen ging — ein unerhörtes Beispiel! — wird von ihm selbst als odium Germanorum[3]) verzeichnet. Hier war es das erste Mal, wo er sich einem Feinde gegenüber rathlos sah und er musste zu den interessantesten Wendungen greifen[4]), um in seinen

---

[1]) BG. V. 28. Vgl. Germn. S. 75. N. 128.

[2]) Cativolcus rex dimidiae partis Eburonum, qui una cum Ambiorige consilium inierat, aetate iam confectus, quum laborem aut belli aut fugae ferre non posset, omnibus precibus detestatus Ambiorigem (?), qui eius consilii auctor fuisset, taxo, cuius magna in Gallia Germaniaque copia est, se exanimavit. VI. 31. Wenn Cativolc mit Ambiorix den Krieg beschlossen hat — und das stand ihm als dem König der einen Hälfte ja gerade zu! — dann hat er auch Ambiorix keinen Vorwurf gemacht und ist nicht, wie Cäsar ihn herabziehen will, aus feiger Verzweiflung, sondern (nach heidnisch-germanischem Begriff) um in dem Verzweiflungskampf nicht durch Gefangenschaft sein Volk zu binden, in den Tod gegangen. Das ist eine echte heidnisch-tragische Gestalt!

[3]) Wuthentflammt kommt Cäsar aus dem Menapierland her und schlägt die zweite Brücke über den Rhein, um die Sueven abzuschrecken, dass sie dem verfolgten Ambiorix bei sich keine Zuflucht zu bieten wagen sollten, und um sie zu züchtigen, weil sie den Freunden des Ambiorix, den Trevirern, Hülfstruppen geschickt hatten. Da kommen die Ubier, in Angst und Schrecken, ob nicht auch sie die Rache des römischen Imperators zu fühlen bekämen, und hielten flehentlich an: sie hätten aber den Trevirern nicht geholfen, und er möge ihnen gnädig sein: ne communi odio Germanorum innocentes pro nocentibus poenas pendant. VI. 9.

[4]) Man lese VI. 30. den Bericht, wie die Römer den verhassten König — beinahe gehabt hätten, ebenda 34., wie Cäsar, um die Soldaten nicht

Denkwürdigkeiten das im Wesentlichen resultatlose bellum Ambiorigis dem Römischen Volke darzustellen.

Indess der Anfang der Unterwerfung lag für die Eburonen in der Befestigung der römischen Macht an ihren Grenzen. Unter Augustus [1]) gelang es, das linksrheinische Germanien zum „Frieden“ zu bringen. Aber selbst jetzt erzwang sich die germanische Nationalität, die den Römern in der Art des Widerstandes fühlbar genug geworden war, die Anerkennung, dass für das wenn auch zu Gallia gezählte und unter den Proconsul Galliens gestellte Land dennoch kein anderer officieller Name sich fand als — Germania. Hier hoben denn die Römischen Kaiser (und im Bataverlande) den Kern ihrer Heere, die mit dem neuen, engern Bundesnamen sich nennenden Tungrercohorten aus, die gleich den Batavern, von ihren Edeln befehligt gewesen zu sein scheinen [2]) und uns unter den römischen Fahnen bald in den Schlachten am Euphrat, bald in

---

preiszugeben“, „für das Heer zu sorgen“, um nicht „von der römischen Kriegsführung abzuweichen,“ — lieber den Feinden „etwas weniger schadete als seine Soldaten „einen Schaden“ nehmen liess, trotzdem sie natürlich, gleich ihrem Führer, „allgemein von Gier nach Rache brannten“. Im darauf folgenden Kapitel kommt dann, mit derselben pfiffigen Einleitung, wie 30. Hic quantum in bello fortuna possit et quantos afferat casus, cognosci potuit), die Schilderung des heiteren casus, wie die Sigambern aus lauter Gefälligkeit, nur durch eine Verwechslung, dem Cäsar ein paar tausend Mann zusammenhauen. — Es fehlte auch dem ersten Cäsar, zumal wenn er sich mit Germanen zu schaffen machte, nicht an „dunkeln Punkten“.

[1]) Cassius Dio, 53, 12. erzählt zum Jahre 28, dass Augustus sich die Provinzen gewählt habe, die noch eine Heeresmacht zu ihrer Behauptung nöthig hatten, und fährt fort: *τοῦ δὲ δὴ Καίσαρος (ἐνομίσθη ἐ̃ιναι) ἥ τε λοιπὴ Ἰβερία καὶ Γαλάται πάντες καὶ Κελτικοί* (das sind bei Dio immer Germanen), *αὐτοί τε καὶ οἱ ἄποικοι σφων. Κελτῶν γάρ τινες, οὕς δὴ Γερμανοὺς καλοῦμεν, πᾶσαν τὴν πρὸς τῷ Ῥήνῳ Κελτικὴν κατασχόντες Γερμανίαν ὀνομάζεσθαι ἐποίησαν, τὴν μὲν ἄνω, τὴν μετὰ τας τοῦ ποταμοῦ πηγάς, τὴν δὲ κάτω τήν μέχρι τοῦ ὠκεανοῦ τοῦ Βρεττανικοῦ οὖσαν.*

[2]) Von den Batavern sagt Tacitus das ausdrücklich: quas (Batavorum cohortes) vetere instituto nobilissimi popularium regebant. Hist. IV. 12. Beispiele bringt der Bataverkrieg.

Spanien, bald in Brittanien, überall auf den gefährdetsten Punkten des weiten römischen Weltumkreises begegnen, so wenig waren die Eburonen, wie Cäsar es freilich vorgehabt hatte, ausgerottet! — Zwischen dem Rhein und der Maas war der bevölkertste Theil des Landes.

Welches Volk sich abwärts auf dem linken Rheinufer an die Eburonen reihte, sagt uns Cäsar nicht. Der Grund wird darin zu suchen sein, dass er ausser diesen mit keinem anderen Volke Anlass hatte in Beziehung zu kommen. Seine Communikationslinie zwischen Aduatuka-Tongern und dem Ubiervolk ging nur durch Eburonisches Gebiet. Jedenfalls ergiebt sich aus dieser Lage der Dinge, dass die Völkerschaften, welche zwischen diesen und den Batavern wohnten, von den Unternehmungen und Geschicken mächtigerer Nachbarn, seien es die südlichen oder die nördlichen, bestimmt wurden und deshalb keine besondere Erwähnung bei Cäsar gefunden haben. Finden wir nun, dass dieser ruhige Zustand, von der Uebersiedlung der Ubier abgesehen, auch noch im folgenden Jahrhundert fortwährte, so dürfen auch für die voraufgehende Zeit die im Jahre 69 nach Christus zuerst genannten Gugerni als die auf die Eburonen folgende Völkerschaft am Niederrhein angesehen werden.

Die Gugerni, die man ohne die erforderliche Begründung für ein vom rechten auf das linke Rheinufer verpflanztes Volk zu halten sich gewöhnt hat, sassen laut der bestimmten Nachricht des Tacitus in der Crefelder Gegend, von Gellep landeinwärts [1]), müssen aber, da man den Namen der Stadt Goch noch aus dem alten Volksnamen herleiten darf — schon das Gothische kennt die Bildungssylbe airns und der Name der Bastarnen scheint ähnlich zu enden, —

---

[1]) (Loco Gelduba nomen est) castra fecere — utque praeda ad virtutem accenderetur, in proximos Gugernorum pagos — ductus Voculae exercitus. Tac. h. IV. 26. Vgl. Dederich, Beiträge zur ältesten Geschichte des Clevischen Landes zur Zeit der Römerherrschaft und der Normannenfahrten (Emmericher Gymnasialprogramm) 1860. S. 2—3.

der Niers entlang bis an die Bataver als ein vorzugsweise dem Ackerbau obliegendes Volk ihre Sitze gehabt haben.

Auf die Gugerni muss am Rheine selbst, bis zu dem Anfang des Batavergebietes, noch ein anderes Volk gefolgt sein [1]).

Das Gebiet der Bataver begann schon vor der Spaltung des Rheines [2]), begriff dann aber die nach ihnen benannte, zuerst von Cäsar erwähnte Insel in sich. Darüber, wie weit nach Westen sie die Insel inne gehabt, ist bisher grosse Verwirrung gewesen. Bis an die Rheinmündung bei Catwyk haben sie, soweit unsere Kenntniss reicht, nie gewohnt. Leyden hiess Lugdunum Batavorum, zur Unterscheidung von anderen Lugdunum heissenden Städten Galliens, weil es auf der Bataverinsel lag, und Bataverinsel hiess das Land zwischen Waal und Rhein, weil zu oberst die Bataver wohnten; das Ganze ist vom vornehmsten Theil benannt. Den westlichen Theil der Insel nahmen zur Zeit Cäsars noch die Menapier ein, sie bewohnten ausser dem linken Scheldeufer, an deren Mündung und den Inseln bis zur Maasmündung, das jetzige Rhynland und selbst einen Theil des dortigen rechten Rheinufers, in der Gegend zwischen Utrecht und Durstede, bis etwa an das Eemflüsschen. Erst die Ereignisse, welche den Menapiern den Anstoss zur Wanderung nach dem Süden gaben und die wir in aller Bestimmtheit kennen lernen werden, haben die Ausbreitung der zu den Batavern gehörigen Canninefaten bis nach Lugdunum und Catwyk vorbereitet.

Die Erkenntniss der ältesten Geographie und Geschichte der niederrheinischen Germanen überhaupt bis ins Mittelalter hinein,

---

[1]) Von ihm weiter unten im Verlaufe der geschichtlichen Entwicklung.

[2]) Batavi, donec trans Rhenum agebant, pars Chattorum, seditione domestica pulsi, extrema Gallicae orae, vacua cultoribus, simulque insulam iuxta sitam occupavere, quam mare oceanum a fronte, Rhenus amnis tergum ac latera circumluit. Tac. h. IV. 12. Indess die Bataver hatten nicht die ganze Insel sondern nur den östlichen, oberen Theil; den unteren hatten, nachdem die Menapier von demselben sich südwärts zurückgezogen, die Canninefaten inne: Ea gens partem insulae colit, origine, lingua, virtute par Batavis, numero superantur. Tac. h. IV. 15.

insbesondere auch der Bataver ist durch mehr als eine Willkürlichkeit in der Auslegung der entscheidenden Quellenangaben bisher nicht möglich gewesen. Unter diesen Willkürlichkeiten nimmt die Annahme, als hätten die Menapier südlich der von Osten herfliessenden unteren Maas (also im nördlichen Eburonenlande) und noch in der Gegend von Cleve, ja von Emmerich gewohnt, die erste Stelle ein. Wie eine ganz vage Stelle bei Tacitus, eine noch weniger besagende Stelle Cäsars und gar ein eigens zur Behauptung dieses Irrthums an der Maas erfundenes Menapiercastell vor dem klaren Worte Cäsars, an der Stelle, wo er die Absicht hat, die Sitze der Menapier anzugeben, nicht ferner bestehen kann, ist anderen Ortes[1]) eingehend gezeigt worden. Hier muss nur wiederholt werden, dass Cäsar die Stelle, wo die Usipeter und Tencterer an den Rhein kamen und über ihn setzten, einmal als das Land der Menapier bezeichnet[2]), also die Bewohner nennt, und das andere Mal nach seiner natürlichen Lage bestimmt mit den nicht misszuverstehenden Worten: „unfern des Meeres, in das der Rhein mündet[3])". Damit ist jeder Willkür der Weg verlegt. Die Menapier wohnen am Rhein von seiner Mündung in die See[4]) an aufwärts; und zwar wohnen sie, wie es in jener ersten Stelle heisst: „auf beiden Rheinufern", somit, wie sich von selbst ergiebt: bis dahin, wo sie östlich sich mit den Batavern berühren. Vielleicht war bei der Annahme, die Menapier müssten schon südlich der Bataverinsel gesessen haben, die Vorstellung unausgesprochen wirksam, als könne man doch die Usipeter und Tencterer unmöglich noch den weiten Bogen über die Bataverinsel hin machen lassen! Und doch müssen

---

[1]) Vgl. unsere Schrift vom „Germanennamen" S. 66. ff.

[2]) Ad Rhenum pervenerunt (Usipetes et Tencteri), quas regiones Menapii incolebant et ad utramque ripam fluminis agros, aedificia vicosque habebant. BG. IV. 4.

[3]) Usipetes Germani et item Tencteri — flumen Rhenum transierunt non longe a mari, quo Rhenus influit. BG. IV. 1.

[4]) Der „Rhein" ist in alter und mittlerer Zeit der an Leyden vorbeifliessende Strom gewesen, der Leck ist späten Datums.

die Bataver, als sie einst aus der chattischen Heimath herkamen, ungefähr eben diesen Bogen gemacht haben! Die kurze Strecke, auf die es hier ankommt, fällt im Vergleich zu dem weitem Zuge, der bereits gemacht war, gar nicht mehr in's Gewicht.[1])

Um den noch heute so benannten „alten Rhein", von Durstede etwa an abwärts sassen also die Menapier, östlich von ihnen die Bataver nicht blos auf der von ihnen benannten Insel, sondern auch noch über den nördlichen Theil des Cleverlandes. Ihr Hauptland, die Insel, hiess im ganzen Mittelalter die Batua und heisst noch jetzt (westwärts bis an's Tieler Waard) die Betuwe.

Cäsar erwähnt die, unter Augustus bereits in Rom wohlbekannten Bataver[2]) nur einmal, bei Gelegenheit seines Feldzugs ins nördliche Eburonenland gegen die Usipeter und Tencterer. In eigentliche Beziehungen zu ihnen ist er nicht getreten; die für ihn einstweilen genügende Entscheidung des Kampfes mit jenen beiden in „sein Gallien" eingebrochenen Völkern ist südlich der Maas, im nördlichsten Eburonenlande erfolgt, an ihr hatten die Bataver zunächst weder activen noch passiven Antheil. Allein die um dieses Kampfes willen nothwendig gewordene Orientirung bot Cäsar den Anlass, bei Darstellung des Krieges die Stromverhältnisse dieser Niederlande der Hauptsache nach in wenigen, festen Zügen zu charakterisiren. Er thut dies aber mit einer Sorgfalt und Wichtigkeit, der man anmerkt, dass er die dereinstige Bedeutung dieser insula Batavorum voraussieht, welche fast 4 Jahrhunderte hindurch, von Augustus bis auf Julian, sich in der That bewährt hat[3]). Zunächst freilich hatte er dem Leser eine richtige

---

[1]) Bei Plinius erscheint der Theil der Insel, den die Canninefaten bewohnen, als eine eigene Insel, wahrscheinlich weil er von dem oberen Theil durch einen Wasserlauf getrennt war.

[2]) Dio 55, 24.

[3]) Tac. ann. II. 6. Germ. 29.

Vorstellung zu vermitteln, wohin der über die Maas zu den Ambivariten unternommene Zug der tencterischen Reiterschwärme möge gerichtet gewesen sein, wie es ferner gekommen sei, dass dieselben hierauf bei den jenseits des Rheines wohnenden Sigambern Aufnahme und Schutz finden konnten, hauptsächlich aber, warum eine Niederlage der Hauptmasse der beiden Germanenvölker in diesem Terrain ihrer Vernichtung gleichkommen musste. Um sich das Erste denken zu können, musste man wissen, dass in jener Gegend Maas und Rhein in keinem grossen Abstand von einander strömten. Man musste ferner, um zu verstehen, warum die ausgesandte Heeresabtheilung sich nicht lieber nach Norden zurückzog, erfahren, dass daran der eine Arm des Rheins, der der Maas zuströmt, hinderte und also hier der Rückzug, auch wegen Cäsars Nähe weniger sicher, kaum schwieriger war, als der zu den bereits kennen gelernten Sigambern.

Wenn man aber sich dazu noch vergegenwärtigte, dass die von Cäsar angegriffenen Germanen unfern zur Linken die Maas, im Rücken denselben noch durch die Waal verstärkten Strom, zur Rechten gar nicht weit das Meer hatten, welchem Maas und Rhein gleicherweise zueilen, so lag auf der Hand, wie mit der einen Niederlage der ganze Krieg „vollbracht“ sein konnte, und es stellte sich dieser Tag würdig dem von Sennheim an die Seite, zwei gewaltige Haltrufe des Imperators, am Ober- und am Niederrhein, gegen die anstürmenden Germanen. Leider ist der Text dieser interessanten Stelle[1]) in Folge mancher Fehler der Abschreiber nicht unverletzt geblieben und diese kritische Unsicherheit hat das Hineintragen förmlich sachwidriger, ja sinnloser Dinge durch die Ausleger nur zu sehr erleichtert. Nachdem wir über den Zusammenhang, um desswillen die ganze Beschreibung gemacht ist, orientirt sind, dürfen wir die sachliche Prüfung der versuchten Entstellungen beginnen.

---

[1]) BG. IV. 10.

Die Stelle heisst in den ältesten Ausgaben, welche Hadrianus Junius[1]) und Cluver benutzten, wörtlich so[2]):

„Die Maas entquillt dem Vosegusberge, der im Gebiet der Lingonen ist, und macht, nachdem sie einen Theil des Rheines, die sogenannte Waal, in sich aufgenommen hat, die Insel der Bataver aus und geht in keiner grösseren Entfernung als 80 Meilen von ihm ab in das Meer über. Der Rhein entspringt im Gebiet der die Alpen bewohnenden Lepontier und strömt in weitem Lauf durch das Land der Nantuaten, Helvetier, Sequaner, Mediomatriker, Triboker, Trevirer mächtig dahin; und sobald er sich dem Meere genähert hat, theilt er sich in mehrere Arme und bildet viele gar grosse Inseln, welche grossentheils von wilden rohen Völkern bewohnt werden, darunter sind einige, die von Fischen und Vogeleiern leben sollen; und dann strömt er mit vielen Mündungen ins Meer“. Halten wir mit diesem Wortlaut, der sich natürlich auf Handschriften stützt, die vermeintlichen Verbesserungen aus anderen Handschriften zusammen, so ist das Urtheil nicht schwer. Zuerst

---

[1]) Batavia, Lugd. Bat. 1588. S. 50. Cluver, de tribus Rheni alveis (bei Scriverius) Lugd. Bat. 1611. S. 27. 34 ff. und Cluver, Germania antiqua, Lugd. Bat. 1631. S. 457.

[2]) Mosa profluit ex monte Vosego qui est in finibus Lingonum et parte quadam Rheni recepta quae appellatur Vahalis, insulam efficit Batavorum neque longius ab eo milibus passuum LXXX. in Oceanum transit. Rhenus autem oritur ex Lepontiis, qui Alpes incolunt, et longo spatio per fines Nantuatium, Helvetiorum, Sequanorum, Mediomatricorum, Tribocorum, Trevirorum citatus fertur et, ubi Oceano appropinquavit, in plures defluit partes, multis ingentibusque insulis effectis, quarum pars magna a feris barbarisque nationibus incolitur, ex quibus sunt, qui piscibus atque ovis avium vivere existimantur, multisque capitibus in Oceanum influit. So die, sämmtlichen älteren Ausgaben Italiens, Frankreichs, Englands, der Niederlande und Deutschlands folgende, Lesart in der Ausgabe von Stüber — Rheinhard, Stuttgart 1860. Die grosse Ausgabe von Nipperdey (Leipzig 1847) liest: neque longius ab Oceano milibus passuum LXXX. in Rhenum influit. Der Unterschied ist dieser, dass bei Nipperdey die 80 Milien die Entfernung sein sollen von der Einmündungsstelle der Maas in den Rhein (!) bis zum Meer.

heisst es eine Unmöglichkeit setzen, wenn man Cäsar von der Maas sagen lässt: „und fliesst in keiner grösseren Entfernung als 80 Meilen vom Ocean in den Rhein!" denn erstens ist das nicht wahr, die Maas fliesst nicht in den Rhein; Cäsar sagt ja selbst, der Rhein fliesse theilweise in die Maas! Zweitens ist die Entfernung 80 (römische) Meilen schon für den Abstand der Einmündung der Waal bis zum Meer zu gross, wie vielmehr noch der Abstand einer angeblichen doch jedenfalls westlicher gedachten Einmündung der Maas in den Rhein. Drittens sagt Cäsar an einer anderen Stelle [1]), dass die Schelde in die Maas münde, die Mündung der Maas in den Rhein müsste also jedenfalls westlich dieser Vereinigung der Wasser von Maas und Schelde liegen, westlich ist aber Nichts weiter als das Meer selbst! Alle Lesarten also, welche die Worte „vom Ocean — in den Rhein" haben, sind nothwendig falsch und die beste Handschrift kann sie nicht stützen. Am vollständigsten wird die Unmöglichkeit durch die Oudendorp'sche Lesart, welche der vorhin widerlegten noch Worte vorangehen lässt: „(Die Maas) ergiesst sich in den Ocean und fliesst in keiner g. E., als 80 Meilen vom Ocean in den Rhein." Die Maas macht also (mit dem Rhein und dessen Arm, der Waal) die Insel der Bataver auf zweifache Weise aus, zuerst so, dass dieselbe bis ans Meer geht, und dann wieder so, dass sie nur von Rhein und Maas umflossen ist! Die Verderbniss wird einfach dadurch beseitigt, dass die in guten Handschriften verbürgten Worte „ergiesst sich in den Ocean" an ihre durch Alles geforderte Stelle, an den Schluss des Satzes treten und dadurch so wohl das unsinnige „in den Rhein", als auch das ebenso unmögliche „vom Ocean" wegfallen. So ergiebt sich der Ausdruck „von ihm ab", nämlich von dem zuvor genannten, ebenfalls in den Ocean mündenden Rhein, mit Nothwendigkeit. Dass die Angabe der Mündung der Maas in's Meer nicht fehlen

[1]) Flumen Scaldem, quod influit in Mosam. BG. VI. 33.

kann, zeigt ein Blick auf die parallele Schilderung des Rheins. Diesem Parallelismus und der nicht fern liegenden Heilung der Verderbniss liesse sich nur ausweichen mit der Behauptung, Cäsar habe nicht gewusst, dass die Maas in den Ocean fliesse. Die Unwissenheit einiger Abschreiber soll also — denn diese Behauptung existirt — Demjenigen aufgebürdet werden, der das ganze Küstengebiet nördlich vom Morinerland bis an die letzte Rheinmündung [1]) einmal selber zu erobern versucht hat, dann [2]) durch seine Legaten Sabinus und Cotta hatte durchstreifen und verwüsten lassen, endlich selbst an der Spitze eines Heeres von 30,000 Mann nach verheerendem unaufhaltsamem Vordringen durch die Wälder, über Flussarme und Sümpfe zur Unterwerfung gezwungen hat [3]), dann zahlreiche Geiseln — also die Vornehmsten des Volkes — mit sich führte und unter dem Atrebaten Commius eine stehende Besatzung im Lande zurückliess!

Von Unkenntniss des Mündungsgebietes des Rheines und der Maas kann demnach bei Cäsar keine Rede sein und wir erwarten mit Recht in seinen Worten eine der Wirklichkeit entsprechende Beschreibung, wie der von uns an die Spitze gestellte Text eine solche gibt. Zur Erledigung der noch übrigen Schwierigkeit in Bezug auf die 80 Meilen, müssen wir uns erinnern, dass nach Cäsar die Schelde keine nach ihr benannten Mündungen in's Meer hatte, sondern dass, was heute Wester- und Osterschelde heisst und was — identisch mit der Westerschelde oder Hunte — von den alten Friesen der fluvius Sincfala (jetzt t'Zwin) genannt wurde [4]), bei Cäsar alles Maasmündungen waren. Dieses zu Grunde gelegt, hat die

---

[1]) BG. III. 28—29.

[2]) Ebenda IV. 38.

[3]) Ebenda VI. 5—6.

[4]) So die Lex Frisionum XIV. 2. (Monumenta Germaniae historica, ed. Pertz. Legunt. III. S. 668: ceterum inter Flehum et Sincfalam fluvium pro hujusmodi causa talis est consuetudo. — Sincfala fluvius ist nicht wie Manche anzunehmen scheinen, wie aber das Wort selbst verbietet, eine Einströmung des Meeres, sondern die Ausmündung eines Flusses und dieser Fluss kann kein anderer gewesen sein (jetzt ist die

Angabe Cäsars, dass die Maasmündung in's Meer von der des Rheines ins Meer nicht weiter als 80 Milien entfernt sei, keine Schwierigkeit mehr. Ein Vergleich der beiden Mündungen kann den nicht befremden, der auf den in der genauen Bezeichnung der Quellgegenden offenliegenden Vergleich achtet. Dass aber die Flussmündungen und ihre Beziehungen zu einander von hohem Interesse sein müssen, könnte schon Ptolmäus, der gerade die Mündungen aller deutschen Flüsse mit möglichster Bestimmtheit angibt, lehren, wenn nicht die Unternehmungen des Drusus und Germanikus gezeigt hätten, was für einen römischen Feldherrn die Lage und die Entfernungen deutscher Flussmündungen zu bedeuten hatten. Bedenken wir nun, dass auf der von ihrem früheren Lauf jetzt etwas nach rechts gegangenen Westerschelde noch heute die schwersten Seeschiffe von Antwerpen kommen, dass ferner der an Leyden vorbeifliessende „alte Rhein" noch im Mittelalter wegen seiner Wassermasse gefährlich war, und somit Cäsar wo es sich um Angabe von Entfernungen handelte, mit Grund die grösste wählte, daher auch der Ausdruck: „nicht weiter", dass endlich die Mündung dieses alten Rheins von der Stelle der alten Westerschelde noch heute genau 16 geographische = 80 römische Meilen beträgt, so bleibt Nichts mehr übrig, das zu Bedenken veranlassen könnte. Es ist damit auch erwiesen, dass die Zahlangabe Cäsars mit der des Plinius, welche die Länge der Insel, also etwas Anderes misst[1]), nicht zu vergleichen ist.

Verbindung durch seitdem zwischen Biervliet, Damme und Sluis von Anschwemmungen gebildetes Land unterbrochen), als der damalige westlichste Scheldearm, die damalige Hunte. Hiermit stimmt der Herausgeber der Lex Frisionum, K. von Richthofen überein, indem er S. 634 sagt: Ostium fluvii Sincfal tempore antiquissimo erat confinium Frisiae et Flandriae, und vorher: Tempore illo sinus maritimus quidam in terram Flandricam ita excurrebat, ut efflueret in Huntam vel ostium fluminis hodierni Westerschelde, quod est inter insulam Walacriam Selandensem et Cadsandiam Flandricam. Die heutige Westerschelde existirte damals noch nicht.

[1]) In Rheno autem ipso prope C. m. p. in longitudinem nobilissima Batavorum insula et Canninefatium et aliae Frisiorum, Chaucorum, Frisia-

Die Beschreibung des Rheindelta's bei Plinius, die nicht minder seltsame Auslegungen erfahren hat, stimmt wesentlich vollkommen mit Cäsar überein, nur gibt sie, entsprechend der fortgeschrittenen Bekanntschaft mit den bezüglichen Oertlichkeiten, Namen an und Plinius erwähnt einer seitdem eingetretenen Veränderung. „Im Rheine selbst, sagt er, ist, fast 100 Meilen lang, die Insel der Bataver und die der Canninefaten die berühmteste von allen, und andere: der Friesen, der Chauken, der Frisiavonen, der Sturier, der Marsacier, welche alle sich zwischen dem Helius und dem Flevus ausbreiten. So heissen nämlich die Mündungsarme, in die auseinanderfliessend der Rhein nordwärts sich in Seen, westwärts in den Maasstrom vertheilt und nur noch zwischen diesen zweien seinen Namen behält bei mässig breitem Bette." Wir haben hier, von Süden angefangen, dieselbe Auffassung wie bei Cäsar: vor Allem, genau nach Cäsar, keine Scheldemündung, Alles Maas; diese Maasmündung aber, weil zum System der Rheinniederung gehörig und durch die Waal thatsächlich mit einbezogen, fällt mit Allem, was zu ihr gehört, unter den Begriff und Namen des Rheines. Dieser Rhein, der also die Scheldemündungen ebenfalls beherrscht, heisst auf seiner westlichsten Deltalinie Helius [1]), auf der östlichsten (d. h. in Wirklichkeit nördlichen)

---

bonum, Sturiorum, Marsaciorum, quae sternuntur inter Helium ac Flevom. Ita appellan — tur ostia in quae effusus Rhenus a septentrione in lacus, ab occidente in amnem Mosam se spargit, medio inter haec ore modicum nomini suo custodiens alveum. Lib. IV. 15. 29.

[1]) Wir lesen Helius, nicht Helinius, auch nicht neutr. generis, sondern entsprechend dem Flevus, (welcher Fluss doch kein Neutrum zu sein braucht um „het Vlie's" willen) masculinum. Ueber Helius noch ein Wort. Wie oben gesehen, umfloss der Helius die Insel Walacra, und zwar dort, wo jetzt die Orte Biervliet, Watervlit, Ede, Sluis stehen. Man hat bis jetzt, lediglich auf einen Namen achtend, wo sachliche Gründe anderswohin weisen, den Maasarm, der bei Hellevoetsluis ins Meer tritt, für den Helius (oder wie man meist sagte: das Helium) ausgegeben. Van den Bergh weist nach, dass der alte Maaslauf der ist, der an Vlaardingen vorbeifliesst. Der Helius muss aber doch ein zum Mündungssystem des Rheins gehöriger Wasserlauf sein. Nun beweist uns gerade die Maasangabe Cäsars, in Verbindung mit der Thatsache des bei t'Zwin constatirten westlichsten

Flevus, und Rhein nur mehr in seinen mittleren Laufe. Das Maass der Entfernung zwischen diesen Deltaschenkeln, deren nördlicher erst durch Drusus geschaffen ist, gibt Plinius nicht an; zur Hälfte

Rhein-Maas-Schelde-Wasserlaufs, dass Plinius eben diesen letzteren gemeint haben muss. Es ist also der alte Sincfalafluss = dem uralten Helius. Und auch der Name lebt noch! dort auf demselben Terrain, wo einst die Wogen des Helius sich dem Meere zuwälzten, steht das Oertchen Heille! Jetzt nur noch einen Schritt. Die Menge von Denkmälern und Inschriften auf die Göttin Nehalennia beweist dasselbe, was wir aus dem Leben des heiligen Willibrord von Alcuin wissen: dass Walchern eine heilige Insel war. Sie hatte mit Helgoland auch das gemein, dass sie an der Grenze war; wir wissen, dass der Cultus einer der Nehalennia entsprechenden Gottheit durch ganz Flandern, durch ganz Belgien verbreitet war. Wir verweisen auf die deutsche Mythologie v. Grimm S. 210—212 und Simrock, S. 876—405 und Brambach, corp. inscr. Rh. n. 24—50 (nicht weniger als 23 Denksteine der Dea Nehalennia!). Bei der inneren Identität der Nehalennia mit Hêl (man vgl. ihre Attribute) heisst es also nichts wagen, wenn wir Walchern als die Insel der Hêl auffassen. Es ergiebt sich noch Eines. Auf Nertomarius, Nertonius (J. Rh. n. 29.) und Ambacthius (n. 36.) wollen wir nur im Vorübergehen hingedeutet haben. Wichtiger ist der Name Walacra selbst. Van den Bergh hat Unrecht und auch Recht, wenn er (Handboek der middel-nederlandsche geographie, Leyden 1852. S. 226.) sagt: De naam schijnt van zekeren Walcherus afgeleid te moeten worden, dat een zeer behende mansnaam diens tijds is, niet van bewalde akkers noch van valkyrien. Mit Walcherus hat die Form, in der der Name zuerst bei Alcuin, vita s. Willibrordi (Mabillon, acta ss. ord. s. B. s. III. p. 1. S. 611.: — ad quandam insulam oceani Walachrum nomine) — und dann urkundlich (Oorkondenboek van Holland en Zeeland I. 1. van den Bergh. 1866. n. 47. a. 972: Walacra, ebenso n. 52. 75. 81.) vorkommt, Nichts gemein, freilich auch Nichts mit Wald; wohl aber, wie Jeder sieht, mit aker und mit wal. Denn Nichts steht im Wege, bei dem Vorhandensein von walhöll und dem von Grimm, Mythologie 783. angeführten Odinsakr-Valhöll, einen val-akr zu statuiren. Wen der Begriff des Kampfes (val) irrt, dem genüge, dass der Wulpensand, wo die Schlacht (in der Gudrun) geschah, zum Walakr gehörte, denn der Sincfal floss südlich um diese Gegend. Hier also haben wir für die östlichen Germanen des Niederrheins, für Menapier, Nervier, Moriner, und später für Friesen, Flandern, Franken ein Grenz-Heiligthum! Dass der Zusammenhang dieses Nehalennia-Hêlcultus von der Römerzeit bis zu den Franken unter Karlmann-Pippin der deutschen Nationalität der Menapier zu Gute kommt, leuchtet ein. Die Lesart Helium, nun so bedeutsam geworden, steht übrigens in der hier von Sillig mit Unrecht verlassenen Dalecampiana. Schliesslich bemerken wir, dass Alcuin, wo er von dem antiqui erroris idolum und quasi dei sui iniuriam spricht, nicht nothwendig auf eine männliche Gottheit zu deuten ist, dafür ist der deus in der Erzählung viel zu unbestimmt gehalten.

war es bekannt, die andere Hälfte von der Mündung des Leydener Rheins an bis zu Flie hatte nicht mehr so grosses Interesse wie früher, seitdem die römischen Flotten, die gegen Germanien verwendet werden mussten, an der Spitze der Bataverinsel ihren Sammelplatz hatten und von da nordwärts ausfahren konnten. Dennoch gibt Plinius ungefähr die Entfernung an zwischen der Ostspitze der Bataverinsel und der Küste. Die „anderen Inseln", zwischen dem Fliestrom und dem Kennemerland gelegen, sind zum Theil noch kenntlich, doch darf nicht auffallen, wenn Plinius hier, im höchsten Norden, ungenau wird. Die Sturii können nur in der Staverner Gegend gesucht werden, die Marsacii haben in der Stadt Marssen (am Vecht, unterhalb Utrecht) ihre unverkennbare Spur zurückgelassen, die Friesen und Frisiavonen liegen, nördlich vom Kennemerland und nördlich der Vollenhovener Seeen also zu beiden Seiten des Flie. Sehen wir auch von diesen östlichsten „Inseln" ab, so stimmt Plinius mit den „vielen und gewaltig grossen Inseln" des Cäsar, die nach ihm von dem „mehrfach getheilten" Rhein gebildet werden, ganz überein. Die nördlichen Bewohner derselben hat Cäsar nicht selber kennen gelernt. Dass aber, wie man ihm erzählt hat, ihre Nahrung meist aus Fischen und Eiern bestand, macht sie ebenso wenig zu Mythen, als dieselbe Einfachheit des Lebens die heutigen Bewohner der Nehrungen und Inseln zu Barbaren macht. [1])

Die auf der Südostspitze dieses Rheindeltas und eine Strecke über die Duffelt hin wohnenden Bataver sind, wie gesagt, mit Cäsar nicht in Berührung gekommen und die germanische Reiterei, die er mit so grossem Erfolge nach Eroberung Belgiens gegen die Gallier und von da an in allen seinen Kriegen verwenden konnte, ist keine Batavische gewesen; sie war ihm von Commius aus Völkern jenseit des Rheines zugeführt, die er für das römische Interesse gewonnen hatte. Unter Augustus dagegen nahmen die Bataver schon einen wichtigen Platz im römischen Heere ein. Das Volk war unter-

[1]) Die Nordspitze von Texel heisst noch jetzt das Eierland.

worfen[1]) ob mit oder ohne Kampf, ist nicht zu entscheiden. Nur wissen wir, dass sie keine andern Abgaben zahlten, als — dass die römischen Centurionen ins Land kamen und ohne viel Umstände die jungen Bataver in Cohorten einstellten und den römischen Heeren zuführten. Da zeichneten sich denn, neben ihren südlicheren Nachbaren und Stammgenossen, den unter den Kaisern sogenannten Tungrern, die Bataver durch Tapferkeit und Gewandtheit vor Allen aus. „Von Steuern und Lasten befreit, um im Kampfe zu dienen bleibt ihr Land geschont wie eine Waffenkammer“[2]).

Wenden wir uns nun zu den rechtsrheinischen Germanen, so verlangen zuerst die Ubier unsere Aufmerksamkeit. Sogleich nach der Niederlage des Ariovist kühlten sie, wie Cäsar ihnen mit besonderem Wohlgefallen gutschreibt, obgleich selbst germanischer Abkunft, ihren Heldenmuth an Suevenhaufen, die auf dem rechten Rheinufer Fuss gefasst, um bei glücklichem Ausgang jenes Kampfes gegen Cäsar ebenfalls hinüber zu setzen, nun aber, auf die Nachricht vom Gegentheil, in jähem Schrecken sich zur Umkehr ins Innere gewendet hatten[3]). Wir wissen, dass diese Sueven, — offenbar die nördlichste Abtheilung derselben, von denen die römisch gesinnte Partei der Trevirer dem Cäsar berichtet, sie ständen unter Führung von Nasua und Cimberius, hundert Gaue stark, auf dem rechten Rheinufer bereit, herüberzukommen —, auch ferner die Ubier unaufhörlich „belagerten und bedrängten.“ Es kann daher kein Zweifel sein, dass die Brücke, die Cäsar gegen sie über den Rhein schlug und auf mächtige Festungsbauten gestützt, mit 6000 Mann Besatzung stehen liess, ebenso wohl den Ort des von ihnen beabsichtigten Rheinübergangs als auch das Terrain bezeichnet, wo die Ubier bedrängt, Ubisches Gebiet von Suevischem Volke in Besitz genommen wurde. Hiernach kann von einer Ausdehnung des Ubier-

---

[1]) Pars Romani imperii. Tac. Germ.
[2]) Germania 29.
[3]) BG. I. 54.

landes weiter rheinaufwärts am wenigsten die Rede sein. Dass die Ubier das Gebiet räumen mussten, kann nicht bezweifelt werden, wenn auch die römische Drohung die Sueven für den Augenblick genöthigt hatte, sich in die nahen Berge zurückzuziehen. Es ist das Gebiet, das man vielfach den im Laufe der Zeit vom Niederrhein hierher verzogenen Tencterern zutheilen will. Allein der Unterschied von Tencteri *Τέγκεροι* und *Ἰγγρίονες* spricht absolut dagegen. Die Ingrionen des Ptolmäus, der Engersgau des Mittelalters vertreten einen eigenen, wir dürfen sagen: suevischen Volksstamm, und damit ist die südliche Grenze des Ubiergebietes wie sie sich als Resultat der Suevischen Invasion gebildet hat, am Siebengebirge, bezeichnet. Eine Bestätigung dieser Auffassung gibt uns das fortwährende Conspiriren der Trevirer mit den „Ueberrheinischen", wovon Cäsar so oft zu berichten hat: das sind dieselben, denen die Brücke galt, die Sueven, so dass die Einladung der germanisch gesinnten Trevirer an sie, herüberzukommen, unter Anderm auch auf die Beseitigung der Ehre abzielte, eine römische Brücke gegen die Freunde und eine römische Schildwache im Lande zu haben.

Die Ubier waren nicht tief ins Innere verbreitet, sondern Bewohner des rechten Ufers, soweit es nicht förmlichen Gebirgscharakter angenommen hatte. Das beweisen die östlich vom Siebengebirge wohnenden, durch die Rheinbrücke bedrohten und bei Bonn in's Eburonische eilenden Sigambern. Unterhalb der Siegmündung bis zur Ruhr mögen sie weiter ins Land ausgebreitet gewesen sein. Die noch jetzt an ihren Namen erinnernden Orte: Opladen an der Wupper, Overath an der Agger, sowie die in einer Linie dazwischen liegenden Ortschaften Uphoven und Uppersberg, vielleicht auch der Name der Wupper bezeichnen altubisches Gebiet. Die Ubier sind ein mit Rücksicht auf den ethnographischen Charakter der Belgier des Cäsar nicht genug beachteter Beweis, wie weit Gallische Sitte und Gesinnung in ein ganz unzweifelhaft germanisches Volk eindringen konnte. Von germanischem Nationalgefühl, oder, wenn das zu viel wäre, von germanischer Freiheitsliebe und germanischer Kampflust findet sich bei ihnen keine Spur mehr. Bei ihnen gab es nicht, wie bei den Trevirern, die doch römischen Einflüssen von Marseille und Lyon aus näher ausgesetzt waren, eine imposante nationale Partei; ohne die geringste Schwierigkeit stellten sie sich den Absichten und Unternehmungen Cäsars mit ihren Schiffen, mit ihren Kundschaftern und Verbindungen im Lande ihrer Stammesbrüder zur Verfügung und erwarben sich dadurch jene bevorzugte Stellung am Niederrhein, welche ihnen länger, als ihren Beschützern nützte. Dass Cäsar sie bei dieser Gesinnung nicht ebenso Gallier nannte, wie die linksrheinischen Germanen, haben sie gewiss nur der von ihm ein für allemal angenommenen Grenze zwischen Gallien und Germanien, dem Rheinstrom, zu verdanken gehabt. Von den Germanen freilich wurden sie, als Feinde des eigenen Stammes, glühend gehasst.

Zur Zeit Cäsars hatte sich ihr Leben aus dem inneren Lande mehr zum Strome hingezogen. Weite Gebiete waren öde geworden und es zeugt von der Unterwürfigkeit der Ubier wie von Cäsars Uebermuth, wenn er noch ehe er die erste Brücke über den deutschen Strom geschlagen hatte, sich herausnahm, einem anderen zahlreichen Volke Wohnsitze anzubieten im Lande der Ubier. Die Germanen, die hinter den Ubiern sassen, fassten die Sache, wie wir erfahren werden, etwas anders auf.

Lassen wir uns von den Ubiern selbst zu den Sueven, ihren südlichen Nachbarn, führen. Der zuerst bei Cäsar begegnende Name hat, wie durch Ptolmäus und Tacitus feststeht, eine alle Völker des inneren Deutschlands, vom Mittelrhein an in einem breiten Bogen bis an die untere Elbe umfassende Bedeutung. Sie sind nicht, sagt Tacitus, eine Völkerschaft, wie die der Chatten und der Tencterer; denn den grössten Theil Germaniens haben sie inne, allerdings nach Stamm und Namen noch besonders unterschieden, aber insgesammt Sueven genannt. Zu ihnen gehören die Angeln an der mittleren Elbe, die Warner im Mecklenburgischen, wie die Hermunduren in Thüringen und Baiern und die Markomannen und Quaden in Böhmen und Mähren bis an die Donau, wo die Donau sie von dem römischen Noricum schied. Ebenso gehörten zu ihnen die Burgunden zwischen Oder und Weichsel und die Semnonen, der vornehmste Stamm, im Centrum, zwischen Elbe und Oder, ungefähr in der heutigen Mark Brandenburg. Durch die Suardonen bei Lübeck reichten sie an die Ostsee, südlich davon links der Elbe wohnten, im Westen der Semnonen, die Langobarden.[1]) Nichtsuevische Völker waren namentlich die Chaucen, die Cherusker die Chatten.

Beachten wir nun, dass mit den nördlichen Sueven die Cimbern, auf der jütischen Halbinsel, und die Teutonen, an der Lübischen Bucht, benachbart waren, so begreifen wir die Bewegung unter den Suevenvölkern kaum 25 Jahre nach dem grossen Zuge der Cimbern und Teutonen. Von dieser Suevenwanderung nach dem Südwesten, dem Rheine zu, kennen wir nur den Ausgang, aber wir wissen, dass selbst die in Jütland wohnenden Charuden ihr starkes Contingent dazu gestellt haben.[2]) Der Sueve Ariovist stand an der Spitze. Der Rhein war überschritten und unter Benutzung von Parteikämpfen der Sequaner, die hier wohnten, das ganze linke Rheinufer von Mainz aufwärts bis Basel und bis an die Vasgauberge besetzt: als Cäsar erschien und in blutiger Schlacht der Herrschaft der Sueven für diesmal ein Ende machte.

Nach der Richtung, in welcher diese Suevenwanderung um das Jahr 80—75 vor Christus hergezogen sein musste, und nach der Lage der Gebirgszüge kann der Uebergang über den Rhein nur zwischen Main und Neckar, vielleicht an den Mündungen dieser Flüsse selbst, stattgefunden haben. Aber der Völkerstrom hatte

---

[1]) Man hat die Ansicht aufgestellt, Tacitus irre in dieser weiten Ausdehnung des Namens der Sueven. Dann muss man aber ganz dasselbe von Cäsar und Ptolmäus sagen, die es ebenso machen. Diese Uebereinstimmung der gewichtigsten Zeugen beweist eben dass die Sache ihre Richtigkeit hat. Alles was man entgegenstellt, ist unhaltbar.

[2]) BG. I. 31. 51.

Palastaula

Schlangenfadenglas aus Köln
(um 300 n. Chr.)

noch rechts des Rheines, am unteren Main einen Arm nordwestwärts entsandt: das sind die Sueven des Niederrheins. Was ihre Brüder am Oberrhein mit Glück ins Werk gesetzt hatten, das versuchten sie auf der Strecke, die zwischen Main und Wied[1]) lag, insbesondere den Trevirern gegenüber. Während jene am Oberrhein der Ueberlegenheit der römischen Waffen erlagen, nahmen sie das rechte Rheinufer, sicherlich nicht ohne Widerstand der bisherigen Herren, in Besitz, und eines derselben, das sich am weitesten stromabwärts, bis ins Neuwieder Becken verbreitet hatte, an dem stolzen Worte von den hundert Gauen erkennbar als Semnonischer Abkunft, machte alles Ernstes Anstalten, dort den Rhein zu überschreiten und von dem, wie sie wohl meinten, nicht hinlänglich bevölkerten Trevirerlande sich ihren Theil zu nehmen. Am Uebergange nun hat sie Cäsar durch seine Maassregeln verhindert, aber die Ubier mussten ihre Rache dafür entgelten und vermochten, eines dauernden römischen Schutzes auf der rechten Rheinseite entbehrend, den fortwährenden Angriffen der Sueven sich nur durch Zurückweichen bis an's Siebengebirge zu entziehen. So werden die im späteren Engersgau wohnenden Ingrionen, die bereits Ptolmäus hier kennt, als die mit den Ubiern grenzenden Sueven zu betrachten sein. Die Nordgrenze dieser Sueven werden wir an dem Siebengebirge annehmen müssen. Landeinwärts konnten sie vor dem Einfall Cäsars soweit ins Waldgebirge sich zurückziehen, dass ihre Ostgrenze am Hessengebiet sich hinzog. Der Weg, den sie auf ihrer Wanderschaft genommen, fordert, dass Alles, was zwischen dem Hessenland und dem Rheine, vom Westerwald stromaufwärts bis an den Main, seit den letzten Jahren Ariovist's als Suevengebiet betrachtet wird, nicht als ob die Unterworfenen ausgerottet worden wären, aber so, dass die Sueven in den einzelnen Theilen dieses Landes unter verschiedenen Namen die Herren waren. Einzelne der unterworfenen Gaue mögen, je nach den Umständen, unter welchen sie

---

[1]) Oder ganz genau: bis zur Casbach, oberhalb Erpel.

sich den Siegern gebeugt hatten, ihre früheren Namen fortgeführt. andere, aber neue Namen erhalten haben. Südlich von den Ingrionen wohnten, wie Ptolmäus angiebt und noch heute erhaltene Spuren verrathen, vom Saynflüsschen bis zum Lahnthal die Wargionen[1]; südlich von diesen, vom Thal der Visper an bewohnten den Rheingau, Gebirg wie Ebene, die Wisper[2]. Die Sitze der von Ptolmäus noch erwähnten Intuerger[3] und Karitner (der letztere Name deutet auf ein Bergland, eine Haardt[4]) (lassen sich nicht näher bestimmen, doch mögen sie landeinwärts, im Gebirge, das Ptolmäus irrthümlich Abnoba nennt, ihre Sitze gehabt haben. Wenigstens stimmt mit seiner Angabe, die Nertereaner hätten ausserhalb der Abnoba gewohnt, der Name eines Seitenflusses der Eder, die auf der östlichen Seite des Quellpunktes der Sieg entspringt, Nerdar mit jenem Volksnamen auffallend überein.

Da diese Grenzen des niederrheinischen Suevenlandes für ein Suevenvolk, welches zwischen den Sigambern und den Ingrionen ge-

---

[1]) Es ist bekannt, dass vargus (vgl. die lex Salica) einen Vertriebenen, Friedlosen, Umherfahrenden bedeutet. Ein solcher zu sein, rühmt sich selbst Ariovist, der Suevenfürst: „Vierzehn Jahre“, sagt er, „sei er mit seinen Germanen unter kein Dach gekommen!“ Und der Name Sueve selbst wird, man mag versuchen was man wolle, doch endlich kaum etwas Anderes, als eben den vargus bedeuten. Einen altdeutschen Personennamen uuargi (im Cölngau) bietet Lacomblet, Urkb. f. die Gesch. des Niederrheins I. n. 102 im J. 948. — Das Gebiet der Wargionen wird bestimmt durch folgende Orte: Wirges bei Montabaur, Würgendorf bei Haiger, Goergeshausen bei Limburg, Würges bei Camberg, Ergeshausen bei Catzenellnbogen. Es ist also der Westerwald und noch ein Streifen auf dem linken Lahnufer.

[2]) 'Υφ' οὓς (d. h. südlich von den Ingrionen und Vargionen und Caritnern, denn Pt. sagt, er gehe ἀπ' ἄρκτων aus) Οὐισποὶ. Ptolm. II. 10. Keine anderen als diese mittelrheinischen Usipii kann Tacitus Germ. 32. proximi Chattis nennen, über die Usipii bei Tacitus wird noch besonders Rede sein.

[3]) Ob Ptolmäus sich versehen und einen Fluss (Itargus im Epicedium Drusi v. 386. die Itter, Seitenfluss der Eder, den Ittergau durchströmend) mit einem Volksnamen verwechselt hat? ob blos Int ein Versehen ist und οὐέργοι = οὐάργοι zweimal gesetzt?

[4]) Ein Theil (C)harudes, der nordwärts mitgezogen, könnte von Ptolm. missverstanden sein.

wohnt hätte, keinen Raum lassen, so können die Suevischen Langobarden, die Ptolmäus südlich von den Sigambern erwähnt, nur eines von den an die Ingrionen grenzenden Suevenvölkern gewesen sein, das, — wie nur ein Theil der in der Heimath an der Elbe gebliebenen Hauptmasse der Langobarden, so auch seinen Namen in den Rheingegenden, wenigstens in den Ubischen Berichten, die Cäsar erhielt, nicht immer geführt hat. Diese paar Langobardengaue dürften ebenso in der Nähe der Ingrionen zu suchen sein, wie an der Elbe Langobarden und Semnonen neben einander wohnten.

Auf die Chatten ist der Name der Sueven, insbesondere unserer rheinischen, nicht zu beziehen. Sie waren kein suevisches Volk. Kein alter Schriftsteller gibt uns Anlass, sie zu den Sueven zu rechnen. Strabo unterscheidet ausdrücklich Sueven und die Rheinsueven von den Chatten, Dio Cassius lässt über die Selbständigkeit des Chattennamens gegenüber dem der Sueven keinen Zweifel; die zwei Schriftsteller, welche die weitumfassende Bedeutung des Namens und zugleich die Einzelnamen der darunter begriffenen Völkerschaften bezeugen: Ptolmäus und Tacitus schliessen die Chatten nicht ein, sondern aus. Hiergegen fällt, was Florus[1]) ungeordnet und willkürlich berichtet — man beachte nur, dass er mit den Hintersten, den Cheruskern, anfängt! — gar nicht ins Gewicht, und Plinius stimmt in der Hauptsache mit den übrigen Gewährsmännern überein. Das Mittel, die Chatten als „Langbärte" zu Sueven zu machen, thut den gewünschten Dienst nicht. Denn während es noch zu beweisen bleibt, dass Langobarden Langbärte waren, — was würden dann wohl die Hadubarden des Beowulfsliedes sein? —, so sind zwar die Chatten allerdings so lange, bis sie ihren Feind erlegt hatten, zeitweiliger Gelübde halber Langbärte gewesen, aber diese Bärte der Chatten sind eben etwas ganz Anderes, als die Art

[1]) Epitoma XXX. (ed. Jahn 1852 S. 118.): (Drusus) Cheruscos Suebosque et Sicambros pariter aggressus est. Wir werden der Stelle ihren Platz in der Geschichte der Germanenkämpfe mit Drusus anweisen.

der Sueven, ihr Haupthaar in einen Schopf zusammenzubinden[1]); ja gerade diese suevische Sitte, nicht wie bei den Chatten auf Einzelne und auf eine Zeit beschränkt, sondern allgemein und stetig, beweist einen Gegensatz zu den Chatten, indem sie jenes chattische Gelübde nicht zulässt[2]).

Südlich vom Taunus haben zu Cäsars Zeit noch keine Chatten gewohnt. Die nach Cäsar hierher gezogenen Mattiaken zeigen durch ihren Namen, dass sie ihre Heimath vorher an der Eder hatten. Ehe diese Mattiaken von den Bergen gekommen, war also hier, zwischen Taunus und Vogelsberg, Rhein und Main, Zusammenhang der Rheinsueven mit ihrem grossen, südlich und östlich des Harzes wohnenden Stammvolke. Oestlich reichten die Chatten bis zur Werra, südlich zum Rhöngebirg und Vogelsberg, westlich ist die Grenze am Dillthal und dem Rothhaargebirg anzunehmen, im Norden stiessen sie westwärts in der Gegend der Lennequelle an die Sigambern, nordwärts, im untern Diemelthal, an die Cherusker. Der Thüringer Wald schied sie von den Sueven, zunächst den Hermun-Duren.

Die Cherusker werden zuerst von Cäsar genannt, um zu sagen, wohin ungefähr die vor dem römischen Heere sich zurückziehenden Sueven sich und die Ihrigen in Sicherheit gebracht. Die

---

[1]) Insigne gentis (Sueborum) obliquare crinem nodoque substringere. Sic Suebi a ceteris Germanis, sic Sueborum ingenui a servis separantur. In aliis gentibus seu cognatione aliqua Sueborum seu, quod saepe accidit, imitatione, rarum et intra inventae spatium: apud Suebos omnes usque ad canitiem horrentem retro crinem sequuntur ac saepe in ipso vertice religant; principes et ornatiorem habent. Germ. 38. Es geschieht, sagt T., in altitudinem quandam et terrorem. Bei den Chatten gilt das entgegengesetzte Mittel: crinem barbamque submittunt und erst nach dem Sieg revelant frontem; und denjenigen, die nicht kämpfen und siegen: manet squalor. Der Contrast zwischen den beiden Völkern in der Haartracht könnte nicht grösser sein; aber er ruht auf entsprechendem Contrast in — wahrscheinlich religiösen — Ideen.

[2]) Ueber die auf die Sueven bezügliche Stelle des Ptolmaeus wird bei den Bructerern eingehend gehandelt werden.

Sueven, so hat nämlich Cäsar von den Ubiern sich berichten lassen, wären an ihre äusserste (Ost-) Grenze mit Allem zurückgewichen, „an den Anfang des unermesslich grossen Waldes, den man Bacenis nenne und der die Sueven von den Cheruskern scheide[1])". Mit dem Namen Bacenis wird es sich verhalten, wie mit Abnoba bei Ptolmäus und der Hercynia: es war die ursprünglich unbestimmte Bezeichnung eines Waldgebirges, die eben wegen dieses allgemeinen Begriffes, dem sie an sich entsprach, auf irgend ein anderes Waldgebirge angewendet wurde, was hier um so eher anzunehmen ist, als die noch zu Chlodwigs Zeit genannte Buchonia (zu König Pipins Zeit Boconia) nicht blos 500 Jahre früher, sondern auch noch bis ins tiefe Mittelalter mit dem Eichsfeld und dem Harz, wie mit dem Lahngebirge und Westerwald zusammenhing. Freilich ist in dem Ubischen Berichte nicht der Vogelsberg, sondern offenbar der Harz und was westlich und östlich damit zusammenhing, gemeint, und wenn es auch wahr bleibt, dass sich die Sueven im Engersgau tief zurück in ihren Bacenis, in den Westerwald, ins Quellgebiet der Dill und der Lahn, concentrirt haben, so bleibt es für die daheim

---

[1]) Suevos omnes, posteaquam certiores nuntii de exercitu Romanorum venerint, cum omnibus suis sociorumque copiis, quas coegissent, penitus ad extremos fines se recepisse: silvam esse ibi infinita magnitudine, quae appellatur Bacenis, hanc longe introrsus pertinere pro nativo muro obiectam Cheruscos ab Suevis Suevosque ab Cheruscis iniuriis iucursionibusque prohibere: ad eius initium silvae Suevos adventum Romanorum expectare constituisse. BG. VI. 10. Nebenbei bemerkt, zeigt auch diese Stelle, dass die Chatten nicht unter den Sueven gemeint sein können, denn, die Chatten waren durch kein Gebirge von den Cheruskern geschieden. Dass wie von Ledebur (das Land und Volk der Brukterer, 1827. S. 122. N. 449) irrig annimmt, das von den Rheinsueven besetzte Land ebenfalls als Chattenland zu betrachten sei, dazu finden wir keinen genügenden Grund. Die Unrichtigkeit der Gleichsetzung der Chatten und Sueven hat v. L. bereits selbst hervorgehoben, doch ohne die von uns dagegen angeführten entscheidenden Gründe. Auf Alle, welche Chatten und Sueven für Eins halten, scheint Cäsars Schweigen von den ersteren eingewirkt zu haben. Dies Schweigen beweist aber nur, dass er mit ihnen in keine Beziehungen getreten und dass die Ubier vor lauter Jammer über die schrecklichen Sueven gar nicht an die Erwähnung der Chatten gekommen sind.

gebliebenen Sueven, nämlich die Hermunduren, ebenso wahr, dass die dortige Bacenis, die Hercynia im eigentlichsten Sinne: der Harz sie von den auf der Nordseite beginnenden Cheruskern trennt. Nicht Cäsar, nur die Ubier haben zweierlei auf eine Suevengruppe bezogen.

Die Lage der Cherusker ist durch folgende Verhältnisse bestimmbar. Da wo der Teutoburger Wald der Weser am nächsten kommt, an der unteren Diemel grenzte das Cheruskergebiet, mit Einschluss des Teutoburger Waldes selbst und des Eggegebirges, südwestwärts zwischen den Lippe- und Ruhrquellen, an die Sigambern und dann an die südöstlich von diesen, rechts von der Diemel beginnenden Chatten. Von hier an nordwärts breitete sich dasselbe zu beiden Seiten der Weser, zwischen dem so berühmt gewordenen Waldgebirg und einer im Osten nicht näher zu bestimmenden Linie, vielleicht den Leinefluss, aus [1]). Unterhalb folgten, ebenfalls zu beiden Seiten der Weser, die Angrivarier [2]).

Die Angrivarier führen uns zu den Bructerern. Dieses Volk ist seit von Ledebur's Arbeit darüber, die in ihrer Art trotz einzelner, bei Bahn brechenden Arbeiten leicht erklärlicher Mängel, an bleibendem Verdienste um unsere Kenntniss germanischer Völkerverhältnisse ebenbürtig neben Zeuss steht, Gegenstand unzähliger Untersuchungen

---

[1]) Ueber Genaueres, was unserem Zweck fern liegt, verweisen wir auf von Ledeburs, dieses Volk betreffende grundlegende Erörterungen, L. und V. dr. Br., S. 117. ff.: in einer Ausdehnung zu beiden Seiten der Weser, wie wir „in der Geographie der mittleren Zeit diejenigen Theile des Sachsenlandes finden, die den ganzen Paderbornschen, Hildesheimschen und Halberstädtschen Sprengel, sowie den südlichen Theil des Mindenschen und Sächsisch-Mainzischen Sprengels einnahmen".

[2]) Dass der mittlere Theil des Sachsenlandes im 8.—9. Jahrhundert, Engern, eben aus dem Lande der Angrivarier und der Cherusker bestand, hat v. Ledebur sowohl in der vorhin angeführten Schrift, als in seiner Abhandlung: „die Grenzen zwischen Engern und Westfalen" (Archiv für Geschichte und Alterthumskunde Westfalens, herausg. v. P. Wigand. Hamm 1825. I. Heft. S. 41—49.) dargethan. Das Städtchen Engern gehört nicht zu der Provinz Engern, sondern zu Westfalen. Vgl. v. Ledebur Archiv, I. 76. ff.

und Controversen geworden, zumal da es die vielgeplagten Punkte Aliso und „wo Armin den Varus schlug“ in seiner Nähe hat. Die Ausdehnung, welche von Ledebur den Bructerern geben will, wonach sie von der Ruhr bis zur Twente, bis über Rheine hinab, bis an den Osning sich erstreckt hätten und ziemlich mit ganz Westfalen zusammengefallen wären, lässt sich nicht rechtfertigen. Das Princip, alte Geographie durch mittlere zu erläutern, ist nach fast allen Dimensionen überschritten. Das musste besonders misslich werden bei einem Volke, wovon bekannt ist, dass es nicht immer in denselben Sitzen geblieben, dass es vielmehr von mächtigen Nachbarn gedrängt zurückgewichen ist. Hat von Ledebur sich mehr durch Missverständniss von Angaben mittlerer Geographie irren lassen, so haben Andere den Fehler begangen, in einem so schwierigen Thema den zuverlässigsten Führer: die Angaben der geschichtlichen Berichte, zu verlassen und sich so zu sagen ganz dem Ptolmäus anzuvertrauen. Ohne Frage gibt es keines unter allen germanischen Völkern, dessen geographische Verhältnisse unter so strenger Abwägung der Quellenangaben nach ihrem bezüglichen Werthe geprüft sein wollen, als eben die Bructerer.

Um die einzigen Aussagen aus römischer Zeit, auf die man sich für eine weitnördliche Ausbreitung des Volkes stützen könnte, sofort nach ihrem Werthe schätzen zu können, lassen wir zuerst Ptolmäus[1]) reden: „Es haben von Germanien, sagt er, die Gebiete neben dem Rhein her inne, von Norden angefangen die kleinen Busacterer[2]) und die Sigambern, unter diesen die Langobarden-Sueven, danach die Tenkerer und die Inkrionen zwischen dem Rhein und den Abnobischen Bergen, und noch die Intuerger und die Vargionen und die Karitner; unter diesen die Visper und die Einöde der Helvetier bis zu den erwähnten Alpen. Den am Meere liegenden

[1]) Geographica II. 8.

[2]) Die Form *Βουσάκτεροι* ist dem Ptolmäus eigenthümlich. Wir dürfen, bei der bekannten Reihenfolge der beiden Laute s und r, das s als einen Beweis hohen Alters und Werthes der Ptolmäischen Nachrichten betrachten. Ersteres ist geeignet, die „grösseren Brukterer“ zu erklären.

Theil (Germaniens) haben inne: über den Busakterern die Frisen — bis zur Ems, nach diesen die kleinen Kauchen[1]) bis zum Weserfluss; danach die grösseren Kauchen bis zum Elbfluss; dahinter gleich auf dem Rücken der Cimbrischen Halbinsel die Sachsen etc.

Von den im Innern [Germaniens] wohnenden, binnenländischen Völkern sind die grössten das der Angilen-Sueven, welche nördlicher, als die Langobarden (-Sueven), nordwärts sich erstrecken bis zur Mittelelbe, und das der Semnonen-Sueven, welche hinter [rechts von] der Elbe, wie gesagt, von der Mitte gen Osten bis an den Fluss Suebus, und das der Bugunten, die alles Land weiter bis an die Weichsel inne haben. —

Nun liegen noch kleinere Völker in der Mitte: zwischen den kleinen Kauchen und den [Langobarden-] Sueven die grösseren Busakterer, unter diesen die Chaimer, zwischen den grösseren Kauchen und den [Angilen-] Sueven die Angrivarier, danach die Langobarden- [Sueven], unter diesen die Dulgumnier; — — unter den [auf beiden Seiten der Elbe unterhalb der Silinger wohnenden] Kalukonen[2]) wohnen die Chärusker und die Chamaver bis an den Berg Melibokus [Harz]. — — Wiederum im Osten der Abnobischen Berge wohnen über den [Langobarden-] Sueven die Kasuarier, danach die Nertereanen, danach die Danduten, unter diesen die Turonen[3]) und die Marvinger; unter den Chamavern die Chatten und die Tubanten[4]) und über den Sudetischen Bergen die Teuriochämer[5]), unterhalb dieser Berge aber die Varisten. Dann kommt der Gambreta-Wald und unter den Mar-

---

[1]) Von diesem K gilt, was vom σ in *Βουσάκτεροι*.

[2]) Entschieden die Helvecones des Tacitus G. 43.

[3]) Sprachlich jedenfalls als (Hermun-) Duri zu fassen, wohl auch ethnographisch.

[4]) Entweder sind das Tubanten, die zurück geblieben sind, während hre Brüder nordwestlich fuhren, oder sie gehören zu den *Σουβάττιοι* des Strabo (VII. 1. 4.), die ich nicht vorschlagen möchte in *Τουβ.* umzuschreiben.

[5]) Das Anhängsel -*χαῖμαι*, auch in *Βαινοχαῖμαι* (Boiohemum), drückt offenbar auf gut deutsch das Nämliche aus, was -avi in Batavi, Chamavi, Fris-aevones (Orelli, nn. 173. 175.).

vingern die Kurionen[1]), danach die Chätuoren und, bis an die Donau, die Parmäkampen". Zu bemerken ist noch, dass bei Ptolmäus „die Westseite Germaniens der Rheinstrom begrenzt"; das war officielle römische Anschauung.

Zum Verständniss dieser Ptolmäischen Darstellung, die augenscheinlich von einer Karte abgelesen ist, heben wir hervor, dass vom Osning an der ganze Bergzug, Eggegebirg, Astenberg, Ederkopf, der obere Westerwald bis zur Höhe des Taunus unter dem einen Namen Abnoba[2]) begriffen ist. Es ist im Ganzen und Grossen die Wasserscheide zwischen Rhein und Weser. Lassen wir uns also von dem Geographen führen, so hören wir Folgendes.

Die nördlichsten Germanen auf der rechten Rheinseite (d. h. aber vor der grossen Biegung nach der Bataverinsel hin) sind die kleinen Bructerer, südlich von diesen (also müssen auch diese nicht bis an den Rhein zu gehen) die Sigambern, südlich von den Sigambern die Langobarden-Sueven (also die Dränger der Ubier) und — zwar nicht eigentlich südlich, sondern geradezu westlich, unmittelbar am Rhein, Köln gegenüber, die Tenkerer. Auf die Tenkerer folgen — also offenbar eine (L)Suevenvölkerschaft — die uns bekannten Ingrionen[3]), mit ihnen wohnen noch in den Bergen und zu beiden Seiten der Lahn die drei: Intuerger (wenn hier keine Dittographie vorliegt), die Wargionen und Karitner. Dann südlich von Denen um die Lahn kommen die von der Visper an im Rheingau wohnenden Visper; andere Namen in dem Gebiete des Rheingaus, z. B. die Mattiaken, die zurückgebliebenen Tencteren, hat Ptolmäus nicht auf seiner Karte stehen. Man sieht, die zunächst dem Rhein wohnenden Völker hat er ganz richtig, es war natürlich die bekannteste Seite Deutschlands. Aber so verhält es sich nicht mehr

---

[1]) Ob nicht eine Dittographie der Turonen? die Gegend wäre ungefähr dieselbe.

[2]) Später haftete dieser Name am Schwarzwald. Vgl. Orelli, inscr. 1986. 4974. Plinius n. h. IV. 24.

[3]) Die gar Nichts mit den Tencterern zu schaffen haben.

mit den nördlichen Völkern, bis zur Nordsee, und noch weniger mit den binnenländischen. Die an der See wohnenden Völker zählt er auf von Westen nach Osten. Die ersten sind die Friesen. „Die Friesen, sagt er, wohnen — ergänzen wir, gemäss dem Anfangssatz: vom Leydener Rhein an — bis zur Ems, — und zwar über den [kleinen] Busacterern;“ allerdings nun wohnen sie darüber, d. h. nördlich, aber unmittelbar? von Ledebur hat es gemeint und ist so zu der enormen Ausdehnung bis an die Drenthe und consequenterweise noch darüber gekommen. Aber die dazwischen liegenden Völker sind nur verschwiegen, nicht erdrückt; sie sind von Ptolmäus verschwiegen, wohl weil seine Karte sie nicht hatte. Wir kennen sie aus Tacitus: Die Tubanten der Twente und die Usipier. Oestlich von den Friesen, von der Ems an bis zur Weser, wohnen die kleinen Chauken. „Zwischen diesen und den Sueven sind die grösseren Busakterer“. Hier fragt sich: welche Sueven meint Ptolmäus? die alten Langobardensueven auf dem linken Ufer der unteren Elbe können es nicht sein, denn zwischen diesen und den kleinen Kauchen sind ja nur die grossen Kauchen. und sonst kein Volk mehr. Die Angilen-Sueven können es auch nicht sein, denn zwischen diesen und den kleinen Kauchen sind doch offenbar die Cherusker. Es bleiben also nur die [Langobarden-] Sueven, die südlich von den Sigambern wohnen, übrig. Nun beachte man: zwischen dem Westerwald und der Nordseeküste von der Ems bis zur Weser — „wohnen die grösseren Bructerer!“ Hier ist offenbar manches Volk übergangen, und Nichts wäre verwegener, als Allles den grösseren Bructerern einzuräumen. Von den Sueven an bis zur Lippe wohnten keine Bructerer, sondern Sigambern. Aehnlich wird es sich wohl auch südlich von den kleinen Chauken verhalten. Hier muss noch Raum bleiben für die Hasuarier, die Ampsivarier, die Angrivarier, die Chamaver! die Bructerer werden sich also wohl bescheiden müssen. Uebrigens sagt Ptolmäus sogleich selbst, dass die Chämen unter d. h. südlich von den [grösseren] Bructerern gewohnt hätten; östlich — wäre richtiger. Wenn Ptolmäus nun weiter sagt, zwischen den grösseren Kauchen (von der Weser bis an die Elbe) und den Sueven hätten die Angrivarier gewohnt, so müssen hier unter den Sueven offenbar die Angiler-Sueven verstanden werden auf der linken Seite der Mittelelbe; hier aber sind wieder die gleichfalls zwischen den grösseren Kauchen und den Angiler-Sueven liegenden Fosi (an der Fuhse) übergangen. So heisst der Satz also, erläutert, folgendermassen: Zwischen den Angilen-Sueven und grösseren Kauchen sind die Angrivarier, und zwischen den Semnonen-Sueven und den grösseren Kauchen sind die Langobarden-Sueven; „unter" das heisst südwestlich von diesen die Dulgumnier. Wenn dann weiter, südöstlich von den Semnonen, zwischen Oder und Elbe die Silinger wohnen, und westlich von diesen auf beiden Elbeufern die Kalukonen, und westlich von diesen, nördlich vom Harz (Melibocus des Ptolmäus), bis zur Abnoba (d. h. hier: dem Teutoburger Wald) die Cherusker und mit den Cheruskern die Chamaver (wohl bemerkt: Ptolmäus sagt nicht, dass beide südlich vom Harz gesessen, sein „bis an den Melibocus" gestattet formell die nach Caesar sachlich nothwendige Auffassung: nicht südlicher als „bis an den Melibocus:") so können diese Chamaver, einmal richtig in die Nähe ihrer Kampfgenossen gebracht, wieder nur mit den in demselben Fall befindlichen Chaemi zusammenfallen. Es sind verschiedene Formen desselben Namens; das auf ihr Gebiet bezügliche, gleichsam ihr Besitzrecht betonende Anhängsel — avi (von ava, awe, au) begegnet uns auch in Batavi (denen *Βάττοι*[1]) als einfache Form entspricht) und in Frisi-aevones (zu Frisii). Aus diesem Sachverhalt geht hervor, dass wir uns die Chamaver zwischen nördlicheren Brukterertheilen und den Angrivariern und den Cheruskern zu denken haben. Das ist auf der nördlichen Abdachung des Osning, im Osnabrücker Land. In ihrer Nähe, die Haase abwärts müssen jetzt die Chasuarii gewohnt haben; die Angabe des Ptolmäus: „östlich" (d. h. nordöstlich) von der Abnoba

---

[1]) Die *Βάττοι* des Strabo sind noch keineswegs definitiv beseitigt.

(Osning) ist genau, die andere: „über den Sueven“ kann wieder nur auf de Rheinsueven bezogen werden und ist ein Seitenstück zu der besprochenen: „zwischen den kleinen Kauchen und den Sueven — die grösseren Bructerer“. Ein ferneres Seitenstück ist die folgende Angabe, dass „unter den Chamavern“, also südlich des Osning die Chatten wohnten; ganz richtig, nur dass die Senne und ein westlicher Ausläufer des Cheruskergebietes (links von der Diemel) und der ganze Teutoburgerwald auch noch dazwischen lagen.

Zur Bestimmung der grösseren Bructerer (denn die kleinen wohnen, wie Ptolmäus selbst angedeutet, nördlich von der Lippe und den Sigambern) resultirt nun aus den ermittelten Ptolmäischen Bestimmungen vor Allem dieses, dass sie westlich vom Osning gewohnt haben. Steht das aber fest, dann kann nicht geleugnet werden, dass kleine und grosse Bructerer einen einzigen Gebietscomplex bewohnt haben, der sich von dem rechten Lippeufer nordöstlich bis zu den um den mittleren Haaselauf sitzenden Chasuariern erstreckt haben wird. Oestlich begrenzte die damals gewiss recht grosse Senne ihnen das Land; hier war, wie südlich vom Main, eine „Oede“. Ueber die wirklichen Grenzen nach Norden und Nordwesten hin, wo uns Ptolmäus bis an die Frisen, d. h. ins Blaue gehen lässt, müssen wir anderswoher Rath schaffen.

Dieser Rath ist, scheint es, reichlich vorhanden bei Strabo. In der That weiss Strabo allerlei von den Bructerern: „Die Lippe fliesst durch das Land der kleinen Bructerer“, die (grösseren) Bructerer haben dem Drusus eine, natürlich unglückliche, Schlacht auf der Ems geliefert und — sie haben neben den Sigambern, den Chauken und Kimbern am Ocean ihr Gebiet! das ist viel, leider zu viel. Denn Demjenigen, der die Bructerer zu einem Seevolk macht, hören wir mit gerechtem Misstrauen zu, wie er von einer Emsschlacht zwischen Drusus und den Bructerern zu sagen weiss. Finden wir nun, dass der zwar kurze, aber das Wesentliche enthaltende Bericht über die einzige Expedition des Drusus zur See, die sichtlich auf Grund guter Vorlage gegebene Darstellung bei Dio, nicht nur von keiner Emsschlacht weiss — und als Sieg wäre sie ja ein Resultat, das nicht übergangen werden konnte, — sondern lediglich von dem Auflaufen der Flotte auf Untiefen und das an der Emsmündung, wo Ebbe und Fluth war, und dass dieses an der Mündung eintretende Unglück, wodurch ohne die Hülfe der Frisen Alles dem Verderben verfallen wäre, nach Dio's ausdrücklicher Versicherung zur resultatlosen Umkehr zwang, so kann Strabo's Emsschlacht nicht Statt gefunden haben. An der Emsmündung wohnten, wie wir aus Tacitus und Ptolmäus wissen, links die Frisen, rechts die Chauken, und keine Bructerer. Anders ist es um die Nachricht Strabos, dass Drusus die (vor der Emsmündung liegende) Insel Borkum kämpfend unterworfen habe, bewandt. Sie lässt sich dem Dionischen Bericht einfügen und ist vielleicht das Thatsächliche von dem, was entstellt „die Emsschlacht“ heisst. Diese Möglichkeit nimmt zu, wenn wir fragen: wie werden die Bewohner der Insel Burkana geheissen haben? doch wohl, Burkaner[1]), *Βουρκανοί*. Halten wir nun *Βουρκανοί* neben *Βρούκτεροι*, so springt in die Augen, wie leicht ein nichtgermanischer Berichterstatter oder sein Zuhörer oder Leser beide für dasselbe Volk halten konnte. Das ist der einzig mögliche Inhalt der entstellten Nachricht bei Strabo. Dass die Burkaner, als Insulaner, sich gegen Drusus, ehe derselbe sie „belagern“ konnte, zuerst noch in ihren Gewässern, also bei der Emsmündung auf Schiffen zur Wehr gesetzt hatten, versteht sich von selbst.

Somit gibt es also keinen Grund mehr, der die Bructerer an die untere Ems zu setzen nöthigte. Dagegen wissen wir von einem Volke, das ganz gewiss an der Ems gewohnt hat, weil sein Name von der Ems genommen ist, die Ampsivarii[2]). Und wenn wir er-

---

[1]) Burcana heisst bei Plinius IV. 97. die Insel.

[2]) Man hat mit der Form Ansibarii geglaubt an die Anses anknüpfen zu können. Dieser Versuch steht in der Luft, die Lesart Ampsivarii ist durch den codex Mediceus Tac. ann. XIII. 56. 55 ed. Ritter 1864. verbürgt und das der römischen Bequemlichkeit entsprungene p darf nicht zur Verkennung des deutschen Stammes Amisi verleiten.

fahren, dass diese von den Chauken südwärts gedrängt worden sind [1]), so liegt am Tage, dass die Bructerer südlich von den Ampsivariern, weiter oben gewohnt haben müssen. Nach dem Bericht über die Verdrängung der Ampsivarier können diese nun nur oberhalb der Haasemündung, südwestlich von den Chasuariern gesessen haben. Daraus ergibt sich, dass die Bructerer nicht wohl unterhalb Telgte-Münster sich erstreckt haben können. Nördlich von ihnen wohnten die Ampsivarier, nordöstlich die Chasuarier und weiter ostnordöstlich die Chamaver. Im Osten dehnte sich die öde Senne und das moorige Quellgebiet der Ems und der Lippe aus. Jenseit desselben wohnten östlich und südöstlich die Cherusker. Die bructerische Südgrenze war die Lippe. Bei diesen nicht übermässigen Gebietsverhältnissen muss der dem Ptolmäus und dem Strabo bekannte Name der „grösseren" Bructerer auffallen. Wenn dieser Beiname, wie bei den Friesen [2]) und Chauken, einer Unterscheidung zweier gleichnamiger Brudervölker, deren eines stärker war, als das andere, seinen Ursprung verdankt, dann hatte er nicht erst zur Zeit des Ptolmäus, sondern schon damals, als Tacitus seine Germania schrieb, alle Berechtigung verloren und gehörte der Vergangenheit an. Ehemals mögen die nördlichen Gaue der Brukterer an der Ems recht stark gewesen sein im Vergleich zu den südlichen an der Lippe. Zur Zeit des Tacitus gab es nur mehr — d. h. in der Geschichte — Bructerer, schlecht weg. Auch Vellejus weiss Nichts von zweierlei Bructerern. Die Geschichtserzählungen überhaupt lassen in den Brukterern allerdings ein tapferes, national gesinntes Volk erkennen, weisen ihm aber rücksichtlich der Stärke seinen Rang an neben den Marsen, jedoch unter den Sigambern, den Cheruskern und den Chatten. Ihre erbitterten Feinde, vielleicht aus alter Zeit, waren die beiden Völker: die Angrivarier und die Chamaver. Der Hass hatte, wie aus Allem hervorgeht, den Stammesgegensatz von Ingä-

---

[1]) Tac. ann. XIII. 55.

[2]) Maioribus minoribusque Frisiis vocabulum est ex modo virium Tacitus G. 34.

vonen gegen Iscävonen zur Grundlage. Furchtbar muss dieser Racenkampf gegen sie gewesen sein, wenn er, wie Tacitus [1]) kurz danach erzählt fast vor den Augen der Römer, also doch in dem Lande westlich des Osning seien 60,000 wehrhafte Bructerer unter der Wuth der Angrivarier und der Chamaver gefallen. Dass der römische Befehlshaber am Niederrhein Spurinna dem so zugerichteten Volke einen König gesetzt hat, verdiente gewiss kaum einen Triumph [2]).

In Bezug auf die Angabe Strabos, die Lippe fliesse durch [3]) das Land der kleinen Bructerer, ist zu bemerken, dass Strabo für die Feststellung des Lippelaufs seine Autorität eingebüsst hat durch die Nachricht, sie fliesse ebendahin, wohin die Ems und die Weser,

---

[1]) Juxta Tencteros Bructeri olim (!) occurebant: nunc Chamavos et Angrivarios immigrasse narratur, pulsis Bructeris ac penitus excisis (!) vicinarum consensu nationum, seu superbiae odio seu praedae dulcedine seu favore quodam erga nos deorum; nam ne spectaculo quidem proelii invidere. Super sexaginta milia non armis telisque Romanis, sed quod magnificentius est, oblectationi oculisque ceciderunt. — Uebrigens sowie Tacitus über die „Vernichtung" falsch berichtet ist und über die Zahl der Gefallenen höchst wahrscheinlich auch, ebenso unrichtig ist seine Angabe, dass die Angrivarier und die Chamaver an die Frisen gegrenzt hätten. Das ist absolut unmöglich. Dazwischen liegen noch alle die Emsvölker. Diese falsche Angabe des Tacitus hat viel Confusion angerichtet, sollte aber endlich beurtheilt werden wie sein penitus excisis.

[2]) (Anno 97. post Chr.) Here a senatu Vestricio Spurinnae principe auctore triumphalis statua decreta est, non ita, ut multis, qui nunquam in acie steterunt, nunquam castra viderunt, nunquam denique tubarum sonum nisi in spectaculis audierunt, verum ut illis, qui decus illud sudore et sanguine (?) et factis adsequebantur. Nam Spurinna Bructerum regem, vi et armis induxit in regnum ostentatoque bello ferocissimam gentem, quod est pulcherrimum victoriae genus, terrore perdomuit. Plinii Secundi epp. (ed. Keil [ind. Mommsen] 1870.) II 7. Ueber die Reihenfolge der Plinianischen Briefe vgl. Mommsen in Hermes, Zeitschr. f. class. Philologie, hrsg. v. Hübner. 1869. III. 39.

[3]) v. Ledebur macht aus diesem „durch", auch abgesehen von dessen sehr geringem Werthe, zu viel; wohin kämen wir, wenn wir Cäsars Beschreibung des Rheinlaufs (per fines —) ebenso verstehen wollten! Die geschichtlichen Nachrichten bleiben die letzte Instanz und sie wissen allesammt von südlippischen Bructerern Nichts.

nämlich in die Nordsee[1]). Mit diesem Irrthum hängt der andere, der Lippelauf stehe vom Rhein 600 Stadien ab, zusammen. Wenn dieser Zahlangabe etwas Thatsächliches zu Grunde liegt, so kann sie sich nur auf die Entfernung eines gewissen, jedem Römer am Niederrhein ehemals wohlbekannten Punktes an der Lippe von Vetera beziehen, müsste aber dann statt *X* jedenfalls *Ω* (800) Stadien heissen.

Die Brukterer hatten auch nach der Katastrophe in den 90er Jahren, wovon Tacitus redet, noch keine Ruhe. Im vierten Jahrhundert sehen wir die Sachsen[2]) (es wird sich zeigen, welche) nicht blos bis an, sondern bis über die Lippe vordringen. Die Bructerer mussten abermals zurückweichen. Wahrscheinlich sind sie schon damals auf das linke Ufer der Lippe, das ohnedies weithin durch Wanderungen nach Westen entvölkert war, hinübergegangen[3]). Um das Jahr 700 dauert die Feindseligkeit der Sachsen gegen sie noch fort. Beda berichtet von sächsischen Einfällen, die damals eine förmliche Zerstreuung der von dem heiligen Suidbert dem Christenthum nahe gebrachten Boructuarier zur Folge hatten[4]). Das Land zwischen

---

[1]) Die Ansicht, Strabo rede nur von dem Theil der Lippe, oder vielmehr von dem Theile der Ems, der von Osten nach Westen fliesse (Hülsenbeck, die Marsen, Herbstprogramm, Paderborn, 1871. S. 18—19.), kann kaum ernst gemeint sein. Auch *διέχων Ῥήνου* verbietet eine solche benigna interpretatio.

[2]) Saxones caesi Deusone in regione Francorum. Eusebius, chronici canones, ed. Schoene, Berlin 1866. S. 198. (Hieronymi continuatio) zum Jahre 373.

[3]) Es wird davon später die Rede sein.

[4]) Qui videlicet Suidberct accepto episcopatu de Brittannia regressus, non multo post ad gentem Boructuarorum secessit ac multos eorum praedicando ad viam veritatis perduxit. Sed expugnatis non longo post tempore Boructuaris a gente antiquorum Saxonum, dispersi sunt quolibet hi qui verbum receperant. Beda, hist. eccles. V. 11. Die „Altsachsen“ stehen im Gegensatz zu den nach Brittannien gewanderten; es sind die im Heimathland. Der heilige Bonifacius kennt die Bortharii auch und auf seine Veranlassung hat Papst Gregor III sich in dem bekannten Briefe (an die in orientali plaga constituti) auch an sie gewandt.

Ruhr und Lippe[1]) hiess, wie urkundlich feststeht, mit Ausschluss des am Rhein gelegenen Gaues der Hattuarier[2]), der Borohtragau. Wie dasselbe, ursprünglich sigambrisch, auch nach dem Eindringen der Bructerer (frühestens im 4. Jahrhundert) noch sigambrische Elemente[3]) wird enthalten haben, so ist es andererseits von eingedrungenen westfälisch-sächsischen Elementen, die zum Bructerervolk immer einen tiefen Gegensatz bildeten, stark durchsetzt. Da es aber seiner Natur nach dem politischen Charakter des von Süden aus es beherrschenden Berglandes folgte, so ist es, ehe Sachsen bekehrt und mit Bisthümern ausgestattet war, in kirchlicher Hinsicht kölnisch[4]), in rechtlicher ripuarisch[5]) geworden.

Bei der hervorragenden Wichtigkeit, welche der endlichen Klarstellung der Bructerersitze für die ganze Geographie Niederdeutschlands zukommt, möge noch auf zwei Berichte bei Tacitus hingewiesen werden, welche die Probe liefern zu den vorstehenden. Ermittlungen; es ist der über den Feldzug des Germanikus an die Ems im Jahre 15 nach Christus[6]) und der über seinen Streifzug gegen die Marsen vom nämlichen Jahre[7]).

---

[1]) Diese Begrenzung ergibt sich durch die Vergleichung der auf den pagus boretra, bortergo, borhtergo lautenden Urkunden des 9. und folgender Jahrhunderte. Vgl. ausser v. Ledebur's bezüglichem Abschnitt in „Land u. V. d. Br." noch von Medem, zur ältern Geographie Westfalens in Wigands Archiv I. 81—90.

[2]) Die Angaben der unächten vita sancti Suidberti sind Erfindungen eines Unkundigen, und nur auf sie stützt sich von Ledebur zur gegentheiligen Behauptung. Eine vita s. Suidberti gibt es nicht, das hat bereits Mabillon constatirt.

[3]) Wir machen auf Susat als einen durch seine Reduplikationsform in das höchste Alter verwiesenen Ortsnamen aufmerksam. Vgl. Holtzmann, über das Verhältniss der Malberger Glosse zum Text der Lex Salica, 1852. S. 8—11.

[4]) Bekannt ist dann die Soester Schenkung an S. Cunibert: quod eam (curticulam Susacie) sanctus Cunibertus (durch König Dagobert) sancto Petro acquisivit. So Anno in einer Urk. 1074. oct. 3. Lacomblet, Urkb. I. n. 218.

[5]) Wir verweisen auf unsere in der letzten Abtheilung gegebene Darlegung.

[6]) Tac. ann. I. 60. ff.

[7]) Ebenda I. 50. ff.

Germanikus befand sich in Vetera, von hier rückte er in drei Abtheilungen ins Feld. Er selbst bestieg mit den Legionen die Flotte und fuhr die Yssel hinab, zum Flie hinaus auf die Nordsee und zur Emsmündung; der Flotte zur Seite zog die Reiterei unter Pedo's Befehl voran[1]), von den Seen über der Ysselmündung an stets auf Frisischem Gebiet; vierzig Cohorten, ungefähr 20,000 Mann führte Cäcina von Xanten direct an die Ems, sein Zug ging durch das feindliche Bructererland und hatte den Zweck, die Bructerer von einem Marsch nordwärts, gegen Germanikus, abzuhalten. Es gelang Cäcina, bis an die Ems zu kommen; das Hinabrücken zu dem Punkte am Fluss, der zur Vereinigung bestimmt war, hatte nördlich von den Brukterern, im Gebiete der befreundeten Ampsivarier[2]) keine Schwierigkeit. Als Germanikus die ganze Streitmacht vereinigt sah, und die Chauken erschreckt von solcher Uebermacht, sich zum Mitziehen gegen ihr Bundeshaupt, den Cheruskerfürsten hatten verstehen müssen, rückte er auf der rechten Seite der Ems südostwärts. Nach Süden, gegen den auf dem rechten Emsufer, in der Linie Bevern-Sassenberg befindlichen Theil der Bructerer schickte er, um sich von rechts her zu decken, unter Stertinius ein Detachement ab. Die Bructerer hatten, um dem Feind ihre Vorräthe zu

[1]) Hier ein treffendes Beispiel, wesshalb die Römer auf dem rechten Rhein- und Ysselufer keine Germanen brauchen konnten.

[2]) Im Jahre 58 n. Chr. rühmt sich Boiocal, ein Ampsivarierfürst, dass er wegen seiner römischen Sympathieen zur Zeit des grossen „Cheruskeraufstandes“ (rebellione Cherusca) auf Befehl Armins verhaftet worden sei, Das war also im Jahre 10, im Jahre der Varianischen Niederlage. Diese Verhaftung hatte ihn jedoch nur noch störriger gemacht und nun trat er offen über und nahm unter Tiberius und Germanikus Dienst im römischen Heere; aus Letzterm ersieht man, dass er vielleicht mit im Zuge an die Ems war. Damit wird Vieles klar, auch der Hass der tapferen Chauken gegen sie, welche sie im Jahre 58 ganz vertrieben; wie denn diese Vertreibung und die obige Verhaftung Boiocals (doch offenbar als eines einflussreichen Mannes) eine antinationale Haltung des Volkes wahrscheinlich machen. Ein Stützpunkt der Römer an der mittleren Ems musste als eine Bedrohung so ernster Art, wie Aliso, betrachtet und um jeden Preis hinweggeräumt werden.

entziehen, ihre Aecker und Habe in Brand gesteckt und stellten sich zum Kampf. Stertinius schlug sie und erbeutete einen der Varianischen Adler. Nun war die Bahn frei. Germanikus marschirte der Ems nach Osten folgend aufwärts, es war das östlichste Bructerergebiet —, setzte über und verheerte, was er, in der Linie Warendorf-Lippstadt, zwischen Ems und Lippe traf. Er war damit auf directem Marsche gegen die Cherusker, offenbar das eigentliche Ziel des Feldzugs, und zwar genauer: in der Richtung auf die nach der Lippe hin sich senkenden Ausläufer des Teutoburger Waldes, die Unglücksstätte der Varianischen Niederlage. So beschloss er denn, auf diese Stätte selbst hinzuziehen, was mit grosser Sicherheit geschehen konnte, indem Solche, die sich aus jener Katastrophe gerettet hatten, im Heere waren. Freilich kostete dieser Zug einen heissen, blutigen Kampf. Denn Armin war mit seinen Cheruskern zur Stelle. Germanikus fand für gut, den Kampf nicht fortzusetzen, (warf wahrscheinlich noch eben eine Verstärkung nach Aliso) und kehrte um [1]). Der Zug ging wieder an der Ems hin. Von Telgte aus liess er den Cäcina direct nach Vetera marschiren mit der Instruction, die Moorgegend zwischen Dülmen-Raesfeld möglichst rasch zu passiren. Das war nothwendig, half aber Nichts, weil Armin dem abziehenden Germanikus auf dessen linker Flanke zur Seite ins Bructerische nachgerückt war, um ein westliches Seitenstück zu der Varianischen Niederlage nachzuliefern; es fehlte wenig, so gelang das in der That. Uebel genug zugerichtet kam Cäcina an der Brücke bei Vetera zum Rheine zurück. Der Rückweg des Germanikus, in den man ohne Grund die Weser verflechten will, gehört nicht zu unserer Frage.

Eine zweite Probe auf unsere Feststellungen über die Bructerersitze, zugleich nähere Bestimmung ihrer nordwestlichen Begrenzung liefert die Betrachtung des Marsenvolkes.

---

[1]) Manibus aequis abscessum, sagt Tacitus, aber der Nachdruck liegt auf dem Schlusswort.

Die Marsen nennt Strabo unter denjenigen Völkern, welche sich, um nicht von den Römern zur Auswanderung gezwungen zu werden, lieber nach eigner Wahl ins Innere des Landes zurückzogen und ihre Freiheit retteten[1]). Das muss zur Zeit, als Tiberius die Sigambern versetzte, geschehen sein, also um's Jahr 8 vor Christus. Aber ihre Geschichte und, wie es nach Tacitus' Aeusserung[2]) scheint, auch ihr Name war alt und knüpfte sich an einen gottgezeugten Helden an. Dieser Vergangenheit entsprechend waren sie gleich den Chauken und Bructerern ein tapferes Glied des grossen sigambrisch-cheruskischen Freiheitsbundes. In der grossen Schlacht im Teutoburger Wald zeichneten sie sich aus, ihnen fiel einer der drei Legionsadler zu. Von letzterem Umstande scheint Germanikus Wind gehabt zu haben. Jedenfalls musste sie die Rache für Varus treffen und sie hatten die Ehre, die Ersten zu sein, an denen Germanikus seinen Römerzorn kühlte. Die Legionen bedurften ohne dies, meuterisch wie sie waren, einer Ablenkung auf andere — Leidenschaften und dazu waren die Germanen da. Ihnen sollte der Jubel über die schlimmen Zeichen, die dem Ableben des Augustus gefolgt waren, gründlich vertrieben werden. Es galt also einen raschen Schlag zu führen auf den erreichbarsten der niederrheinischen Germanenstämme und mit diesem Präludium der Germanenwelt anzukünden, dass der gefürchtete Drusus, d. h. vorläufig sein Sohn (wieder) da sei.

Der Feldzug geschah mit überlegenen Kräften. Zwölftausend Mann von der Linie, dreizehntausend Mann „Bundesgenossen" und 12 Schwadronen Reiterei, das war das Heer, womit Germanikus die

---

[1]) *Ταύτης δὲ* (nämlich *τῶν προς τῷ ῾Ρήνῳ*) *τὰ μὲν ἐις τὴν Κελτικὴν μετήγαγον ῾Ρωμαῖοι, τὰ δ' ἔφθη μεταστάντα εἰς τὴν ἐν βάθει χώραν, καθάπερ Μαρσοί· λοιποὶ δ' εἰσὶν ὀλίγοι καὶ τῶν Σουγάμβρων μέρος.* Geogr. VII. 1. 2.

[2]) Quidam, ut in licentia vetustatis, pluris deo ortos plurisque gentis appellationes. Marsos, Gambrivios, Suebos, Vandilios affirmant; eaque vera et antiqua nomina. Germ. 2.

bei Vetera geschlagene Rheinbrücke überschritt und in forcirtem Tagemarsch auf den Cäsierwald anrückte. Am Abend befand er sich, 6 Meilen von Vetera ab, in der Coesfelder Gegend. Bis dahin war das ganze Land unbewohnt, ein Grenzwall, höchst wahrscheinlich von Wachtposten besetzt, hielt die Germanen von der Annäherung an die Rheinlinie zurück. Er zog sich, von Haltern[1]) etwa an der Lippe nordwärts an den Eingang der Coesfelder Waldgegend, von da weiter nordwestlich auf die Mündung der Yssel zu und gehörte zu den Arbeiten, durch welche Tiberius das Werk seines Bruders Drusus, den Weg für die römische Nordseeflotte, die Yssellinie gesichert und vollendet hatte.

Hier, auf der Wallbefestigung selbst wurde das Lager[2]) aufgeschlagen. Auf den forcirten Tagemarsch bedurfte das Heer Ruhe. Mit Verhauen zur Seite, mit Wällen in der Front und im Rücken wurde die Nacht gesichert. Denn hier begann Germanien. Am andern Tage gings wie am ersten, doch langsamer. Erst zog man eine gute Strecke durch dunkle Waldung, es gab nur einen Weg. Dann kam man an eine Stelle, wo sich der Weg theilte, der eine ging in

---

[1]) Die vom Rhein an bis ungefähr hierhin ehemals wohnenden Usipier hatten sich, den Marsen ähnlich, hinwegbegeben müssen und rechts von der unteren Yssel neben den Tubanten niedergelassen. In der Mitte dieses früheren Usipier-, jetzt leeren Gebietes lag der von v. Müffling (Ueber die Römerstrassen am rechten Ufer des Niederrheins, von C. v. W. Berlin, 1834. S. 23. ff. und die Karte) ermittelte Lippeübergang für die Heerstrasse Vetera-Aliso, nämlich Dorsten. Dass dieser in keiner fremden Hand sein durfte, versteht sich von selbst.

[2]) Es ist zu verwundern, dass bisher die durch das Lager doch klar genug beurkundete erste Nacht, verschieden von der nox festa ac solemnibus epulis ludicra, von Vielen übersehen werden konnte. Tacitus beschreibt die Vorkehrungen, die Germanikus für die Nachtruhe auf dem limes Tiberii traf. Und wenn er nach Schilderung dieser so gesicherten Nachtruhe fortfährt: inde saltus obscuros permeat, so spricht er doch offenbar von dem Marsch des darauffolgenden Tages: man müsste denn sagen, er habe, um schnell voranzukommen, sich erst noch einen Wall aufgeworfen, um — ihn zu übersteigen: frontem vallo munitus!

gerader Richtung auf das Marsenland los, es war der gewöhnliche, offenere; der andere ging noch weiter durch Wälder und beschrieb nach rechts hin einen Bogen. Wenn wir bedenken, dass von südöstlicher Richtung, in der man auf die Bructerer gestossen wäre, nicht die Rede sein kann, so steht fest, dass die zwei Wege in nordöstlicher und östlicher Richtung gelaufen sein müssen. Es handelt sich also um das linke Emsufer, um das Land zwischen der Ems einerseits und den bergigen Waldgegenden in der Linie Appelhülsen — Billerbeck — Horstmar — Ochtrup — Bentheim andererseits. Das ist — es liegt unausweichlich zu Tage — das Marsenland. Sobald man aus dem Wald trat, stand man auf marsischen Boden. Germanikus hatte es auf einen nächtlichen Ueberfall abgesehen. Es stimmte also zu seinem Plan, dass er den ganzen Tag zum angestrengten Marsch durch die Waldung, die der mit geschickter Mannschaft vorausgesandte Cäcina erst völlig wegsam machen musste, nöthig hatte. Desto angenehmer kam die durch Kundschafter am Abend anlangende Botschaft, die Marsen hätten gerade ein Hauptgötterfest und speisten und zechten in die Nacht hinein. Endlich war wohl um Mitternacht der Waldsaum erreicht. Das Marsenland that sich auf, ganz nahe befand sich das Heiligthum der Tanfana, darum her die vornehmen Marsen und die Edeln der benachbarten Völker (es war eine Bundesstätte)[1]) in tiefem Schlummer, berauscht und ermüdet vom Feste. Der sternenklare Himmel liess die Römer Alles überschauen. Besser hätte Germanikus es sich nicht wünschen können. Rasch umstellte er das Lager der Germanen sammt dem „Tempel“[2]) und nun begann — nicht die Schlacht, nein das Schlachten, das Blutbad. Mit den Edelsten des Landes und dem Heiligthum selbst wurde angefangen, dann ging in 4 Heerhaufen getheilt der Rachezug über das Land hin, 10 Meilen weit, die Ems ab-, die Vechte aufwärts. Doch hier

---

[1]) Celeberrimum illis gentibus templum.

[2]) Das alah.

ist eine natürliche Grenze, die ungefähr bei Neuenhaus beginnende grosse Moorgegend. Messen wir von hier 10 Meilen rückwärts, nach Süden, so ergibt sich das überraschende Resultat, dass wir gezwungen werden, die Gegend von Münster als den Anfang des Marsenlandes von Süden her, d. h. insbesondere als die Stätte des Bundesheiligthums der Tanfana anzuerkennen. Dass hier Marsen und Bructerer, beide tapfere Genossen des grossen Freiheitskampfes, aneinandergränzten, ist unzweifelhaft; rechts der Ems wohnten die — freilich jetzt theilweise römisch gesinnten Ampsivarier, weiter zurück östlich die Chasuarier; westlich neben den Marsen die Tubanten und neben ihnen bis gegen den Grenzwall an der Ysselmündung hin die, früher neben den Brukterern am Rhein, wohnenden Usipier: das werden die Völker gewesen sein, denen das Heiligthum gemeinsam angehörte [1]). Wir wundern uns nicht über diese Nöthigung. Der alte Name von Münster beweist uralte religiöse Weihe des Ortes [2]). Mimigernaford [3]) lautet der älteste Name dieser Stadt und Mimir, ein uralter Naturgott, war nach der Edda Odins Rathgeber. Bei dem Geheimniss, welches das Wesen dieses Mimir umgibt, kann der Umstand, dass Tanfana eine weibliche Gottheit gewesen zu sein scheint, nicht im Wege stehen. Mimir und Tanfana können sich zu einander wie Freyr und seine Schwester Freya [4]) verhalten, so dass in Mimir dieselbe Idee waltete

---

[1]) Eine unerwartete Bestätigung dieses um Mimir-Tanfana gruppirten Völkerbundes (freilich auch von dem Aufhören der Marsen als Volk) liefert die Erzählung von dem Versuch der Ampsivarier, sich eben in dem Gebiet zwischen der Silva Caesia und dem Rhein niederzulassen. Als der römische Befehlshaber das untersagte: illi (Ampsivarii) Bructeros, Tencteros, ulteriores etiam nationes socias bello vocabant. Hier haben wir, zu dem templum, die socii! Die südlichen: Tencteri, Bructeri, die westlichen: Usipii, Tubantes; und die nordöstlichen waren die Ampsivarii selbst. Bedeutsam — schweigt Tacitus von den Marsen!

[2]) Vgl. Grimm, Deutsche Mythologie, 1854. SS. 352 ff. 552 ff. 663. 756. Simrock, D. Mythol. 1855. SS. 39. 101. 176. 196 ff.

[3]) Urk. vom J. 820 bei Lacomblet, Urkb. I n. 40.

[4]) Vgl. Simrock, Myth. 357 ff.

wie in Tanfana, und im selben Heiligthum Feste des Mimir und (zu anderen Zeiten) Feste der Tanfana gefeiert wurden [1]).

Auf dem Rückweg war der Cäsierwald nicht mehr so still wie auf dem Hinmarsch. Das Morden am Tanfanaheiligthum hatte auch zweifelsohne anwesende Edle von den befreundeten Völkern getroffen oder bedroht. Die Kunde von dem, was bei den Marsen vorgehe, flog südöstlich zu den Bructerern wie nordwestlich zu den Tubanten und Usipiern. Sie erwarteten den Germanikus in den Bergen. Mit heissem Kampfe musste er sich bis zum Grenzwall Bahn brechen und wohl manch schönes Stück der Beute wieder an die Germanen abtreten.

Der alle Berichte über die römischen Kriegszüge ins rechtsrheinische Niederland, von Drusus an, ignorirende Versuch, die Marsen gar in das allerbeglaubigteste Bructererland zwischen Ems und Lippe zu setzen, bedarf keiner Widerlegung mehr. Ganz ebenso streitet wider alle Geschichte die Meinung, sie an der Ruhr anzunehmen. Hier war Sigambernland, die Marsen aber waren keine Sigambern. Verlockend konnte der Name des Heissiwaldes an der Ruhr nur für den sein, der unbeachtet liess, wie wenig wahrer Grund gegen die Gleichsetzung von Caesia — Coesfeld aufzubringen ist. Denn was den Anfangslaut betrifft, so ist eine Nothwendigkeit, dass **C**aesia in **H**aesi fortgeschoben sei, nicht vorhanden. Neben den Gleichungen Catti-Hassi, Chamavi-Hamaland und vielen andern steht **C**anninefates-Kinheim. Sodann ist die Grimm'sche Vermuthung Cuh-feld [2]) durch das wohlerhaltene **s** widerlegt. Den Vocal aber angehend, stehen folgende Gleichungen fest: Caer**ae**si-Car**oa**sgau [3]), Bac**e**nis-Boc**o**nia. Es wird also bei Caesia-Coesfeld bleiben.

Nichts dient aber besser dazu, die Unmöglichkeit vor Augen

---

[1]) Ja vielleicht von einer Dreiheit göttlicher Wesen.

[2]) Geschichte der deutschen Sprache, S. 431—432.

[3]) Coasfeld in der vita s. Ludgeri!

zu stellen, bei den Marsensitzen an das rechte Ufer der Ruhr zu denken, als die Feststellung der Lage Aliso's[1]).

Die Gesichtspunkte zur Bestimmung der Lage Aliso's sind klar. Dio Cassius[2]) sagt, Aliso liege an der Lippe, da wo ein Flüsschen Aliso in dieselbe münde. In die Lippe münden die Stever, die Ahse, die Glenne, die Alme. Es kann sich um die 2 ersten nicht handeln, weil sie nicht, wie der Bericht des Dio fordert, gegen die Cherusker hin, sondern nach dem Rhein liegen. Die Wahl zwischen den 2 letzten, Lippstadt oder Elsen-Neuhaus ist leicht getroffen.

Aliso lag in einer Gegend, die keinem bestimmten Volke angehörte[3]). Es gab damals noch weite Strecken auf den Höhen und in den Niederungen Deutschlands, welche nicht bewohnt waren[4]). Cäsar gibt uns den Grund an, wesshalb dies den Germanen lieb war[5]). Man hat Aliso bei den Bructerern suchen wollen. Keine einzige Stelle berechtigt dazu. Aliso lag in einem Landstrich, der öd war und sich als ein Zwischengebiet zwischen verschiedenen Völkerschaften charakterisirt. Lippstadt gehörte zum Bructererge-

---

[1]) Dieses Castell wird uns in der Geschichte des Drusus und des Tiberius sehr oft begegnen.

[2]) Drusus war kaum den Schwertern der Cherusker entronnen, ein verzweifelter Stoss brachte ihn aus den Schluchten des Teutoburger Waldes in die Ebene nach der Lippe hin. Die Cherusker wurden blutig zurückgeschlagen. In dieser Siegesstimmung beschloss Drusus, hier, unmittelbar in der Nähe des gewonnenen Kampfes, gegen die Cherusker ein befestigtes Lager zu errichten: *ὥστε τὸν Δροῦσον ἀντικαταφρονήσαντα αὐτῶν ἐκεῖ τε ᾗ ὅ τε Λουπίας καὶ ὁ Ἐλίσων συμμίγνυνται, φρούριόν τί σφισιν ἐπιτειχίσαι.* Cassius Dio, ed. Bekker. II 33.

[3]) Das beweisen, von der eben gegebenen angefangen, alle Stellen, die Aliso erwähnen. Die Bructerer sind übrigens als Volk niemals mit den Römern „befreundet" gewesen; selbst dem an tausend Wunden blutenden Volk musste Spurinna noch Gewalt d. h. Schrecken anthun, um den armen König in ihr Land zu bringen. Die *φιλία* des Dio ist eben „Bundesgenossenland", „Gallien", das linke Rheinufer.

[4]) Wie viele solitudines fand, vor und nach der Stiftung Fulda's (in solitudine Boconia, Urk. K. Pipin's v. J. 753. bei Sickel, Acta regum et imperatorum Karolingorum, Wien, 1867. II.), noch das ganze Mittelalter in Deutschland in Cultur zu nehmen!

[5]) BG. IV. 3. 8. VI. 23.

biet, wie wir gesehen haben. Zudem hatte Aliso die Bestimmung, ein Trutz-Cheruscien zu sein; schon dieses reicht hin, um den Mündungspunkt der Alme zu fordern, das ist Elsen-Neuhaus, nordwestlich von Paderborn. Dieser Platz lag — und das fordert der Gedanke des Drusus — unmittelbar vor dem mit dem Teutoburger Wald und dem Erzgebirg und deren Vorhöhen beginnenden Cheruskerlande; südöstlich stieg, jenseit der Diemel, das Chattenland auf; südwestlich begannen mit dem Haardtstrang die Sigambernberge, und westlich sassen, etwa von der lippstädter Gegend an, die Bructerer. Zwei Wege gab es für ein Römerheer vom Rhein nach Aliso, der eine führte von irgend einer Station oberhalb der Mündung der Lippe auf deren rechtem Uferstrich, zwischen den Bructerern (links) und den Sigambern (rechts) aufwärts; der andere, länger und gefährlicher, ging von Xanten bis Dorsten, dann auf Castrup hin und von da über Unna, Werl, Soest, Geseke an die Almemündung [1]. Weder den einen noch den anderen durfte, zumal vor der Versetzung der Sigambern, ein Heer unternehmen, das nicht stark genug war, es wenigstens mit dem ganzen Heerbann eines der Völker aufzunehmen, an denen es vorbeizog. Der Platz selbst muss, unter geschickter Benutzung des Zusammenflusses der Lippe und Alme, ferner der rings umherliegenden Brüche, und mit Aufgebot fortifikatorischer Kunst recht stark befestigt worden sein; mehr als einmal hatte er die Belagerung der Cherusker und ihrer Verbündeten auszuhalten. Er war mitten unter die kühnsten Germanenstämme hingestellt als eine Zwingburg, um sie mit List und mit Gewalt auseinander- und niederzuhalten und hat diesen Zweck nur zu lange wirklich erfüllt [2].

Beachten wir nun die Lage Aliso's, so ist die Frage, ob die Marsen, nachdem sie sich der Gefahr, von den Römern überwältigt

---

[1]) Vgl. v. Müffling a. a. O.

[2]) Die Dissertation Giefers': De Alisone castello deque cladis Variae loco, Crefeldiae 1844. stimmt in dem bezüglichen Resultat mit v. Müffling überein.

und gar versetzt zu werden, durch Auswanderung ins Innere Germaniens, vom Rheine ab, entzogen hatten, überhaupt um die Ruhr oder Lippe gewohnt haben, schon beantwortet. Wir brauchen kaum zu bemerken, dass ihre Lage auf der linken Seite der Ems ganz der Waffengenossenschaft mit den Cheruskern im Kampf gegen Varus, als deren Trophäe sie einen der drei Adler erbeutet hatten, entspricht. Griff ja die Macht des Arminius, als des thätigsten Bundesführers, auch bis zu den Ampsivariern hinüber, so dass er einen dortigen Vaterlandsverräther festnehmen liess!

Fast ebenso grosse Verwirrung, als bisher über die Marsen, herrscht über die Chamaver. Da sie eine hervorragende Wichtigkeit für die Geschichte des nordwestlichen Deutschlands haben, so sei es gestattet, auf sie noch einen Blick zu werfen.

Wir haben durch Ptolmäus ihre ursprünglichen Sitze im Osnabrückischen gefunden. Dieser Bestimmung gegenüber kann die einzige, die noch ausserdem vorhanden ist, die bei Tacitus in der Germania [1]), nicht geltend gemacht werden. Sie lautet: „Den Angrivariern und Chamavern im Rücken wohnen, dicht neben einander, die Dulgibinen und die Chasuarier und andere nicht ebenso besonders erwähnte Völker, vor sich haben sie unmittelbar die Frisen.“ Wir brauchen hierzu nur die voraufgehende Nachricht, Angrivarier und Bructerer seien ins Bructerische eingewandert [2]), zu halten, und uns zu besinnen, dass die Angrivarier ihre Sitze, wie das achte Jahrhundert noch Zeugniss gibt [3]), nicht geändert, nicht westwärts gezogen sind: so ist klar, dass die sämmtlichen Data von der Wanderung nur auf die Chamaver Bezug haben können, und freilich wohl zu begreifen, dass Tacitus ihren Kampfgenossen auch Theil an der Beute, am Gebiet der Bructerer geglaubt hat

[1]) Germ. 34.
[2]) Chamavos et Angrivarios immigrasse pulsis Bructeris. Germ. 33.
[3]) Als Engern, die Mitte vom Sachsenland, rechts und links der Weser (vgl. Zeuss, S. 391.), ganz so, wie in den Kämpfen des Germanikus an der Weser (links der W. vgl. Tac. ann. II 8. und rechts vgl. ebenda II. 19. 20.).

anweisen zu müssen. Sofort bestätigt sich diese Lösung der Schwierigkeit dadurch, dass die Dulgibinen den Angrivariern Nichts weniger als östlich (a tergo) wohnen [1]), den Chamavern aber, sobald diese in die Telgte — Münsterer Emsgegend, früheres Bructererland, gedrungen waren, allerdings — wahrscheinlich auch als Verbündete und Schützlinge noch ins leere Osnabrückische nachgerückt — östlich sassen. Nur von den Chamavern auch ist die Nachricht statthaft, dass sie unmittelbar vor sich (d. h. als unmittelbare westliche Nachbarn) die Frisen hatten. Waren die Chamaver einmal bis zur mittleren Ems gekommen, so trennte nur das seit jenem Gemetzel des Germanikus schwach bevölkerte ehemalige Marsengebiet sie von der noch heute schwach bevölkerten, damals wahrscheinlich ganz öden Drenthe und den Frisen, so dass Tacitus in Bezug auf sie Recht behält. Dass sie in dieser Richtung schon seit vielen Jahren vorzugehen getrachtet haben, beweist die merkwürdige Nachricht, sie seien einmal bis über den Tiberiuswall in die Nähe des Rheines gedrungen, aber von den Römern zum Rückzug genöthigt worden [2]). Wir haben also in den Worten des Tacitus über ihren Kampf mit den Bructerern die einzige, unschätzbare Notiz über ihr Vorrücken vom Osning her zum Rhein. Ihr Drängen nach Westen, längst bis zum Rheine hin fühlbar, gelang ihnen um die 90er Jahre des ersten Jahrhunderts (zum Verderben der Bructerer); sie brachen, nicht mehr in vereinzelten Gefolgschaften, wie wahrscheinlich zu Anfang der Bewegung, sondern mit der Masse in das heutige Münsterland, in Westfalen ein und füllten es aus bis an die Twente, überflutheten den Wall des Tiberius bis zum Rhein, fielen selbst über die Yssel ein, warfen die Bructerer über die Lippe und gönnten ihnen auch dort noch keine Ruhe. So ist das bis zur Yssel, zum Rhein, zur

---

[1]) A tergo, ostwärts von den Angrivarien wohnten vielmehr die Langobarden.

[2]) Chamavorum quondam ea arva, mox Tubantum et post Usiporum fuisse, heisst es von dem Gebiet (ripa [Rheni] et agri vacui et militum usui sepositi) zwischen dem Tiberianischen limes und Rhein und Yssel bei Tac. ann. XIII. 55 (im Jahr 58).

Lippe gehende Chamaverland geworden und das Volk ein Beispiel germanischer Expansionskraft, wie sich solche auch an Sueven, Markomannen und Gothen bewährt hat. Es war das Volk Wittekinds und — sehr merkwürdigerweise gibt der Einheit von Volk und Land der Chamaver gerade das Haus Wittekinds durch die Ausdehnuug seiner Güter [1]), am äussersten Westen: zu Vreden, und im äussersten Nordosten: zu Wildeshausen an der Hunte eine Bestätigung, wie wir sie von keinem anderen Germanenvolke kennen.

Die allein noch nicht bestimmten Sigambern haben nach dem über ihre Nachbarn Gesagten das Land inne, welches im Westen durch die Ubier, im Norden durch die Lippe, im Osten durch das Eggegebirg, den Asten und das Rothhaargebirge, im Süden durch den Westerwald begrenzt war.

Allein innerhalb dieses Rahmens wohnten sie nach ihrer Weise. Alle Zeugnisse stimmen darin überein, dass sie äusserst kriegerisch, „wild“, „kampfesfroh“ [2]) waren. Von diesem Charakter ist die Vorstellung nicht zu trennen, dass sie den Verkehr mit gleichgesinnten Stämmen, wie den Chatten, den Cheruskern suchten, dagegen die Berührung mit ruhiger gearteten, friedlichen Bestrebungen nachgehenden Nachbarn, wie die Ubier waren, mieden. Nehmen wir hinzu, dass sie gewiss auf die Erhaltung des kriegerischen, Kampf und Sieg athmenden Geistes, wie sie ihn von den Ahnen empfangen, mit Stolz und Eifersucht bedacht waren, so ist nicht daran zu zweifeln, dass sie überhaupt nur in ihren Bergen wohnten und in die Ebene nie anders hinabstiegen, als um Beute zu machen oder den Feind, der nahen wollte, anzufallen. Dass sie des Jagens, wie sich von selbst versteht, kundig waren in ihren

---

[1]) Vergl. Wilmans, die Kaiserurkunden der Provinz Westfalen I. Münster 1867 S. 387 ff. (Excurs 3: Die Westfälischen Kirchenstiftungen des sächsischen Heerführers Widukind und seiner Nachkommen.)

[2]) Feroces, caede gaudentes, indomiti, torvi, bei Horaz (od. IV. 2, 33. 14, 51.) Juvenal IV. 147. Epicedium Drusi vv. 13. 311.

schönen Wäldern und eine gute Race von Jagdhunden hielten, wusste man schon früh selbst in Rom und die dortigen Jagdliebhaber sparten die Kosten nicht, um sich solche zu verschaffen [1]).

Die Rheinthalebene überliessen sie daher gerne friedlicher gearteten Nachbarn und hielten sich mit Absicht von der Versuchung fern, der in ihrem glänzenden Namen ausgesprochenen Lebensweise untreu zu werden. In der Nähe des von den Ubiern bewohnten Uferstriches am Rheine wird man ihnen nicht leicht begegnet sein. Nicht als wenn zwischen ihnen und den Ubiern noch eine Völkerschaft gewohnt hätte; sondern weil ein öder Zwischenraum zwischen ihrem Land und jenem ihnen zusagte, weniger aus Schutzbedürftigkeit, als zur Vermeidung fremden Einflusses. Schied sie doch von den befreundeten Cheruskern das Eggegebirg und von den ebenso befreundeten Chatten das steile Quellgebiet der Alme, der Ruhr, der Lenne, der Sieg. Nur der Grundsatz der Unabhängigkeit kann sie daher bestimmt haben, einen Saum ihres Gebietes und was in ihrem Bergland auf den Höhen sich eignete, für Ackerbau zu benützen. Hier und in den stillen Wiesengründen des Inneren unterhielten sie — als Reichthum und als Waffe zugleich — ihre zahlreichen Pferde [2]). Dass sie ein Sumpfland sollen bewohnt haben, sagt, vor den Feldzügen des Tiberius, nur der Dichter Properz, der Cäsars Nachrichten von anderen durch ihn bekämpften Germanenstämmen, wie etwa der Eburonen und Menapier, und von den niederrheinischen Gegenden überhaupt, zu denen er auch das Land der Sigambern zählen mochte, auf diese geglaubt hat übertragen zu dürfen: wenn er nicht gar blos in poetischer Individualisirung, und gerade die unrechten treffend, „Sigambern" sagt statt — Germanen. Von Sümpfen im Sigambernland steht bei Cäsar

---

[1])
At te leve si qua
Tangit opus pavidosque iuvat compellere dorcas
Aut versuta sequi leporis vestigia parvi:
Petronios (sic fama) canes volucresque Sicambros
— delige —. Gratius Faliscus, cynegeticon v. 199 ff.

[2]) Ihre Reiterei tritt mehr als einmal sehr entschieden hervor.

Nichts, und solche sind innerhalb der nunmehr festgestellten Grenzen nicht vorhanden. Anders verhält es sich mit den Angaben des nach den Feldzügen des Tiberius schreibenden Strabo, die an ihrer Stelle besprochen werden sollen. Die Worte Cäsars [1]), dass die Sigambern dem Rheine ganz nahe gewesen, beweisen nicht, dass sie das Ufer selbst bewohnt hätten. Schiffe zum Uebersetzen über den Rhein konnten ihnen schon als Anwohnern der Sieg nicht fehlen, und wie sie sich auch ohne Schiffe zu helfen wussten, beweist der Zusatz: „und Flösse"; die Pferde liessen sie ohnehin am Halfter nebenherschwimmen, wie dies auch die Bataver oft genug gethan haben. Dass aber gerade an dieser Stelle, Bonn gegenüber, das von der Lippe an beginnende Gebiet, wenn auch recht nahe —, doch nicht bis an den Rhein selbst reichte, wissen wir auf das Bestimmteste daher, weil das Ubiergebiet sich, bald schmal, bald breit, je nach der Gestaltung des Thales, von der Brücke (Neuwied) bis wenigstens Köln gegenüber hinzog, also das Ufer, wo die Sigambern übergingen, jedenfalls ubisch war.

Die Schreibung des Namens betreffend, ist durch Cäsar, der sie zuerst kennt (Sigambri), Ovid, Horaz [2]), Ptolmäus (Sygambri), Strabo (Σούγαμβροι), Tacitus (Sugambri) vor Allem die media g ausser Zweifel gestellt. Dass der Verfasser des Trostgedichtes über Drusus [3]), Gratius Faliscus und fast alle Dichter bis zu Sidonius Apollinaris dafür die tenuis gebrauchen, kann nichts mehr verschlagen. Gegenüber dem Zeugnisse Cäsars, von dem sich die Inschrift und Horaz nur wenig entfernen, ist es schwer, geradezu **u** anzunehmen. Das i hat offenbar eine eigne Intensität gehabt (î), die der Ableitung von Sigi-gambar = bis zum Sieg tapfer, siegstreitbar [4]) das Wort redet. Das Wort Sigi hat altehrwürdige

[1]) BG. VI. 35.

[2]) Zu Ptolmäus auch Orelli — Henzen, inscr. 6704.

[3]) Dessen Aechtheit Adler doch wieder glaublicher gemacht hat; die Inhaltlosigkeit betreffend, wird sich weiter unten ebenfalls ein günstiges Moment herausstellen.

[4]) Grimm, D. Mythologie S, 340, 395. 122. 178. u. a. Simrock, Mythol. S. 214.

Bedeutung; der Name Siegfried ist der glänzendste der deutschen Heldensage; die Siegfriedsage ist, wie auch die Edda bezeugt, Eigenthum der Franken und in ihr erscheint, nach der nordischen Fassung, der Frankenname ohne sein epitheton ornans, als Name ihres von Wodan und Thonar abstammenden Königs Sigi[1]). Andererseits kann die Hinzufügung des epitheton Gambar bei einem Volke nicht Wunder nehmen, von dem die Quellen hervorheben, dass es sich durch seine Liebe zum Gesang, das heisst doch durch seine Helden- und Göttersagen ausgezeichnet habe[2]). Zu dem sind die Gambrivii, die vor Tacitus schon Strabo erwähnt und die das Beiwort Jener als eigentlichen Namen führen, so wir viel wissen, zwar nicht die Sigambern selbst, aber sie tragen nach Tacitus[3]) einen „altehrwürdigen Namen", der deutlich auf die Langobarden, vielleicht also auf einen der südlich von den Sigambern angesiedelten Suevengaue hinweist; die Namen derselben sind uns ja ganz gewiss bei weitem nicht alle überliefert.

---

[1]) Zeuss, S. 83. Grimm, Gesch. d. d. Spr. S. 525 (367.)

[2]) Subsidio Sugambrae cohortis, quam Romanus promptam ad pericula nec minus cantuum et armorum tumultu trucem haud procul instruxerat. Tac. ann. IV. 47. Das waren die carmina antiqua, quod unum apud illos memoriae et annalium genus est, die freilich — man denke an das Hildebrandslied und Muspilli oder den Waltharius — von homerischer oder virgilianischer Eleganz und Grazie in Wort und Weise wenig an sich hatten und daher sich einem feinen Römer ganz verzweifelt anhören mussten, dafür aber in ihrer kernhaften consonantischen Rhytmik die Urkraft und von keinem Römer ermessene Tiefe germanischen Lebens wiedergaben.

[3]) Germ. 2.

ERSTER THEIL.

DIE SIGAMBERN

VON DER ERSTEN BEGEGNUNG MIT CÄSAR BIS ZUM SIEG ÜBER LOLLIUS.

I.

DIE USIPETER UND TENCTERER.

Als Cäsar durch die Schlacht bei Sennheim im obern Elsass, im Jahre 58 vor Chr., dem Eindringen der Germanen am Oberrhein auf lange Zeit hin ein Ende und selber zur Eroberung Galliens den folgenschweren Anfang gemacht hatte, bot das weite, wohlbevölkerte Land ein merkwürdiges Schauspiel dar. Die mächtigen Arverner, die stolzen Aeduer, die tapferen Lingoner und alle die anderen nun zunächst Bedrohten, — von den Sequanern, die der verhängnissvollen Schlacht auf dem eignen Gebiete zugesehen hatten, zu geschweigen —, alle verhielten sich unthätig, liessen wie Unterworfene den „Befreier“ [1]) ungehindert schalten und walten, boten ihm jegliche Hülfe dar, ahnten nicht, was sich begeben: und die

[1]) Man kann die officielle römische Darstellung, was Rom für Gallien gethan, nicht besser kennen lernen, als durch die Rede, die der auf den Kriegsschauplatz tretende Cerealis im Jahre 70 in der colonia Trevirorum an die Trevirer und Lingoner hielt, um sie von dem Unrecht ihrer Gemeinschaft mit den Batavern zu überzeugen: Terram vestram ceterorumque Gallorum ingressi sunt duces imperatoresque Romani nulla cupidine, sed maioribus vestris invocantibus, quos discordiae usque ad exitium fatigabant; et acciti auxilio Germani sociis pariter atque hostibus servitutem imposuerant. Quot proeliis adversus Cimbros Teutonesque, quantis exercituum

Bewohner des gallischen Nordens, die Belgier, stehen auf, zum Kampf um Sein und Nichtsein gerüstet, sie allein! Sie allein wussten sofort, um was es sich handelte, was diese Schlacht bedeutete, was bevorstand. Wohl hatte auch das übrige Gallien noch seine blutigen Kämpfe gegen das römische Joch. Aber ehe ihre Freiheit mit Gergovia und Alesia auf immer gefallen, ehe das einzige, das erste und letzte Aufgebot gallischer Volkskraft mit der römischen Kriegsmacht gerungen, war von den an Anzahl weit geringeren Belgiern in der furchtbaren Schlacht an der Sambre dem grössten Feldherrn Roms der Sieg streitig gemacht und hatte das tapfere Volk der Aduatucen fast bis zur Vernichtung dem vordringenden Sieger widerstanden. Von den Belgiern erst lernten die Gallier, sich für das geknechtete Vaterland mit vereinten Kräften zu erheben.

Diese Erscheinung, welche Niebuhr eine noch nicht erklärte nennt [1]), begreift sich schwer, wenn man nach langgewohnter Weise in den Belgiern nichts anderes als einen eignen Zweig des Celtenvolkes findet, leicht dagegen, wenn man — sie selber hört! Denn

nostrorum laboribus quove eventu Germanica bella tractaverimus, satis clarum. Nec ideo Rhenum insedimus, ut Italiam tueremur, sed ne quis alius Ariovistus regno Galliarum potiretur. An vos cariores Civili Batavisque et transrhenanis gentibus creditis, quam maioribus eorum patres avique vestri fuerunt? Eadem semper causa Germanis transscendendi in Gallias: libido atque avaritia et mutandae sedis amor, ut relictis paludibus (!) et solitudinibus suis, fecundissimum hoc solum vosque ipsos possiderent; ceterum libertas et speciosa nomina praetexuntur, nec quisquam alienum servitium et dominationem sibi concupivit, ut non eadem ista vocabula usurparet. Regna bellaque per Gallias semper fuere, donec in nostrum ius concederetis. Nos, quamquam totiens lacessiti, iure victoriae id solum vobis addidimus (prächtig!), quo pacem tueremur. Nam neque quies gentium sine armis, neque arma sine stipendiis, neque stipendia sine tributis haberi queunt, cetera in communi sita sunt. Tac. hist. IV. 73—74. Da mussten die Trevirer und Lingoner natürlich gerührt werden. Die ganze Rede ist höchst merkwürdig.

[1]) Niebuhr, Römische Geschichte, (nach N.'s Vorträgen) bearbeitet von Schmitz. übers. v. Zeiss. Jena, 1845. 2. Bd., S. 62: „Nach seinem Siege über die Germanen muss sich etwas ereignet haben, welches die Furcht der Belgen erregte, dass er etwas gegen sie unternehmen werde. In seinem eignen Berichte wird Nichts dieser Art erwähnt, und es scheint im Gegen-

dann ist nichts natürlicher, als dass sie bei dem Schlage, der das Heer des Ariovist getroffen, — völlig im Gegensatz zu den träumenden, blinden Celten — sich als Germanen fühlten, als Mitgetroffene, als zunächst Bedrohte, als Solche, denen — wie auch geschehen ist — der zweite Schlag gelten musste. Und auch Cäsar hat von diesem Gesichtspunkt aus den Feldzug gegen die Belgier aufgefasst; das zeigt die Energie seines Handelns. Freilich hatte er Gallien, ehe er als Feldherr dort erschien, nach Römer Weise erst „studirt“ und als dessen „natürliche“ Ostgrenze eine möglichst umfassende: den Rhein gefunden. Was innerhalb dieser Grenze lag, hiess ihm folglich Gallien. Die Aduatucen, deren cimbrischen Ursprung er nicht bestreiten konnte, wie die Nervier, die Eburonen wie die Trevirer sind vor ihm gleichermassen, da sie ja in seinem Gallien wohnten und von Rechtswegen also unter seine Gewalt gehörten, „Gallier“. Die gallische Kultur und Lebensweise, die sie angenommen hatten, rechtfertigte zudem, oberflächlich angesehen, das gefundene Schlagwort. Aber trotzdem scheint in dem ganzen Bericht Cäsars über den belgischen Krieg durch, dass ihm in ihnen die germanische Nationalität nicht entgangen, dass sie es war, die ihm imponirte, deren Stellung diesseits des Rheines ihn nicht ruhen liess. Indess mit diesen Germanen zur Linken des Niederrheins hatte es eine andere Bewandtniss, als mit dem Heere des Ariovist. Am Niederrhein waren sie nicht als Gäste, nur wenig tief ins Land hinein, sondern hatten als die Herrn das Land bis an den Ocean, bis an die Seine in Besitz genommen, bewohnten es seit Jahrhunderten als ihre neue Heimath. Was am Oberrhein, mit den Eindringlingen jüngster Zeit anging, die Vertreibung, das war mit den Belgiern nicht möglich. Sie mussten unterworfen werden.

---

theil, dass sie ohne irgend eine Gefahr hätten ruhig bleiben können, und dass sie selbst gegen die Römer übel gesinnt waren. Alle Belgen zwischen der Seine, der Mosel und dem Rhein mit Ausnahme der Remi, der vorzüglichste Stamm derselben, erhoben die Waffen gegen die Römer. Meine Ansicht ist, dass die Remi bei Cäsar intriguirten, um durch dessen Einfluss die Oberhoheit über die Belgen zu erlangen“ u. s. w.

Und diese Nothwendigkeit lag nicht nur in dem Germanenthum der Belgier. Das Thor, durch welches sie einst den welthistorischen Namen an der Spitze, hereingedrungen waren, stand weit geöffnet und liess die Germanen diesseits und jenseits des Rheines in regstem Verkehre mit einander leben. Schon dieser Umstand verlieh Belgien eine Wichtigkeit, wie sie kein anderer Theil Galliens beanspruchte. Wenn jetzt wieder einmal die Germanenwelt sich rührte, wenn nicht fernher kommende, den Belgiern unbekannte, sondern nähere, befreundete Völker sich mit ihnen in Bewegung setzten, um Gallien zu überfluthen und über die Alpen in die lachenden Gefilde Italiens sich zu ergiessen, dann waren die Schreckenstage wieder da, die erst vor 50 Jahren, die letztvergangene römische Generation erlebt hatte. So war es klar: hier in Belgien war nicht blos Gallien, sondern Rom zu vertheidigen!

Das Werk der Unterwerfung Belgiens meinte Cäsar durch die Ueberwältigung der Nervier und Aduatucer vollbracht zu haben. Schon schweiften seine Gedanken hinüber zu den rechtsrheinischen Germanen, die, wie es ihm vorkam, schon danach verlangten, ebenfalls von ihm „in Ordnung“ gebracht[1]) zu werden. Allein er verkannte die Lage. Bald sollte er einsehen, wieviel noch an der Unterwerfung der Belgier fehlte, und welch einen gefährlichen Rückschlag selbst seine dortigen Siege auf die wachenden Gallier ausübten. Die Belgier an der Seeküste, von den Rheinmündungen an, hatten sich mit den Celten der Bretagne zum Aufstand verbunden; die landeinwärts gar hielten Rath mit den rechtsrheinischen[2]), wie der

---

[1]) Pacare war der Ausdruck, vgl. BG. II. 1, 35. III. 11: pacata Gallia und weiter durchgehends.

[2]) Reliquos omnes Belgas (die Remi ausgenommen) in armis esse Germanosque, qui cis Rhenum incolant, sese cum his coniunxisse. BG. III. 3. Hierzu ist zu vergleichen III. 11: Belgas adeat (Labienus) atque in officio contineat Germanosque, qui auxilio a Belgis (nämlich von den Treviris, qui proximi flumini Rheno sunt) arcessiti dicebantur, si per vim navibus flumen transire conentur, prohibeat. III. 11. Man sieht, wie rasch die noch eben erst angekommenen Sueven — denn sie sind die Germani transrhenani — sich mit den Trevirern verstanden hatten!

Herrschaft der Römer zu wehren sei. Es leuchtete Cäsar ein: „ungefähr ganz Gallien war im Aufruhr und — an der Freiheit hangen von Natur alle Menschen, Sklavenloos ist ihnen verhasst“ [1]). Als es ihm eben gelungen war, den grossen Bretagner-Aufstand niederzuschlagen, erhob sich im Norden mit einem Male vor ihm die belgische Gefahr in der drohendsten Gestalt, in germanischer Deutlichkeit. Sie war nicht einmal das Werk der Belgier, sie erschien — um so ernster — ohne deren Zuthun, wie mit der Gewalt eines Naturereignisses, wie vom Verhängniss herbeigeführt [2]).

Dort wo der Rhein dem Meere sich nähert, umwohnt von dem Volk der Menapier, am alten Thore der nordischen Gäste hatten zwei Germanenvölker über den Strom gesetzt, nicht wie unter Ariovist blos 120,000, sondern 430,000 Mann stark [3])!

Cäsar erkannte sofort, dass Alles auf dem Spiele stand [4]). Waren die Ankömmlinge auch selbstverständlich den überfallenen Menapiern verhasst, so hinderte das doch nicht, dass die übrigen Belgier sie mit Freuden als wie zu guter Stunde von den Göttern gesandte Helfer gegen das Joch der Römer begrüssten und mit offnen Armen empfingen. Es kam Alles darauf an, dass Cäsar der gefürchteten Vereinigung mit den geschlagenen, aber keineswegs vernichteten Nerviern, dem kriegstüchtigsten Volke Belgiens, in deren Gebiet er keine Heeresabtheilung scheint hinterlassen zu haben, zuvorkam [5]). Früher als gewöhnlich erschien er, es war das vierte Jahr seines Oberbefehls in Gallien, 55 vor Christus, bei den Legionen auf dem linken Seineufer. Seine Befürchtungen fand er in den

[1]) Quum intelligeret omnes fere Gallos novis rebus studere et ad bellum mobiliter celeriterque excitari, omnes autem homines natura libertati studere (!) et conditionem servitutis odisse —. III 10.

[2]) BG. IV. 1 ff.

[3]) Hostium numerus capitum CDXXX milium. BG. IV. 15.

[4]) His de rebus certior factus et infirmitatem (d. h. mobilitatem) Gallorum veritus, quod sunt in consiliis capiendis mobiles et novis plerumque rebus student, nihil his committendum existimavit. 5.

[5]) Er hat zwar II, 28 gesagt: prope ad internecionem gente ac nomine Nerviorum redacto —, aber III, 11 findet er doch für gut, den Labienus zu

seiner dort harrenden Nachrichten bestätigt. Kaum war zu den übrigen Belgiern die Kunde gedrungen, dass das gewaltige Germanenheer der Usipeter und Tencterer den Rhein überschritten habe, als auch sofort die nächstangrenzende Völkergruppe, die Eburonen und die südlich von ihnen wohnenden verbündeten Condrusen ihren Entschluss gefasst hatten. Sie schickten zu ihnen ins Menapische Gesandtschaften, mit dem Auftrag, sie willkommen zu heissen und zum Einzug ins Innere vom Rheine ab, förmlich einzuladen: alles was sie verlangten, also Schiffe zum Uebersetzen, Land in Fülle, Nachbarschaft und — Waffenbrüderschaft, sollten sie bereit finden. Das war es aber eben, was diese wollten. So verliessen sie denn den Rhein und zogen zunächst südwärts über die Maas in das hier beginnende Eburonenland, setzten sich mit der Hauptmasse einstweilen in dem schwach bevölkerten nördlichen Theile fest, schweiften aber mit ihrer zahlreichen Reiterei nach allen Seiten, bis an die Ardennen und südlich[1]) und östlich über die Maas hinaus. Offenbar wollten sie theils das Land kennen lernen, theils für ihre gewaltige Volksmasse Lebensmittel holen. Denn was sie bei dem verhältnissmässig kleinen[2]) Menapiervolk gefunden, das war sicherlich im vergangenen Winter Alles aufgezehrt worden.

Während jedoch die Eburonen, in der Meinung, auf ihrem eignen Gebiete Herr zu sein und darüber nach ihrem Ermessen verfügen zu können, die stammverwandten Gäste gewähren liessen, und weder für sich noch für diese so früh etwas Feindliches ahnten, stand plötzlich — Cäsar mit einem schlagfertigen Herre mitten im Lande! Früher als sonst bei den Legionen an der Seine und im

---

den an die Nervier grenzenden Trevirern zu schicken, um Alles „in Pflicht zu halten“. Die Nervier grenzten wie die Eburonen im Norden an die Menapier, und waren so wenig vertilgt, dass Cäsar im Jahre 54 in ihr Gebiet das Winterlager der unter Q. Cicero's Befehl stehenden Legion verlegte, welcher dasselbe sehr übel bekam.

[1]) In fines Eburonum et Condrusorum, 6.

[2]) Es sei daran erinnert, dass die Menapier nur 7000 Mann stellen konnten. BG. II. 4.

Süden Belgiens eingetroffen, war er schleunigst nordwärts durchs Nervier- und Aduatucengebiet gezogen und hatte, am Eingang in das Eburonenland, auf der alten Strasse nach Tongern, von dem Ort der Hauptniederlassung der beiden Völker genauer benachrichtigt, dahin seine Richtung genommen. Die Condrusen und Eburonen waren überrascht und, für den Augenblick nicht kampfbereit, mussten sie gute Miene zum bösen Spiele machen. Aber wenigstens den Rückzug zu gestatten, blieb in ihrer Hand; diesen Vortheil konnte Cäsar ihnen nur durch den raschesten Entscheidungsschlag gegen die Usipeter und Tencterer entreissen. Das hatte er begriffen und mit furchtbarer Energie führte er das kühne Unternehmen, woran für ihn Alles hing, zu Ende. Zuerst galt es, die Eburonen lahm zu legen Er that, als wäre Nichts vorgekommen [1]), hiess von ihnen als „Freunden" die Reiterei mitgehen und wandte sich dann weiter.

Wie wenn er Niemanden anders mehr sähe und hörte, stürmte er mit den Legionen nordwärts, dem Punkte zu, wo Waal und Maas sich vereinigen. So gelang es ihm, auch die Usipeter und Tencterer zu überraschen. Sie waren nicht vorbereitet, nicht einmal beisammen. Desto besser für Cäsar. Als er daher auf einige Tagemärsche nahe war, kam von ihnen eine Gesandtschaft: „Die Germanen seien zwar nicht die Angreifenden; ehe sie sich aber aufs Bitten bei ihren Angreifern verlegten, wollten sie nach altem Germanenbrauch die Waffen entscheiden lassen. Uebrigens seien sie nicht aus Muthwillen dahergewandert, sondern wider Willen. Noch jetzt böten sie Cäsar Frieden an, sofern sie Cäsar im ruhigen Besitz des mit gewaffneter Hand besetzten (Menapier-)Gebietes lasse oder anderes Land für sie habe. Wo nicht, so fühlten sie, obgleich den Sueven, die es fast mit den Göttern aufnehmen könnten, nicht gewachsen, sich doch stark genug zum Kampf mit ihm." Die Antwort Cäsars war gegen den ersten Satz, den Kern der Sache, den Vorwurf, als sei er der Angreifende, gerichtet: „Weder behalten

---

[1]) Das Dissimulanda (6) kann nur auf Missethäter, was eben die Eburonen waren, sich beziehen und damit leuchtet ein, dass die principes

dürften sie, was sie sich auf gallischem Boden angemasst, noch würden sie dort etwas bekommen. Zurück aus Gallien! Das sei die erste Bedingung jeder Verständigung mit ihm. Aber drüben, in Germanien, sei er bereit, ihnen im Gebiet der Ubier soviel Land zu geben, als sie wollten; denn eben seien Gesandte von dort bei ihm mit der Bitte um Hülfe gegen die Sueven, die ja auch ihre Feinde seien. Wollten sie das, so werde er den Ubiern die dahin lautenden Befehle geben." Auf diese Antwort, die die ungeheure Gefahr nicht nur für sie, sondern für alle dies- und jenseitigen Germanen enthüllte, baten die usipischen und tencterischen Gesandten, so möge er nur mit seinem Marsche bis zum dritten Tage innehalten; bis dann würden sie ihm von den Ihrigen Bescheid bringen. Aber das war es eben, was Cäsar nicht wollte. Er verweigerte es, mit dem Marsch einzuhalten, that aber, als sei er noch immer zum Verhandeln bereit. Am dritten Tage trafen sie ihn in der Entfernung eines kleinen Tagemarsches von den Ihrigen. Sie fanden ihn im vollen Anrücken und sahen, was er vorhatte; vergebens suchten sie ihn durch Bitten zum Stillstand zu bewegen. Cäsar wollte ihnen gerade zum Sammeln ihrer Streitkräfte keine Zeit lassen, insbesondere nicht abwarten, bis ein grosser Theil ihrer Reiterei, den sie vor einigen Tagen um Beute zu machen ostwärts über die Maas in das zwischen Cleve und Xanten ausgebreitete Uferland der Ambivariten[1]) geschickt hatten, zurückgekehrt wäre.

„Galliae" die Fürsten der Germanengruppe der Eburonen, Condrusen und ihrer Genossen waren. Bei ihnen spielte er nun die beliebte Rolle eines Beschützers und Befreiers (eorum animis permulsis), redete ihnen zu, sie möchten nur Vertrauen haben, er werde schnell wieder zurück sein und ihnen ihr Land von Feinden gesäubert haben; nur etwas Reiterei möchte mitziehen, mehr um Zeuge des Sieges als um Theilnehmer am Kampfe zu sein. — Damit war der Rücken gedeckt.

[1]) Die Richtung, in der die Ambivariten zu suchen sind, kann uns gar nicht zweifelhaft sein. Die germanische Reiterei ist „über die Maas geschickt"; wäre das südwärts geschehen, so hätte es Cäsar, der eben von Süden kam, nicht unbekannt sein können; auch ist nicht glaublich, dass man die Römer, die man immerhin im Süden wusste, sollte aufgesucht oder gereizt haben. Zudem will der Ausdruck trans Mosam offenbar etwas

Desshalb baten sie ihn, „er möge wenigstens seiner 5000 Mann starken Reiterei, die ihnen, ehe sie bei dem Hauptheer Cäsars ankamen, schon begegnet waren, den Befehl ertheilen, nicht anzugreifen, ihnen selbst aber Zeit lassen, an die Ubier eine Gesandtschaft zu schicken; wenn ihnen deren Fürsten und Rathsversammlung feierlich Aufnahme gewährten, dann wären sie bereit auf die Bedingungen, die Cäsar gut schienen, einzugehen. Hierzu möge er ihnen die Frist von drei Tagen [1]) einräumen." Allein Cäsar konnte zu dem tückischen Plane, den er verfolgte, keine drei Tage Aufschub brauchen. Es galt ihm lediglich, den Faden der Unterhandlung nicht ganz fallen zu lassen, ohne wesentlich seine mili-

---

Anderes sagen, als in fines Condrusorum, letzteres wäre die südliche Richtung gewesen. Noch deutlicher ist der Umstand, dass diese Reiterei hernach aus dem Gebiet der Ambivariten ohne Weiteres in das der Sigambern übergeht (se receperat, 16.). Hiernach liegt das Ambivaritengebiet ungefähr zwischen der Mündung der Waal in die Maas und der Lippemündung. Nun ist Ambi an dem Namen eine Präposition, die nicht nur der keltischen, sondern mit dem (späteren) Ablaut (u) auch der germanischen Sprache eigen ist. Das Wurzelwort ist variti, ein Wort, das althochdeutsch (vgl. S. Galler althochdeutsche Glossen, Graff, Althochdeutscher Sprachschatz, Berlin 1834. Bd. I. Seite LXV: insola uuarid.) verbürgt, noch heute am ganzen Rhein im Umlaut Weerth (und Werder) gäng und gebe, am Niederrhein aber, einschliesslich ganz Holland, in der alten Bedeutung und mit dem Tone Waard heisst. An der Lippemündung beginnen die Waarde: Das Rinische Waard bei Wesel, dann das Lohre Waard, das Reeser Waard, das Byland'sche Waard, das Bemmel'sche Waard, Dodewaard, Tieler Waard; sodann aber auf dem linken Rheinufer, was bedeutsamer ist, folgende Orte, zum Theil von nachweisbarem hohem Alter: Düffelwaard (im alten pagus Dubla), Wardhausen (bei Ryndern), Wardhof (bei Griethausen). die Höfe Wisselward, Beylerward, Kiselwardshof, dann (bei Grieth) Haus Wardendein und nochmals Wisselward und endlich 20 Minuten von Xanten das alte Pfarrdorf Wardt. Hier muss man gewiss gestehen, dass eine merkwürdige Vorliebe für das Wort Ward obwalten muss, die wohl stark genug auf den Namen des Volkes hindeutet, das nach der ganzen Lage der Dinge in der Xantener Gegend gewohnt hat. Auf dem rechten Ufer haftet der Name an keiner einzigen Ortschaft, er ist also dorthin vom linken her (wie ein Echo) gedrungen, sein Sitz ist auf dem linken.

[1]) Man konnte damals, wenn es sein musste, im Reiten etwas leisten. Nach V. 53 wurden an 12 deutsche Meilen in weniger als 9 Stunden zurückgelegt. Zu den Ubiern betrug der Weg 20 Meilen, das war nicht zu viel, um am dritten Tage wieder zurückzugelangen.

tärischen Massregeln zu unterbrechen, und so den Augenblick, in dem es Zeit war, die Maske abzunehmen, ganz nach Belieben wählen zu können. So gab er sich denn den Anschein, als sei es ihm nur noch um einen bessern Lagerplatz, der Wasser für Menschen und Pferde darbiete, und dann um's Unterhandeln zu thun. Nehmen wir, was bei seiner Eile das Wahrscheinlichste ist, seinen Zug von der Maas her in der Richtung von Bavay, Brüssel, Mecheln, Turehout und Tilburg an, so befand er sich jetzt, da die germanischen Gesandten bei ihm waren, noch $2^2/_5$ deutsche Meilen südöstlich vom Zusammenfluss der Maas und Waal entfernt, in der Gegend von Vught, also noch 4 römische, nicht ganz eine deutsche Meile von der Dommel. „Nur bis an dieses Wasser, versicherte er, wolle er an dem Tage noch marschiren und dort Lager aufschlagen. Dort sollten denn am anderen Tage, fügte er hinzu, ihre Häupter sich möglichst zahlreich einfinden und dann werde sich all ihr Anliegen verhandeln lassen. Den Befehlshabern der vorausgezogenen Reiterei liess er melden, sie sollten nicht angreifen, wenn sie aber angegriffen würden, den Kampf hinzuziehen suchen, bis er mit dem Heere da sei. So bestand in Wirklichkeit kein Waffenstillstand, vielmehr rückte Cäsar nicht anders, als in offnem Krieg auf die Germanen los. Diese Handlungsweise Cäsars, während friedliche Verhandlungen germanischerseits begehrt waren, muss eine 800 Mann starke germanische Reiterschaar, als sie der römischen Reiterei in unaufhaltsamem Vorgehen auf die Dommel zu begegnete, empört haben. Sie stürzten, obgleich an Zahl sechsmal schwächer, mit Ungestüm über sie, zersprengten sie vollständig und trieben sie in wilder Flucht dem herankommenden Hauptheere zu. Die Verluste an Mannschaft waren für die Römer gering; bedeutender war der Eindruck, den die schmachvolle Niederlage der römischen Kriegstüchtigkeit durch die Germanen auf Alle, nicht am wenigsten auf Cäsar selbst machte. Er wusste nun erst recht, dass nur ein von den Germanen nicht geahnter Gewaltstreich ihn retten und sie verderben konnte. Es war Zeit, die Unterbefehlshaber, als das Lager

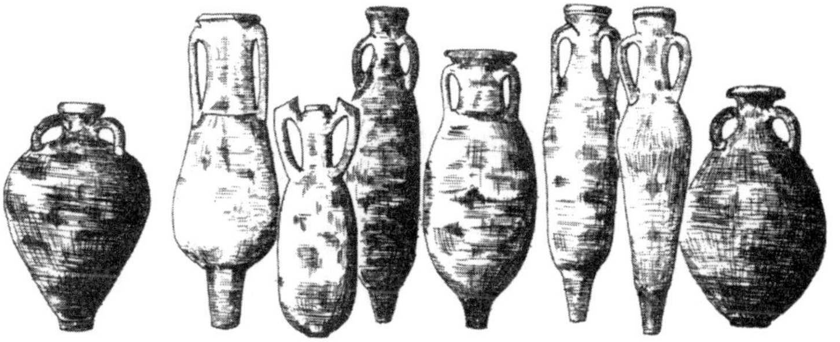

Amphoren (nach Ausstellungsstücken im Mittelrheinischen Landesmuseum)

Gläser mit «Kölner Schnörkel»
(nach Ausstellungsstücken im Röm.-Germ. Museum)

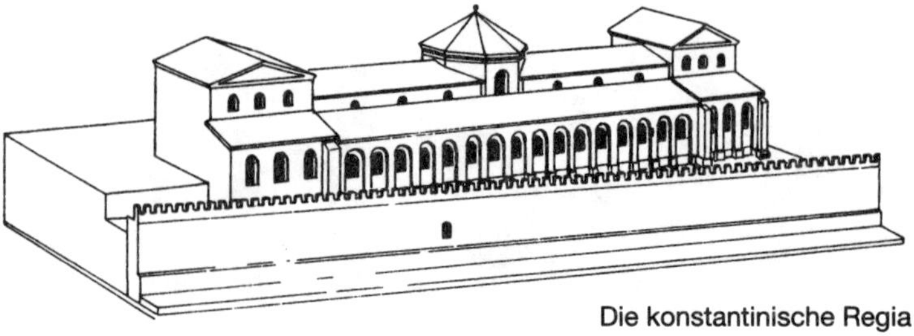

Die konstantinische Regia

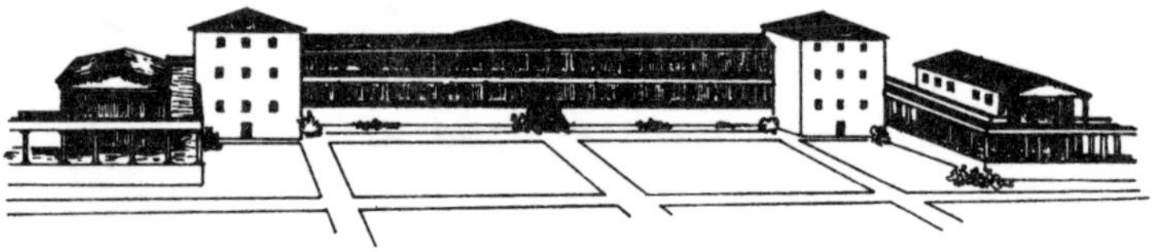

Prunkvilla Nennig

an der Dommel, wohl unfern oder gar auf dem Platze, wo das schlimme Gefecht stattgefunden hatte, aufgeschlagen war, ins Vertrauen zu ziehen und für den morgigen Tag die Befehle zu ertheilen. In der That, sie kamen am Morgen, die harmlosen Germanen, alle Fürsten und Aeltesten der beiden Völker, zu Cäsar ins Lager! Niemand sah vergnügter sie in langem feierlichem Zuge ankommen, als Cäsar. Kaum hatten sie sich wegen des gestrigen Gefechtes, so weit es Noth that, entschuldigt und meinten, nun liesse sich wegen der Uebersiedlung und dem dazu nöthigen Waffenstillstand unterhandeln; da plötzlich ändert sich die Scene: sie sehen sich umringt, gefangen, gefesselt! Cäsar selbst war vor ihnen verschwunden und rückte mit gesammter zu drei Kolonnen formirter Heeresmacht im Eilmarsch dem keine 3 Meilen nordostwärts an der Maas befindlichen Germanenlager zu. Dort liess der jähe Schrecken über das Unerwartete, Unerhörte eines solchen Angriffs nur Wenige an Vertheidigung denken. Ohne Rath, ohne Ordnung, ohne Führer warf sich Alles beim Heranstürmen der Legionen in wilde Flucht; hinter ihnen her die römische Reiterei! Da verloren auch diejenigen, die sich noch, um die Feldzeichen gesammelt, zur Wehr gesetzt hatten, den Muth und flohen, von den Römern verfolgt, dem Rheine zu. Viele kamen um in der reissenden Strömung —, es war die Stelle, wo Maas und Waal sich vereinigen; viele wurden niedergehauen.

Vernichtet indess waren die Germanen keineswegs; diejenigen, die sich in die nahen Wälder geborgen, andere, denen es gelungen war, das rechte Maasufer zu erreichen, wieder andere, die das eingenommene Menapierland noch besetzt hielten oder noch im Eburonenland zerstreut waren, sammelten sich wohl um ihre, wie es scheint, sehr starke, jenseit der Maas im Ambivaritengebiet schwärmende Reiterei und bildeten mit dieser immerhin ein zwar auf lange erschöpftes, jedoch an Zahl noch ganz ansehnliches Völkerpaar.

Aber für Cäsar und die Römerherrschaft in Gallien war eine furchtbare Gefahr mit einem Schlage abgewendet. Der äusserste

Norden Belgiens hatte, gleich dem Südwesten und der Mitte, die gewaltige Faust und die dämonische Tücke des Römers empfunden und in der alten Germania zwischen Rhein, Maas und Schelde stand — sozusagen ohne offenen Kampf — wenigstens mit ihren eignen fünf Völkern — Cäsar als Sieger da und — als Herr! Von der Waal bis zur Seine, ganz Belgien war römisch geworden!

Ueber die so schändlich gefangenen Fürsten und Aeltesten der beiden Völker erzählt uns Cäsar, wie grossmüthig er an ihnen gehandelt habe: „Cäsar stellte denen, die er im Lager zurückgehalten hatte, frei, zu gehen; sie aber fürchteten die Rache der Gallier, deren Gebiet sie verwüstet hatten, und erklärten, bei ihm bleiben zu wollen. Cäsar schenkte ihnen die Freiheit." Verstehen wir unter diesen „Galliern" Cäsars die Menapier, so ist es glaublich, dass die germanischen Edeln nicht an diese wollten „freigegeben" werden. Bei den Eburonen jedoch, von denen sie eingeladen waren und nichts weniger als Rache zu befürchten hatten, wollte begreiflicherweise Cäsar sie nicht aufgenommen wissen. Sie zu tödten, wäre indess eine Handlung gewesen, die vieles, wenn nicht alles Errungene wieder hätte aufs Spiel setzen können. So schenkte ihnen Cäsar denn die Freiheit, d. h. er liess sie los und gestattete ihnen ostwärts über die Maas zu gehen und ihre Reiterei aufzusuchen.

Der völkerrechtliche Frevel war gelungen, aber nicht ohne nach allen Seiten zu empören. Im Senat zu Rom erhob sich Cato voll edlen Zornes und stellte den Antrag, dass Cäsar zur Strafe für das scheusliche Verbrechen den Germanen ausgeliefert werde. Kein Wunder, wenn ein Germanenvolk des rechten Rheinufers die Schmach dieses frechen Angriffs als eine dem gemeinsamen Namen angethane fühlte und sich, dem Sieger zuwider, offen auf die Seite der geschlagenen Brüder stellte. Dieses rechtsrheinische Volk waren die Sigambern.

Doch ehe wir den weiteren Verlauf darlegen, müssen wir uns mit der Frage beschäftigen, woher jenes merkwürdige Völkerpaar gekommen ist. Hören wir darüber Cäsars Worte: „Auf der einen

(Süd-)Seite von den Sueven ungefähr 600 (römische, also 120 geographische) Meilen weit soll unbebautes Land sein; auf der anderen (Nord-)Seite folgen auf sie unmittelbar die Ubier. — Da die Sueven diese oftmals bekriegt hatten, aber wegen der Macht und des Ansehens ihres Staates nicht aus ihrem Gebiete vertreiben konnten, so haben sie sie wenigstens sich zinspflichtig gemacht und sehr gedemüthigt und geschwächt. Ebenso war es den Usipetern und Tencterern ergangen, die mehrere Jahre die Gewaltthätigkeit der Sueven auszuhalten hatten; schliesslich wurden sie aber wirklich aus ihrem Gebiet vertrieben, irrten drei Jahre lang viel in Deutschland herum und kamen so an den (Nieder-)Rhein, dort wo die Menapier, in der Nähe des Meeres wohnten."

Dass wir es hier mit der grossen Suevenbewegung nach Südwesten zu thun haben, wovon der eine Zug unter Ariovistus ins Sequanerland gedrungen war, daran ist nach der Zeitangabe kein Zweifel. Von dieser grossen Wanderung hatte sich, wie bereits früher bemerkt worden ist, in der unteren Maingegend ein Theil rechts gewendet und des Rheingaus sammt den Bergen bis einschliesslich des Westerwaldes bemächtigt. Die Trevirer meldeten im Jahre 58 v. Chr., nach der Niederlage Ariovist's, Cäsar die Ankunft dieser neuen Nachbarn. Bedenken wir nun, dass die Chatten keine Sueven waren, also umgangen worden sein mussten, so liegt die Vermuthung nahe genug, dass die Usipeter und Tencterer diejenigen waren, an deren Stelle sich die Sueven zu Herren des rechten Rheinufers von Wiesbaden bis zum Siebengebirge gemacht hatten. Diese Vermuthung wird bestätigt durch das Erscheinen wenigstens von Usipiern im Rheingau [1]). Man hat geglaubt, in diesen die an den Niederrhein gezogenen, später aber südwärts gewanderten Usipeter selbst zu erkennen. Allein für diesen vermeintlichen Zug aus der Gegend am Niederrhein bis in den Rheingau fehlt es an Beweisen.

---

[1]) Mixtus ex Chattis, Usipis, Mattiacis exercitus (obsessores Moguntiaci). Tac. hist. IV. 37.

Die Stelle vom Zurückweichen der Usipeter vom Rheinufer beweist mehr nicht, als dass sie den unmittelbar vom Rhein bespülten Uferstrich verlassen hatten. Eine weitere Nöthigung lag für sie nicht vor, wie sie denn auch wirklich ganz in der Nähe, nämlich bei den Tubanten, geblieben sind. Es ist ihnen also keine solche Gewalt angethan worden, um sie südwärts zu treiben, wie ihnen einst vom Süden her durch die Sueven geschehen war. Was ihnen damals durch die bittere Noth, die keinen Ausweg liess, hatte gelingen müssen, das haben sie gewiss nicht zu wiederholen Lust gehabt, und wenn sie auch einmal mit der enormen Volksmasse von den anderen Germanenvölkern durchgelassen worden waren, so waren die Opfer, die sie ihnen beim Durchzug zumuthen mussten, doch zu schwer, als dass sie noch einmal hätten kommen dürfen. Ausserdem dürfen wir nicht vergessen, dass bei vielen germanischen Volksauswanderungen keineswegs Alle bis auf den letzten Mann auszogen. Oft blieb ein Theil zurück, fügte sich in die Verhältnisse und behielt seinen Namen bei. Dieser Fall muss in Betreff der mittelrheinischen Usipier angenommen werden[1]). Sie sind der daheim gebliebene Theil des Volkes und in ihrer Nähe haben wir, obgleich von diesen keine so deutliche Spur sich zeigt, jedenfalls auch die alten Sitze des ihnen überall brüderlich verbundenen Tencterervolkes zu suchen.

Waren die ursprünglichen Sitze der Usipeter und Tencterer im Rheingau und seinen Bergen bis etwa an die Lahn — ein Gebiet, nicht zu ausgedehnt, um nach Abgang von mehr als 400,000 Mann noch ein bewohntes zu sein; — dann bleibt, weil die Sueven im Süden des Chattenvolkes herangekommen waren, kein anderer Weg übrig, den das weichende Völkerpaar eingeschlagen

---

[1]) Die römischen Schriftsteller, auch Caesar, sind geneigt, derartige Veränderungen für viel radikaler zu halten, als sie es waren. Auch mit „Ausrottung“, „Vernichtung“ sind sie schnell fertig, dann stehen aber die betreffenden hernach plötzlich wieder frisch und stark auf ihrem Posten. Beispiele begegnen uns in gegenwärtiger Untersuchung genug.

haben konnte, als entweder der durchs Land der Ubier oder der Sigambern oder der Chatten. Wären sie aber durch das Ubische gekommen, so würde Cäsar es unter den Klagen der Ubier erwähnen. Es bleiben die Sigambern oder die Chatten. Welches von diesen beiden Völkern aber das den Usipetern und Tencterern befreundete gewesen, darüber ist nach dem schweren Unglück, das die letzteren getroffen, alle Ungewissheit geschwunden. Da waren es die *Sigambern*, die sich der Verfolgten, heimathlos Gewordenen annahmen und sie sind es also gewesen, die *zweimal* dem Brudervolk die Treue bewährt haben. Der Zusammenhang dieser Ereignisse ist unschwer zu erkennen. Ehe die Sueven in den Rheingau einbrachen, waren Usipeter und Tencterer *Nachbarn der Sigambern* und mit ihnen — desselben iscävönischen Stammes — befreundet. Die geographische Lage nicht nur, sondern altes Stamm- und Bundesbewusstsein hatte sie beim Einbruch der Sueven auf die Hülfe der Sigambern angewiesen. Welche Stellung die Chatten in den nun beginnenden Kämpfen genommen, lässt sich nicht bestimmen. Aber vor der Uebermacht mussten die beiden angegriffenen Völker endlich weichen und wir vermuthen schwerlich zu viel, wenn wir annehmen, dass die Sigambern, die ihnen Schutz und Durchzug gewährten, ihnen selber den Weg bezeichneten, auf welchem, gleich manch anderem Germanenvolk, auch sie Land und Ruhe finden würden. Jedenfalls ist die Freundschaft der Sigambern mit den Usipetern und Tencterern nicht erst seit den Unglückstagen an der Waal entstanden, sie ist älteren Datums und das Hervortreten der Sigambern als Freunde und Vertheidiger des germanischen Völkerpaares stellt nicht mehr und nicht weniger als ein in der Vergangenheit wurzelndes, zu ernster Stunde besiegeltes Bündniss rechtsrheinischer Germanenvölker wider die römische Eroberungslust dar, *den ersten Germanenbund zur Wahrung des Rheinstroms und nationaler Freiheit.*

Die Usipeter und Tencterer waren des Bundes mit den Sigambern aber auch würdig. In den Worten, die sie zuerst dem Römischen

Feldherrn entbieten lassen, weht, wie sich bald zeigen wird, ganz sigambrischer Geist. Der glänzende Sieg über die sechsfach überlegene römische Reiterei zeigt, was aus Cäsars Heer geworden wäre, wenn er es zum ehrlichen Kampfe mit ihren 430,000 Mann hätte kommen lassen. Ihre edle Rechtlichkeit den Ubiern gegenüber, denen auf Cäsars hochfahrendes Wort in's Land zu fallen sie sich weigerten, und erst nach deren eigenem Einverständniss und Bündniss ihre dortige Ansiedlung antreten wollten, verräth echt germanischen Charakter. Ueber Alles aber verdient ihre tragische Treuherzigkeit Bewunderung, womit sie, der Einladung des Römers vertrauend, trotz aller bösen Anzeichen, an dem Unglücksmorgen im römischen Lager erschienen!

II.

DIE SIGAMBERN UND CAESAR.

Die Sigambern waren dem Schauplatze des Frevels, welchem ihre Freunde zum Opfer geworden, nahe genug, um sofort Alles zu erfahren. Nur durch den Rhein von ihnen getrennt, irrten die beiden so hartgetroffenen Völker im Gebiete der Ambivariten und Gugerner umher. Gerne boten ihre alten Freunde ihnen über den Rhein die Hand und nahmen sie bei sich auf. Nun erfuhren sie aus dem Munde der Edlen die ganze Schmach, die der Römer ihnen angethan, die ganze Heuchelei, womit er sie umgarnt, die ganze Frechheit, die er sich selbst über rechtsrheinisches Germanenland angemaasst hatte! Fester wurde der Bund geschlossen und mit Schwüren der Rache geweiht und inniger schlangen sie die Bande der Waffengemeinschaft. Nicht mehr sollten sie in die Ferne ziehen, sondern jetzt auch räumlich nahe beisammen wohnen bleiben. Das Ufergebiet von der Lippe aufwärts, von den Ubiern ohnehin entweder unbewohnt oder schon verlassen, wiesen die Sigambern den Tencterern an, das unbewohnte Uferland nördlich der Lippe nahmen die Usipier. So waren hier, wo die begehrlichen Gedanken des Römers schon in die alte Germanenheimath hinüberzugreifen wagten, Sigambern, Tencterer und Usipier eine festgeschlossene Wehr, die erste Wacht am Rhein.

Cäsar begriff die Bedeutung dieses Bundes und der Ansiedlung; er konnte wohl denken, dass ihm ein Germane, zumal jenseit des Rheines, das Schändlichste zutraue, und dass, wenn jener Bund sich weiter ausbreiten durfte, trotz der Freundschaft der verwelschten Ubier, ein Fussfassen auf dem rechten Rheinufer für ihn ein für allemal unmöglich sein werde. Er wollte aber mit der Eroberung Galliens nicht zufrieden sein, wollte auch die Germanen unter das Joch beugen, und vom Siege berauscht, von den Ubiern mit dringender Bitte um Schutz gegen die Sueven angegangen, beschloss er, mit dem Angriffe nicht länger zu zögern.

Zuerst noch schickte er, zugleich auch um den Stand der Dinge genauer auszukundschaften, Gesandte an die Sigambern, mit dem ungeheuerlichen Auftrag, die Herausgabe der Usipeter und Tencterer zu verlangen, die wider ihn und Gallien Krieg geführt hätten. Deutsch war die Antwort, die die Sigambern ihm sagen liessen: „Bis an den Rhein gehe Roms Machtgebot, weiter nicht! Wenn er für unrecht halte, dass Germanen ohne seinen Willen nach Gallien übersetzten, wie komme er dann dazu, sich jenseit des Rheines irgend eine Herrschaft oder Gewalt anzumaassen"! Ob sie von der Niederträchtigkeit geschwiegen, die Cäsar an ihren Bundesgenossen verübt hatte, erfahren wir von ihm natürlich nicht. Es blieb nach solchem Bescheid nur der Krieg übrig, und zwar der Krieg sowohl gegen den Sigambernbund als gegen die Dränger der Ubier, die Sueven. Die letztere Nothwendigkeit lag für ihn weniger in der Bedrängniss der Ubier; wir haben gehört, wie gering er diese anschlug. Aber wenn er die Sueven demüthigte, so hatte er der nationalen Partei der Trevirer ihre Hauptstütze genommen, die Römischgesinnten dort gehorchten bereits seinem Winke; es galt also, durch die Zurückwerfung der Sueven die Trevirer zu isoliren. Gelang der Angriff — und daran zweifelte Cäsar nicht, — so war die Eroberung Belgiens vollendet, der Rhein als definitive Grenze Galliens, als einstweilige der Römischen Herrschaft gesichert und zur Eroberung Germaniens selbst der Anfang gemacht.

Grossartig, wie der Plan, sollte auch seine Ausführung sein. Zunächst schon hielt er es für der Würde des Römischen Namens nicht entsprechend, zum Uebersetzen sich der von den Ubiern angebotenen Schiffe zu bedienen. Bereits der Strom Germaniens, wie tief und gewaltig er auch sei, sollte — zum sicheren Zeichen, was der Nation geschehen werde — die Hand des Siegers selbst erfahren und zum Staunen der bedrohten Völker mit kühnem Brückenschlag bezwungen werden.

Der Ort, wo Cäsar diese Pfahlbrücke, ein mit Recht' bewundertes Werk Römischer Pionirkunst, in 10 Tagen geschlagen hat, kann nach der doppelten Richtung, in welcher sie dienen sollte, und nach der Angabe, dass sie „unweit" des späteren mehr oberhalb gewählten Uebergangspunktes gewesen sei, bei der genauen Bestimmbarkeit des letztern nur eine ganz kleine Strecke unterhalb dieser, also nur etwas unterhalb Neuwied angenommen werden. Hier schien das in weitem Bogen geöffnete Rheinthal den erwünschten Eingang in das Innere einerseits des von den Sueven im Kampf mit den Ubiern behaupteten Gebietes, — andererseits besonders das nordwärts sich ziehende Wiedthal und die rechts davon über die Höhen führende Strasse den Weg in das unfern angrenzende Sigambernland dar zu bieten.

Schwächere Gaue an den Rheinufern erfüllte das unerhörte Werk mit Schrecken. Die Sigambern aber brauchten nur den südwestlichen Rand ihres Gebietes, der bereits grossentheils Bergland war, zu räumen, so war die Absicht Cäsars, an ihnen und ihren Verbündeten Rache zu nehmen, wenn sie keine Schlacht haben wollten, vereitelt. Eine Schlacht aber wollten sie nicht. Zu einer solchen war einmal das Terrain nicht geeignet, sodann aber fühlten sie, dass sie dem neuen Feinde mit ihrer altgermanischen Kampfweise und Bewaffnung leicht eine Blösse geben konnten. So war für jetzt das Einfachste, sich in ihre natürliche Festung, in's Gebirge zurückzuziehen. Dadurch erreichten sie für einstweilen genug, nämlich dass Cäsar im Wesentlichen unverrichteter Sache abzog.

Als die Brücke vollendet war, führte Cäsar das Heer hinüber. An beiden Enden liess er hinlängliche Schutzmannschaft zurück und zog nun, einige Tagemärsche weit, gewiss von ubischen Führern geleitet, auf den Höhen bis ins eigentliche Sigambernland. Hier verheerte er, was ihm im Wege lag, mit um so grösserer Erbitterung, als die Sigambern selbst mit ihren Hauptschätzen, dem Vieh und den Pferden, nicht fern noch nah zu sehen waren. Die leeren Hütten und Häuser wurden verbrannt, die Saatfelder verwüstet. Das war die ganze Rache. Bei solcher Beschaffenheit des Landes, das mit jedem weiteren Schritt unzugänglicher und für ein Römisches Heer gefährlicher wurde, blieb nichts übrig, als in's Ubiergebiet abzubiegen. Der Feldzug gegen die Sigambern war zu Ende. Als er bei den Ubiern hörte, die Sueven hätten dieselbe Vorsicht, wie die Sigambern gebraucht und seien gleichfalls tief in's Innere zurückgewichen, fand er rathsam, den ganzen Krieg jenseit des Rheines mit möglichst viel Würde einzustellen. Sich und Andern rechnete er vor, dass er gar nicht mehr gewollt, als auch erreicht habe: Rache an den Sigambern, Erleichterung der Ubier, Schrecken in Germanien (wenigstens in den paar Gauen, die sich, so lange er jenseit des Rheines war, um seine Gunst bewarben). Nachdem er daher den grössten Theil der achtzehn Tage, die er drüben verweilte, bei den Ubiern zugebracht, und ohne Zweifel zur Orientirung über Germaniens Land und Leute für künftige Fälle verwendet hatte, marschirte er den Rhein hinauf seiner Brücke zu, rückte über sie hinüber auf das „gallische" Ufer und brach sie ab. Der wirkliche Erfolg war der gelieferte Beweis, dass der Rhein mit Heeresmacht zu überschreiten sei, und eine Recognoscirung des noch von keinem Römer betretenen Germaniens [1]).

---

[1]) Ueber Bau und Construction der Brücke handelt am besten: von Cohausen, Oberst im Königl. Preuss. Ingenieurcorps, Cäsars Rheinbrücken philologisch, militärisch und technisch untersucht. Leipzig, 1867.

Aber eben dieser Erfolg war es, der die Germanen bei dem Bewusstsein, ihm den Hauptzweck seines Unternehmens durch ihr Zurückweichen vereitelt zu haben, mit glühendstem Hasse erfüllte und insbesondere die Sigambern mit ihren Verbündeten in der Ueberzeugung bestärkte, wie sehr festes Zusammenhalten und wetteifernde Kriegsbereitschaft Noth thue.

Fürs Erste kam es, solange Cäsar in Gallien war, zu keinem westlichen Angriff mehr seinerseits. Der Geist des Widerstandes war doch auch bei den Galliern erwacht und führte die verzweifeltesten Kämpfe gegen die Römische Waffenmacht herbei. Die beiden Unternehmungen gegen Brittannien kosteten Cäsar gleichfalls mehr Anstrengung, als sie Gewinn brachten. Am meisten aber hat den Niederrhein vor weiteren Uebergriffen Cäsars der Aufstand der Eburonen, dieser alten Freunde der Usipeter und Tencterer, bewahrt. Dieser Aufstand, der Cäsar mehrere Jahre beschäftigte, ohne dass es ihm gelungen wäre, ihn zu bewältigen, hat auch in einem seiner interessantesten Momente, seltsam genug auf Einladung Cäsars, die erste unmittelbare Begegnung sigambrischer mit römischen Kriegsschaaren herbeigeführt.

Nach dem augenblicklichen Erfolge nämlich, den der Sieg Cäsars an der Maas und die Rheinbrücke über die Völker im nördlichen Belgien gewonnen, hatte eine dumpfe Rachestimmung sich Aller bemächtigt. Die Menapier, nichts weniger als dankbar für ihre „Befreiung“, hatten den Sigambern nachgeahmt und ihr Land von den Legionen des Sabinus und Cotta verwüsten lassen. Die Trevirer hatten unter ihrem Fürsten Indutiomar, statt dem Cäsar sich zu beugen, mit ihren neuen rechtsrheinischen Nachbarn, den Sueven, sich verbündet und zum Kampf gerüstet, den freilich Cäsar durch sein rasches Erscheinen im Lande für jetzt unmöglich zu machen wusste. Desto heller war die Flamme im folgenden Winter (54/53 v. Chr.), als die Legionen in den Gebieten der Nervier, der Trevirer und der Eburonen feste Lager bezogen hatten, aufgelodert. Den Aufstand der beiden ersten gelang es zu bezwingen. Aber die Eburonen wussten die unter Sabinus' und Cotta's Befehl stehenden c. 8—9000 Mann (eine Legion und fünf Cohorten) aus der Feste Tongern zum Abzug zu verlocken und hieben sie unter Führung ihres Königs Ambiorix in einem engen Thale nach verzweifelter Gegenwehr nieder. In dem für diese unerhörte Schmach gegen die Eburonen und Ambiorix unternommenen Rache- und Vernichtungskrieg kannte die Wuth Cäsars keine Grenze. Zuerst zwang er die mit ihnen verbündeten Menapier einerseits und Trevirer andererseits zum Abbruch des Bündnisses, schreckte darauf durch die zweite Brücke über den Rhein die Sueven von der Einmischung in den Kampf ab, und nun warf er sich, indem er durch die Eifel gegen die Maas rückte, mit aller Macht auf die Eburonen. Tongern zum Hauptquartiere nehmend, durchzog er mit drei Heeresabtheilungen von je 18,000 Mann in allen Richtungen sengend und verheerend das rebellische Land, um nicht eher zu ruhen, als bis Ambiorix gefangen, das Volk zum warnenden Beispiele für alle anderen vernichtet, das Land dem Verderben preisgegeben wäre. Da das Werk jedoch mit den Truppen auf dem schwierigen, meist waldigen und grossentheils sumpfigen Terrain nicht recht voranschritt, sandte er zu allen Völkern ringsum die Botschaft, wodurch er Land und Volk der Eburonen ihrer Plünderung preisgab und sie, die sich auf solche Züge besser verstanden, förmlich zur Verheerung einlud. So gedachte er die Eburonen ganz gewiss vom Erdboden zu vertilgen. Die Botschaft war auch über den Rhein zu den Sigambern gedrungen und sie hätten keine Germanen sein müssen, wenn sie die unerwartete Gelegenheit, einen rechtschaffenen Beutezug zu thun, hätten versäumen wollen. Zudem lag ein zu köstlicher Humor für sie in der ihnen dargebotenen Gelegenheit, ihrem guten Freund Cäsar einen Gefallen thun zu können. Rasch waren 2000 Reiter beisammen, zogen das Siegthal hinab an den Rhein, setzten an der Mündung, bei Bonn, über und fingen weidlich an, zu fangen und zu rauben, was sie konnten. War Cäsar, wenige Tage früher, über die Höhen gezogen, so gehörte ihnen das Vorgebirg und die Ebene. Hier gab es Beute, Vieh vor Allem im Ueberfluss, mehr, als fortzubringen war. Immer besser behagte ihnen die Arbeit, immer weiter schweiften sie in's Innere: da, als sie fast nicht mehr weit von der Maas waren, brachte ein schlauer Condruse oder Segne, den sie wohl eben festhielten, um zu hören, wo er sein Vieh versteckt habe, sie auf neue Gedanken; „Was jagt ihr euch hier nach dem bischen Hab und Gut armer Leute müd, und habt es, wenn ihr wollt, in der Hand, mit einem Fang reich, steinreich zu werden! Hier ist die Maas, in drei Stunden von da seid ihr in Tongern und dort habt ihr alle Schätze der Römer, ihre Kassen, ihre Kostbarkeiten; Gold und Silber und alle erdenklichen Güter die Fülle. Die Besatzung ist so schwach, dass sie nicht einmal die Ringmauer der Feste ganz besetzen kann, und dazu so bang, dass sie sich nicht einen Schritt ins Freie wagt!“ Die Rede gefiel, nicht blos der kostbareren Beute wegen; gegen die Römer, gegen die eidbrüchigen Schlächter ihrer Stammesbrüder, die frechen Frevler wider Germanenrecht und Germanenfreiheit, die Feinde des Vaterlandes, Rache zu üben, — welch' eine herrliche ungeahnte Gelegenheit! Und welch' ein Ruhm winkte mit einem Male, nicht nur die Schätze zu erbeuten, sondern auch deren verhasste Wächter, die Römische Besatzung zusammenzuhauen! Was an Beute gemacht war, wurde diesseit der Maas irgendwo versteckt und nun gings unter der Führung des pfiffigen Rathgebers über den Strom[1]). Schnell kam man in die Nähe Tongerns und — hätte keinen günstigeren Augenblick treffen können! Denn eben hatte über die Hälfte der Besatzung, an 3000 Mann, sammt zahlreichem Fuhrpark und Tross, sich hinausgewagt, um auf den Feldern, die nur ein Hügel von dem befestigten Lager trennte, das reife

[1]) Atque unus ex captivis: „Quid vos, inquit, hanc miseram ac tenuem sectamini praedam, quibus licet iam esse fortunatissimis! Tribus horis Aduatucam venire potestis; huc omnes suas fortunas exercitus Romanorum contulit; praesidii tantum est, ut ne murus quidem cingi possit, neque quisquam egredi extra munitiones audeat“. Oblata spe Germani, quam nacti erant praedam, in occulto relinquunt; ipsi Aduatucam contendunt, usi eodem duce, cuius haec indicio cognoverant. VI. 35.

Getreide einzuärnten. Auf der anderen Seite, woher die Sigambern, durch Wald verdeckt, herankamen, war das dekumanische Thor. Unbedenklich stürmten diese, mit Jubel das ersehnte Ziel gewahrend, aus dem Walde hervor. Noch ehe die davor in ihren Zelten und Buden Handel treibenden Krämer sich in's Innere flüchten konnten [1]), war der Platz umringt und von allen Seiten suchten die Sigambern den Wall zu ersteigen, die Thore zu sprengen. Zwar that am Dekumanenthor die Wache habende Cohorte ihre Schuldigkeit, ebenso unzugänglich erwies sich die auf steilem Felsrand aufsteigende Ringmauer. Aber der wilde Lärm, der Schrecken der Ueberraschung, die bei der Nähe des Waldes nicht zu übersehende Stärke des Feindes erfüllten die Besatzung mit Angst und Verwirrung. Niemand wusste, was zu thun, wo die Gefahr am nächsten sei. Das Durcheinander erreichte den höchsten Grad, die Einen schrieen: das Lager sei erobert, Alles verloren; die Anderen: offenbar sei das Heer aufgerieben, der Feldherr gefallen und nun der siegtrunkene Feind da, um ihnen allen dasselbe Loos zu bereiten! Die meisten verwünschten das Unglückslager, das nun schon zweimal seine Besatzung ins Verderben gerissen! Desto wilder schallte der Jubel und wechselseitige Zuruf der Sigambern und desto mächtiger ihr Andrang zu den Thoren. Schon hatten sie eines gesprengt, schon rangen sie mit den erschöpften Vertheidigern und Alles schien verloren, als ein Römer, obgleich krank, unterstützt von einigen Centurionen sich mit verzweifeltem Muth den Eindringenden entgegen warf. Doch auch er fiel und das Verhängniss wollte sich erfüllen: da kamen die mit der Aernte beschäftigten Cohorten, durch den immer lauteren Lärm erschreckt, herbeigeeilt, die Reiter voran. Wie sie die Gefahr sahen, in der Alles schwebte, drängten sie sich ängstlich um den

---

[1]) Hoc ipso tempore et casu Germani equites interveniunt protinusque eodem illo, quo venerant cursu ab decumana porta in castra irrumpere conantur, nec prius sunt visi obiectis ab ea parte silvis, quam castris appropinquarent usque eo, ut qui sub vallo tenderent mercatores recipiendi sui facultatem non haberent.

Kriegstribun und die Hauptleute, was zu thun, wie zu helfen, zu retten sei. Schnell formirten sie sich um die Feldzeichen zum Kampf, so gut es ging: da wurden die Sigambern ihrer gewahr, hielten in der Meinung, es sei Cäsar schon mit den zurückkehrenden Legionen, mit der Bestürmung des Lagers inne und wandten sich mit Ungestüm zum Angriff gegen sie. Das Lager war gerettet. Aber die draussen schienen alle verloren. Da brachen die 300 Reconvalescenten, erprobte ältere Soldaten, festgeschlossen Mann an Mann, sich Bahn zum Lager, es gelang. Ihnen drangen die Trossknechte und die Reiter nach. Aber die Cohorten, meist aus Rekruten bestehend, wussten sich nicht zu helfen und wurden, über 2000 Mann, grösstentheils niedergehauen. An die Erstürmung der Feste freilich war jetzt, wo alle Thore gut besetzt werden konnten, für die Sigambern nicht mehr zu denken. Es auf die Rückkehr Cäsars mit seinen neun Legionen ankommen zu lassen, wäre Thorheit gewesen. Der Beutezug „aus Gefälligkeit" hatte über Erwarten schönen Erfolg gehabt. Auf Cäsars persönlichen Dank verzichteten sie schon und kehrten dann über die Maas und mit der Beute über den Rhein fröhlichen Muthes der Heimath zu. Die in Tongern hatten sich unterdessen noch lange nicht vom Schrecken über die räthselhaften Helfer erholt, sodass, als der Vortrab Cäsars, die Reiterei, endlich ankam, sie es sich nicht wollten ausreden lassen, das ganze Heer sammt dem Feldherrn müsse den Sigambern in die Hände gefallen sein, und nur die Reiterei habe sich durch Flucht retten können! Doch bald rückte auch Cäsar heran an der Spitze der Legionen. An Rügen über die begangene Unvorsichtigkeit fehlte es nicht; indessen fand er, man müsse immerhin noch von Glück sagen, dass das Lager doch behauptet worden sei. Eins nur konnte er sich nicht reimen: dass die Sigambern, die doch gekommen seien, um dem Ambiorix das Land zu verheeren, so auffallenderweise gerade das römische Lager gefunden und der Besatzung der Art mitgespielt hatten, wie es Ambiorix nicht besser wünschen konnte [1])! So gering

[1]) Reversus ille, eventus belli non ignorans, unum, quod cohortes ex

dachte Cäsar von der Beharrlichkeit gerechten deutschen Zornes und von dem furchtbaren Ernste des Freiheitsbundes, zu welchem seine ehrlose Kampfweise die Germanen gezwungen hatte [1]).

Das war die erste und einzige feindliche Begegnung Cäsars und der rechtsrheinischen Germanen. Die übrige Zeit seiner militairischen und staatsmännischen Thätigkeit in Gallien verfloss, ohne dass er wieder den Versuch gemacht hätte, auf das rechte Rheinufer hinüberzugreifen. Auf welche Völkerschaften wir es beziehen sollen, dass „überrheinische Germanen ihm Reiterei gestellt" haben, mit der er sowohl den Vercingetorix und den letzten Widerstand der Gallier überwunden als auch bei Pharsalus und den folgenden Entscheidungsschlachten die Oberhand gewonnen, ist nicht mehr zu ermitteln. Aber dass sich die Germanen auf die Kämpfe für die Freiheit zu rüsten haben, das gab ihnen die Befestigung der wich-

---

statione et praesidio essent emissae, questus, ne minimo quidem casu locum relinqui debuisse, multum fortunam in repentino hostium adventu potuisse iudicavit, multo etiam amplius, quod paene ab ipso vallo portisque castrorum barbaros avertisset. Quarum omnium rerum maxime admirandum videbatur, quod Germani, qui eo consilio Rhenum transierant, ut Ambiorigis fines depopularentur, ad castra Romanorum delati optatissimum Ambiorigi beneficium obtulerunt. 42.

[1]) Was Dio XXXIX, 47—48 über das bellum Germanicum Caesars gibt, ist ein Auszug aus dem uns vorliegenden Bericht Caesars. Wir haben darum nicht nöthig, die Quelle auch nur einen Augenblick zu verlassen. Das einzige Wort, was bei Caesar nicht steht, darum aber auch werthlos, überhaupt ganz müssig ist, *μεσημβριάζουσι* — ist Ausführung von Caesars: hostium castra. Richtig deutet Dio den Rückzug zu den Sigambern durch *πρός τε τὰ οἰκεῖα ἤδη ὁρμήσαντες καὶ πρὸς Συγάμβρους ἀποχωρήσαντες*. Auch mag Dio Recht haben mit der Ansicht, Cäsar hätte zu den Sigambern geschickt, nicht weil er erwartet hätte, dass sie die Germanen wirklich ausliefern würden, *ἀλλ' ὅπως ἐπὶ τῇ προφάσει ταύτῃ καὶ ἐκεῖνον* (*Ῥῆνον*) *διαβαίη*. —Ganz und gar apokryph ist was Sueton, Caesar 25 von dem Rheinübergang sagt: Germanos qui trans Rhenum incolunt primus Romanorum ponte fabricato adgressus maximis adfecit cladibus. Das würde Caesar, wenn es wahr wäre, selbst erzählt haben. Ebenso lässt sich in seinen, doch maassgebenden Bericht nirgendwo einreihen, was ebenda 58 steht: Idem obsessione castrorum in Germania (d. h. doch Germania secunda) nunciata, per stationes hostium Gallico habitu penetravit ad suos. Es wird ein römisches Mährchen sein.

tigsten Punkte des linken Rheinufers zu erkennen, wovon die Anfänge jedenfalls noch von Cäsar selbst gemacht worden sind.

III.

DIE SIGAMBERN UND AGRIPPA.

Vinicius, Carinas, Lollius.

Die Geschichte der Sigambern und ihres Bundes ist während der Kämpfe Cäsars und Octavians um die Alleinherrschaft in Dunkel gehüllt. Aber aus diesem Dunkel tritt seine Fortdauer und Thätigkeit in mehreren Ereignissen, deren Zusammenhang sich hinlänglich verräth, bedeutsam hervor. Die erste Thatsache ist Agrippa's Feldzug am Rhein, im Jahre 38 vor Christus.

Schon zur Zeit des Triumvirates, im Jahre 40 vor Christus, hatte Octavian Gallien besucht [1]); bei der Vertheilung der Provinzen am Ende dieses Jahres [2]) wusste er sich insbesondere diese reiche Provinz, mit deren Schätzen schon sein Adoptivvater sich bereichert hatte, zu sichern und gab sie nun bis zu seiner Alleinherrschaft nicht mehr ab. Mit ihr hatte er gleichsam auch die unausgeführt gebliebenen Pläne Cäsars geerbt, die, wie die Römer am Tage seiner Ermordung aus dem Munde des Antonius hörten, kein geringeres Ziel verfolgten, als „ganz Deutschland bis an den nördlichen Ocean zu unterwerfen [3])". Indessen musste ihn der erste Schritt, den er zur Verwirklichung dieses Gedankens that, sofort in

---

[1]) Dio 48, 20. 28.

[2]) Dio 48, 28.

[3]) Dio 44, 43. Hierzu ist Florus zu vergleichen: quatenus (Augustus) sciebat, patrem suum C. Caesaram bis transvectum ponte Rhenum quaesisse bellum, in illius honorem concupierat facere provinciam; et factum erat, si barbari tam vitia nostra, quam imperia ferre potuissent. Epit. 30.

Kampf bringen mit den Sigambern. Ja es scheint, dass diese ihm in der Eröffnung der Feindseligkeiten selbst zuvorgekommen sind.

Es war nicht zu bezweifeln, dass die Durchführung der Provinzialverfassung in Gallien, das ganze linke Rheinufer nach dem von Cäsar geschaffenen Begriffe mit eingeschlossen, insbesondere die Eingliederung und Einübung der kriegstüchtigen Belgier in das römische Heer, wie wir sie uns als Hauptgegenstände der Sorge Octavians bei seinem Aufenthalt in Gallien zu denken haben, mehr bedeutete, als den Sigambern gleichgültig sein konnte. Nichts lag näher, als dass sie, indem sie den eigenen Bund immer enger schlossen, diese Organisationen der Römer zu stören und zu verhindern suchten durch Einfälle in das linksrheinische Land und durch die noch leichtere Bedrängung der verhassten Ubier. In diesem Beginnen schlossen sich ihnen die südlichen Nachbarn der Ubier, die guten Freunde des Ambiorix und der nationalen Partei unter den Trevirern, die Sueven, treulich an. Die Gemeinschaft der Feinde, die Nothwendigkeit der Vereinigung hatte in diesen, die zuerst wegen ihres Einbruchs in die Heimath der Usipier und Tencterer verhasst waren, nützliche Verbündete erkennen lassen, sodass wir die unruhigen Bewegungen am Rhein in diesen Zeiten immer auf diese vier Völker, die Sigambern voran, und dann die Tencterer und Usipier und die Sueven zu beziehen haben[1]). Am meisten mussten die Ubier von den Sigambern leiden, welche im weiten Bogen um sie her auf den Bergen sassen wie ihre natürlichen

---

[1]) Einen wichtigen Fingerzeig, der bei den fortwährenden intimen Beziehungen der national gesinnten Trevirer mit den ihnen gegenüberwohnenden Sueven während der sechs letzten Jahre Cäsars in Gallien nicht missverstanden werden kann, gibt Dio, wie wir sehen werden, zum Jahre 29. Hier sei noch darauf hingedeutet, dass der bei von Cohausen (in den zu Anfang besprochenen Abhandlungen) erhobene Zweifel, ob die Trevirer auf der Strecke Andernach-Coblenz bis an den Rhein gewohnt hätten, durch den lebhaften Verkehr, den sie mit den Sueven ja gerade hier pflegen mussten, erledigt ist.

Herren und sicherlich in immerwährenden Angriffen und Beutezügen mit den Tencterern vereinigt, ihrem Hass wider die verrätherischen Nachbarn freien Lauf liessen. Diese Zustände waren es, die im Jahre 37 vor Christus das Erscheinen Agrippa's, des besten Feldherrn Octavians, mit einem Heere in diesen Gegenden des Niederrheins erforderten[1]). Diesseits wie jenseits waren die Germanen unter den Waffen, zwischen ihnen die Ubier, die Verbündeten Roms, in höchster Bedrängniss. Die Germanen des linken Ufers scheint es Agrippa gelungen zu sein, für den Augenblick zur Ruhe zu bringen. Die Sigambern hingegen und die Verbündeten trotzten den römischen Waffen, wie siebzehn Jahre vorher. Selbst als Agrippa, der zweite Römer, diesmal wahrscheinlich bei dem heutigen Köln, eine Brücke über den Rhein schlug, änderte sich die Stellung der Feinde nicht. Der sicherste Beweis, dass das Heer keine

---

[1]) Die Expedition des Agrippa muss in das Jahr 37 gesetzt werden. Denn Dio sagt, Agrippa habe, eben Consul, den Triumph, den ihm Augustus zuerkannte, nicht angenommen. Da das bei Agrippa's Rückkehr aus Gallien sich begeben haben muss, Agrippa aber nicht um Neujahr, sondern, wie es zu geschehen pflegte, im Herbste in Rom ankam, so hat er folglich in seinem Consulatsjahr 37 den Feldzug gemacht. — Die Stellen, welche von den Thaten Agrippa's am Rheine handeln, sind folgende: Forte acciderat, ut eam (Ubiorum) gentem Rheno transgressam (Agrippinae) avus Agrippa in fidem acciperet. Tac. ann. 12, 27. (Ubii) transgressi olim et experimento fidei super ipsam Rheni ripam (gallicam i. e. Romanam) collocati, ut arcerent. Germ. 28. (*Οὔβιοι*) *οὓς μετήγαγεν Ἀγρίππας ἑκόντας εἰς τήν ἐντὸς τοῦ Ῥήνου.* Strabo, geogr. IV. 3. 4. Ubios — dedentes se traduxit in Galliam atque in proximis Rheno agris collocavit (Augustus i. e. Augusti auspiciis Agrippa). Suetonius, Augustus 21. Am ausgiebigsten ist aber Dio, 48, 49: *Καὶ τόν γε ἐνιαυτὸν τοῦτόν τε καὶ τὸν ὕστερον ἔς τε τὴν ναυπηγίαν τῶν νεῶν καὶ ἐς τὴν ἄθροισιν τήν τε ἄσκησιν τῶν ἐρετῶν κατανάλωσεν, αὐτὸς μὲν ἐφορῶν καὶ διατάττων ταῦτά τε καὶ τὰ ἄλλα τά τε ἐν τῇ Ἰταλίᾳ καὶ τὰ ἐν τῇ Γαλατίᾳ* (*κίνησις γάρ τις παρ' αὐτοῖς ἐγένετο*), *τῷ δ' Ἀγρίππᾳ τὴν τοῦ ναυτικοῦ παρασκευὴν ἐγχειρίσας. τοὺς γὰρ Γαλάτας αὐτὸν τοὺς νεωτερίσαντες προςπολεμούμενον, ὅτε περ καὶ τὸν Ῥῆνον δεύτερος δὴ Ῥωμαίων ἐπὶ πολέμῳ διέβη, μετεπέμψατο, καὶ τῇ τε δόσει τῶν νικητηρίων ἐτίμησε καὶ ἐκπονῆσαι ἐξασκῆσαί τε τὸ ναυτικὸν ἐκέλευσεν. Καὶ ὃς* (*ὑπάτευε δὲ μετὰ Λουκίου Γάλλου*) *τὰ μὲν ἐπινίκια οὐκ ἔπεμψεν.*

wesentlichen Erfolge errungen hat, liegt in der Thatsache, dass die Ubier sich entschlossen, das rechte Rheinufer aufzugeben und unter dem Schutze des Römerheeres, im Einverständnisse mit Agrippa sich auf dem linken anzusiedeln. Der Platz dazu war durch die Zurückdrängung der Eburonen in die Arduenna freigeworden. Auf Seiten Agrippas war diese Maassregel das Geständniss, dass er die Ubier drüben nicht dauernd zu schützen im Stande sei, während sie, auf das linke Ufer angesiedelt, der Defensive an der Rheingränze auf dem bis heute strategisch wichtigsten Punkte des Niederrheins vermittelst ihrer friedlichen Künste und Verbindungen wesentliche Dienste leisten konnten. Der Plan, bei ihnen einen Hauptwaffenplatz zu gründen, stand jedenfalls mit der Versetzung im Zusammenhang und der damit gewonnene Anfang zu seiner Verwirklichung mochte dem weitausblickenden Feldherrn und seinem Herrn ein wichtigerer Erfolg dünken, als eine vorübergehende Behauptung rechtsrheinischen Gebietes gegen die Sigambern. Und allerdings das Erste, was am Rheine, wenn die Unterwerfung der Anwohner gelingen sollte, geschehen musste, war keineswegs der Krieg gegen die Ueberrheinischen, sondern die völlige Trennung derselben von den Germanen des linken Ufers und diese durchgeführt und zu einer dauernden gemacht zu haben, das ist die wahre Bedeutung der von Agrippa geleiteten Uebersiedlung der Ubier. Dass er dabei hauptsächlich das Römische Interesse im Auge hatte, dürfen wir aus den Bedingungen schliessen, unter denen der Uebertritt statt fand. Denn nicht mehr als ein freies Germanenvolk betraten sie das linke Ufer, sondern als römische Unterthanen. „In Pflicht und Gehorsam nahm Agrippa sie drüben, auf römischem Gebiete auf“, „zum Lohn für ihre seit langen Jahren bewiesene Freundschaft“.

Die Fruchtbarkeit und grössere Sicherheit der neuen Heimath gestattete ihnen die vortheilhafteste Entwicklung. Zülpich, Düren werden, ehe ein Jahrhundert verflossen ist, als Städte der Ubier bezeichnet. Bonn und Remagen oberhalb, Jülich und Neuss unterhalb werden ebenfalls hinzuzurechnen sein. Doch am bedeutendsten wurde die eigentliche Ubierstadt in der Mitte. Hatte Agrippa zu ihr den Grund gelegt, so that, nach dessen Abberufung zur Organisation der mittelländischen Flotte, das Uebrige Octavian selbst. Im folgenden Jahre, 37 vor Christus, begab er sich nämlich persönlich nach „Gallien“, um zu „ordnen“, d. h. die von Agrippa angebahnten Einrichtungen durchzuführen. Wie es scheint hat damals die Abgrenzung der linksrheinischen Germania von dem übrigen Belgien stattgefunden. Die Eigenthümlichkeit dieses Theiles sowohl in dem Geiste seiner meisten Bewohner als auch in der unmittelbaren Nähe Grossgermaniens, deren Einfluss man noch eben nur zu sehr erfahren hatte, verlangte eine besondere Behandlung.

Indess an der Vollendung des Werkes fehlte, als Octavian durch dringende Geschäfte nach dem Süden berufen wurde, noch sehr viel. Und seine Abwesenheit machten sich unter Andern die guten Freunde und Nachbarn der Sigambern, die Sueven, weislich zu Nutze. Sie brachen im Jahre 29 vor Christus über den Rhein in die gallische Provinz ein und mochten bei Trevirern und Ubiern um so schlimmer hausen, weil gleichzeitig die Moriner und ihre Verbündeten, wahrscheinlich die Menapier und Eburonen, in hellem Aufstande waren. Zuerst mussten die Trevirer unterworfen werden, das war das Werk des Nonius Gallus[1]). Cajus Carinas gelang es dann, den gefährlichen Aufruhr gänzlich zu besiegen und die Sueven zum Rückzug zu zwingen[2]). Bei den im August dieses Jahres zu Rom veranstalteten Triumphfesten wurden unter anderen Wundern des besiegten Erdkreises auch von diesen Sueven ein Haufe aufge-

---

[1]) Diete Thatsache wird meist übersehen: *Ἦσαν μὲν γὰρ ἐν ὅπλοις ἔτι καὶ Τρίουηροι Κελτοὺς ἐπαγαγόμενοι καὶ Κάνταβροι καὶ Οὐακκαῖοι καὶ Ἄστυρες· καὶ οὗτοι μὲν ὑπὸ τοῦ Ταύρου τοῦ Στατιλίου, ἐκεῖνοι δὲ ὑπὸ Νωνίου Γάλλου κατεστράφησαν.* Dio 51, 20.

[2]) *Ἑώρτασε δὲ τῇ μὲν πρώτῃ ἡμέρᾳ τά τε τῶν Παννονίων καὶ τὰ τῶν Δελματῶν, τῆς τε Ἰαπυδίας καὶ τῶν προσχώριων σφίσι, Κελτῶν τε* (das sind bei Dio immer die Germanen) *καὶ Γαλατῶν τινῶν* (die Trevirer in erster Linie). *Γάιος γὰρ Καρίνας τούς τε Μορίνους καὶ ἄλλους τινὰς συνεπαναστάντας αὐτοῖς ἐχειρώσατο καὶ τοὺς Σουήβους τὸν Ῥῆνον ἐπὶ πολέμῳ διαβάντας ἀπεώσατο.* Dio 51, 21.

führt, die dem Carinas in die Hände gefallen waren; zum Ergötzen des römischen Volkes mussten sie mehrere Tage hindurch, wohl bis Keiner mehr übrig war, mit Daken kämpfen, die man in den Kämpfen an der Donau gefangen hatte [1]).

Allein bis zum Triumph über die rechtsrheinischen Germanenvölker selbst hatte es noch gute Wege. Im Jahre 27 vor Christus erschien Augustus wieder in Gallien, um die Verhältnisse, insbesondere das Steuerwesen endgültig zu regeln [2]). Bei der Vertheilung der Provinzen mit dem Senat war ihm auch Gallien, als ein Land, das noch viel Arbeit erforderte, zugefallen. Es scheint, die Abtheilung Germania war oder wurde doch eben in Ober- und Untergermanien geschieden [3]). Das zweite oder Untergermanien begriff das ganze Gebiet in sich, das zwischen der Arduenna, der Schelde und dem Rhein sich ausdehnte, also die fünf Völkerschaften der alten linksrheinischen Germania, die Menapier auf den Schelde- und Maasinseln, die Batraver und die Ubier. Wo die Ubier (früher die Eburonen) mit den Trevirern zusammenstiessen, am Vinxtbach

---

[1]) *Ταῦτά τε οὖν ἐσήχθη, καὶ ἀθρόοι πρὸς ἀλλήλους Δακοί τε καὶ Σουῆβοι ἐμαχέσαντο· εἰσὶ δ' οὗτοι μὲν Κελτοί, ἐκεῖνοι δὲ δὴ Σκύθαι τρόπον τινά· καὶ οἱ μὲν πέραν τοῦ Ῥήνου ὥς γε τἀκριβὲς εἰπεῖν* (*πολλοὶ γὰρ καὶ ἄλλοι τούτων τοῦ Σουήβων ὀνόματος ἀντιποιοῦνται*), *οἱ δ' ἐπ' ἀμφότερα τοῦ Ἴστρου νέμονται. — Ἐγένετο δὲ ἡ θεωρία ἅπασα ἐπὶ πολλάς, ὥσπερ εἰκὸς ἦν, ἡμέρας οὐδὲ διέλιπε καίτοι τοῦ Καίσαρος ἀῤῥωστήσαντος ἀλλὰ καὶ ἀπόντος αὐτοῦ δι' ἑτέρων ἐποιήθη· καὶ ἐν αὐταῖς οἱ βουλευταὶ μίαν τινὰ ὡς ἕκαστοι ἡμέραν ἐν τοῖς τῶν οἰκιῶν σφῶν προθύροις εἱστιάθησαν.* Dio 51, 22.

[2]) (*Ὁ Αὔγουστος*) *ἐξώρμησε μὲν ὡς καὶ ἐς τὴν Βρεττανίαν στρατεύσων, ἐς δὲ δὴ τὰς Γαλατίας ἐλθὼν ἐνταῦθα διέτριψεν· ἐκεῖνοί τε γὰρ ἐπικεκηρυκεύσασθαί οἱ ἐδόκουν, καὶ τὰ τούτων ἀκατάστατα ἔτι, ἅτε τῶν ἐμφυλίων πολέμων εὐθὺς ἐπὶ τῇ ἁλώσει σφῶν ἐπιγενομένων, ἦν· καὶ αὐτῶν καὶ ἀπογραφὰς ἐποιήσατο καὶ τὸν βίον τήν τε πολιτείαν διεκόσμησεν.* Dio 53, 22.

[3]) *Κελτῶν γάρ τινες, οὓς δὴ Γερμανοὺς καλοῦμεν, πᾶσαν τὴν πρὸς τῷ Ῥήνῳ Κελτικὴν κατασχόντες Γερμανίαν ὀνομάζεσθαι ἐποίησαν, τὴν μὲν ἄνω τὴν μετὰ τὰς τοῦ ποταμοῦ πηγάς, τὴν δὲ κάτω τὴν μέχρι τοῦ ὠκεανοῦ τοῦ Βρεττανικοῦ οὖσαν.* Dio 53, 12. Man merkt, die Grenze zwischen Germanica I und II wusste Dio nicht genau anzugeben, er hilft sich mit den äusseren Grenzen.

bei Niederbreisig, da grenzte nun auch das zweite Germanien an das erste. Was die Bataver betrifft, so ist nicht näher bestimmbar, wer ihr eigenthümliches „Bundesverhältniss" zu dem römischen Reich zu Wege gebracht hat. Wir wissen aber, dass dasselbe unter Augustus bestand[1]). Vielleicht hatte er es der Einwirkung seiner von feinster Berechnung geleiteten, ebenso imponirenden als gewinnenden Persönlichkeit selbst in eben diesem, wie es scheint, ruhig verflossenen Jahre zu verdanken.

War durch diese Wirksamkeit des Augustus die Römische Herrschaft auf der linken Seite des Niederrheins der Art befestigt worden, dass bei der Ruhe, die einstweilen auch auf der rechten Seite zu bemerken war, sich sogar Römische Bürger (d. h. wahrscheinlich Gallier) hinüber wagten, um Handelsgeschäfte zu treiben, so erwies sich diese Zuversicht doch als eine sehr verfrühte. Denn sei es nun, dass das Benehmen dieser „Römischen Bürger" in freiem Lande die Germanen reizte oder dass diese hinter den Kaufleuten Spione zu erblicken meinten: sie ergriffen die Fremdlinge und brachten sie um. Hiergegen konnte der Legat Marcus Vinicius schon um Galliens willen nicht gleichgültig sein. Er ging im Jahre 25 vor Christus über den Rhein und — nach etlichem Sengen und Verheeren — wieder zurück. Der Würde des Reiches war damit, wie der Berichterstatter meldet, Genugthuung verschafft; aber Augustus lehnte es ab, den ihm darüber zuerkannten Triumphzug zu halten, wahrscheinlich weil man keine lebende Seele gefangen hatte, die man dabei hätte als Beute aufführen können[2]).

---

[1]) Vgl. Dio, 55, 24.

[2]) *Ὑπὸ δὲ τὸν αὐτὸν τοῦτον χρόνον Μάρκος Οὐινίκιος Κελτῶν τινὰς μετελθών, ὅτι Ῥωμαίους ἄνδρας ἐς τὴν χώραν σφῶν κατὰ τὴν ἐπιμιξίαν ἐσελθόντας συλλαβόντες ἔφθειραν, τὸ ὄνομαι καὶ αὐτὸς τὸ τοῦ αὐτοκράτορος τῷ Αὐγούστῳ ἔδωκε. — Αὔγουστος μὲν ταῦτά ἐν τοῖς πολέμοις ἔπραξε.* Dio 53, 26. Wie hier und an unzähligen Stellen Dio's, Suetons und Anderer zu ersehen ist, thut nach der officiellen Sprache der Kaiser Alles, was unter ihm durch die Feldherren geschieht. Er zieht zu Felde, er besiegt, er schliesst Bündnisse, er führt Colonien, kurz er ist

Kaum so viel scheint im Jahre 19 vor Christus Agrippa in diesen Gegenden erreicht zu haben[1]). Die Unruhen, die er in „Gallien“ zu dämpfen hatte, hingen wie gewöhnlich mit Bewegungen der Sigambern und Sueven, mit Ueberfällen auf das linke Ufer und Verheerungen, besonders des Ubischen Landes, zusammen. Dieses Volk wurde, zum Ingrimm ihrer rechtsrheinischen Nachbarn, immer mehr mit Römischem Wesen durchdrungen und heimischer Sitte und Denkungsart, selbst althergebrachter Religion gänzlich entfremdet. Hatten sie doch gar in ihrer Hauptstadt einen Altar für Römischen Götterdienst errichtet[2]), an welchem als wie an dem Volksheiligthum Germanen sich zu Priesterdiensten erniedrigten! Diese Entartung, die doch alles Maass überschritt, sahen in unmittelbarer Nähe die allmählich bis gerade gegenüber ausgebreiteten Tencterer fast mit Augen vor sich. Es konnte nicht anders sein, der Hass nicht nur gegen die Abtrünnigen, sondern noch weit mehr gegen Alles, was Römisch hiess, wuchs bei den Verbündeten mehr und mehr. Die im Jahre 16 in Gallien ausgebrochenen Kriege, die den Augustus zwangen, persönlich an den Rhein zu eilen, und den Tiberius mit Heeresmacht in's Feld rücken zu lassen[3]), waren der

---

officiell das Subject von Allem, was unter seinem Scepter von Staats wegen geschieht. Spuren dieser Anschauung begegnen schon früher.

[1]) *Ἀγρίππας ὡς τότε ἐς τὴν Ῥώμην ἐκ τῆς Σικελίας πεμφθεὶς διώκησε τὰ κατεπείγοντα, ταῖς Γαλατίαις προσετάχθη· ἔν τε γὰρ ἀλλήλοις ἐστασίαζον καὶ ὑπὸ τῶν Κελτῶν ἐκακοῦντο· καταστήσας δὲ καὶ ἐκεῖνα ἐς Ἰβερίαν μετέστη.* Dio 54, 11.

[2]) Es wird uns von Segimund, dem Sohn des Cheruskerfürsten Segestes, erzählt: anno quo Germaniae descivere (also 10 nach Chr.), sacerdos apud aram Ubiorum creatus, ruperat vittas, profugus ad rebelles. Tac. ann, I 57. Und nun höhnt Armin: coleret Segestes victam ripam, redderet filio (er war von seinem Vater an Germanicus geschickt worden) sacerdotium Romanum. Ebenda 59. Es ist hiernach die ara römischem Cultus geweiht gewesen, vielleicht wie jene ara an der Rhone, deren Priester auch ein Nationale war, dem Cultus des Augustus.

[3]) *Ἐς τὴν Γαλατίαν — ὥρμησε, πρόφασιν τοὺς πολέμους τοὺς κατ᾽ ἐκεῖνο κινηθέντας λαβών. — τὸν δὲ δὴ Τιβέριον, καίτοι στρατηγοῦντα παραλαβὼν ἐξώρμησεν.* Dio 54, 19.

gewaltige Ausbruch des wilden Sigambrischen Zornes über die nur zu wohl gelungene Romanisirung des linken und die damit wachsende Gefahr für das rechte Rheinufer. Und wenn noch ein Zweifel sein konnte, dass der Sigambernbund es bisher immer gewesen, der den Römern die Befestigung ihrer Herrschaft über das linksrheinische Germanien wehrte, so wird es jetzt zur Gewissheit. Denn ganz wie er sich Cäsar gegenüber gebildet hatte, bestehend aus den Sigambern, als dem führenden Volk, und seinen ältesten und engsten Verbündeten, den Usipetern und Tencterern, tritt der Bund auch jetzt auf. Dass wir die Sueven diesmal nicht nennen hören, erklärt sich wohl dadurch, weil der Stoss eben mehr rheinabwärts gethan werden musste.

Es hatten sich römische Hauptleute, wahrscheinlich in der Absicht, um Germanen für den Kriegsdienst zu werben, bei den Verbündeten zu thun gemacht. Unterdessen scheint eine Sigambernschaar über den Rhein gesetzt und drüben einen Beutezug gemacht zu haben, der übel ablief[1]). Lollius nämlich, der Legat, legte sich in einen Hinterhalt, fiel über die Sorglosen her und richtete unter ihnen ein grosses Blutbad an. Dagegen ergriffen die Sigambern Repressalien, indem sie die Römer[2]) im Lande verhafteten und, wie später die Cherusker thaten[3]), durch einen grausigen Tod ihren Göttern opferten. Durch diese blutige Feier zur höchsten Wuth entflammt, setzten sie dann in einem grossen Bundesheere

---

[1]) Dies ist die Stelle für die Notiz bei Julius Obsequens, de prodigiis 131: Insidiis Romanorum Germani circumventi sub M. Lollio legato graviter vexati.

[2]) (Sigambri) centuriones Romanos, qui ad stipendia missi erant, circumventos crucibus affixerant. Scholia ad Horatium, add. IV, 2, 36. 14, 51.

[3]) Wie die Germanen es machten in einem Krieg gegen die Römer mit römischen Gefangenen, das kann man bei den Cheruskern sehen, welche die Gefangenen nach der Schlacht im Teutoburger Wald den Göttern opferten: — Truncis arborum antefixa ora; lucis propinquis barbarae arae, apud quas tribunos ac primorum ordinum centuriones mactaverant. Tac. ann. I. 61.

vereinigt, Sigambern, Usipeter und Tencterer, unter der Führung Melo's, des Sigamberfürsten, über den Rhein, um nicht zu ruhen, bis sie die römische Heeresmacht getroffen und vernichtet hätten [1]). Ueber den Punkt, wo sie den Strom überschritten, kann freilich keine Untersuchung stattfinden. Nur den Anhaltspunkt bieten die Nachrichten, dass sie, dem Umfang ihres Unternehmens entsprechend, es auf eine der Haupt-Militairstationen der Römer abgesehen haben mussten. Dass dazu um jene Zeit bereits Vetera (Birten-Xanten) gehörte, steht keineswegs fest. Dass aber die Ubier-Hauptstadt als solche zu betrachten ist und im Innern Tongern, unterliegt keinem Zweifel. Für einen Heerzug in der Richtung auf letzteres scheinen die dem eigentlichen Kampf vorausgehenden Raubfahrten (durch das Ubierland) und die sich später ereignenden Wechselfälle des Krieges zu sprechen. Lollius, von dem feindlichen Einfall benachrichtigt, rückte ihnen mit dem Heere entgegen. Die Verbündeten erfuhren das nicht sobald, als sie sich in einen Hinterhalt legten. Der Vortrab, die Reiterei, kam heran und der Ueberfall gelang so gut, dass, was nicht niedergemacht wurde, in jäher

---

[1]) Hier ist der Zeitpunkt für die Nachricht Strabo's: *ἤρξαντο δὲ τοῦ πολέμου* (es ist der gànze Germanenkrieg — von Drusus bis Germanicus — vom Jahre 16 vor bis 16 nach Christus — zu verstehen; Str. spricht von dem Collectivtriumph des Germanicus) *Σούγαμβροι, πλησίον οἰκοῦντες τοῦ Ῥήνου, Μέλωνα ἔχοντες ἡγεμόνα.* Geogr. VII. 1. 4. Der Bericht über das Jahr 16 vor Chr. ist dieser: *Ὁ δὲ δὴ μέγιστος τῶν τότε συμβάντων τοῖς Ῥωμαίοις πολέμων, ὅσπερ που καὶ τὸν Αὔγουστον ἐκ τῆς πόλεως ἐξήγαγε, πρὸς τοὺς Κελτοὺς ἐγένετο. Σύγαμβροί τε γὰρ καὶ Οὐσιπέται καὶ Τέγκτηροι τὸ μὲν πρῶτον ἐν τῇ σφετέρᾳ τινὰς αὐτῶν συλλαβόντες ἀνεσταύρωσαν ἔπειτα δὲ καὶ τὸν Ῥῆνον διαβάντες τήν τε Γερμανίαν* (das linksrheinische, römische) *καὶ τὴν Γαλατίαν ἐλεηλάτησαν, τό τε ἱππικὸν τὸ τῶν Ῥωμαίων ἐπελθόν σφισιν ἐνήδρευσαν, καὶ φεύγουσιν αὐτοῖς ἐπισπόμενοι τῷ τε Λολλίῳ ἄρχοντι αὐτῆς ἐνέτυχον ἀνέλπιστοι καὶ ἐνίκησαν καὶ ἐκεῖνον. μαθὼν οὖν ταῦτα ο Αὔγουστος ὥρμησε μὲν ἐπ' αὐτούς, οὐ μέντοι καὶ ἔργον τι πολέμου ἔσχεν· οἱ γὰρ βάρβαροι τόν τε Λόλλιον παρασκευαζόμενον καὶ ἐκεῖνον στρατεύοντα πυθόμενοι ἔς τε τὴν ἑαυτῶν ἀνεχώρησαν καὶ σπονδὰς ἐποιήσαντο, ὁμήρους δόντες· τῶν μὲν οὖν ὅπλων οὐδὲν διὰ ταῦτα ὁ Αὔγουστος ἐδεήθη.* Dio, 54, 20—21.

Flucht dem heranrückenden Hauptheere entgegenjagte, — hinter ihnen das wilde Heer der Germanen! Da theilte sich der Schrecken, die Verwirrung auch den Legionen mit: eine scheint ganz zusammengehauen worden zu sein, der Adler fiel als Preis des Sieges den Verbündeten in die Hände[1]); ob und wie viele noch sich gerettet haben, darüber gehen die mangelhaften Nachrichten hinweg. Lollius entkam. Siegreich schaltete das deutsche Heer, seinen Heldenführer Melo an der Spitze, mit dessen Bruder Beturich und den andern Fürsten im Lande, gewiss nicht ohne dass sie die Stammesbrüder des linken Ufers zur Abschüttlung des Römerjoches aufriefen, ihnen ihren Beistand für den Kampf versprachen, den Ubiern aber, wenn sie auch jetzt noch auf die Seite der Feinde des Vaterlandes träten, mit äusserster Rache drohten. Allein Lollius hatte mit Aufgebot aller Kräfte bald ein neues Heer gesammelt und auf die Kunde von dem Schlage, der den Legaten getroffen, eilte Augustus ebenfalls mit Verstärkungen heran. Da hielten die Verbündeten es für klüger, vor Augusts Ankunft mit Lollius Frieden zu machen und heimzukehren, als es auf einen Römischen Rachezug in ihr Land ankommen zu lassen. Ob die von Vellejus, einem sehr wohl orientirten Zeitgenossen, gegebene Charakteristik des Lollius als „eines mehr auf Geld als auf Pflichterfüllung begierigen und eben so heuchlerischen als lasterhaften Menschen“ eine Andeutung enthalte, wie die Sigambern es bei ihm zu Wege brachten, dass Augustus, als er ankam, „Nichts mehr zu thun fand“, weil er die getroffene Uebereinkunft nicht mehr umstossen konnte, das kann nicht ausgemacht werden. Soviel ist gewiss, selbst wenn die Verbündeten sich, wie berichtet wird, dazu verstanden hatten, eine Anzahl Geisseln in Lollius' Hand zu lassen, so war doch der Gewinn

---

[1]) Accepta in Germania clades sub legato M. Lollio, (homine in omnia pecuniae quam recte faciendi cupidiore et inter summam vitiorum dissimulationem vitiosissimo) amissaque legionis quintae aquila vocavit ab urbe in Gallias Caesarem (Augustum). Velleius Paterculus, hist. Rom II. 97.

und weit mehr noch der Ruhm auf Seiten der Germanen. Die Römer empfanden die brennende Schmach der Lollianischen Niederlage (wahrscheinlich den Abzugsvertrag mit eingeschlossen) noch viele Jahre[1]). Augustus, auf das Tiefste empört über das, was vorgefallen war, und wovon ihm wahrscheinlich die dumpfe Stimmung selbst der linksrheinischen Völker noch an Ort und Stelle Zeugniss gab, konnte freilich für den Augenblick an der Lage Nichts ändern. Und er wollte es nicht, gerade weil in ihm der Entschluss gereift war, Deutschland gegenüber die bisherige mehr defensive Stellung zu verlassen und mit allen zu Gebote stehenden Mitteln in die Offensive überzugehen.

Nicht mehr sollte irgend einem unfähigen Legaten die Wahrung der Sicherheit und Ehre des Reiches den Germanen gegenüber anvertraut sein. Die beste Kraft des Reiches, der Kern des Heeres und der tüchtigste Feldherr, der nach seiner hohen Stellung sowohl, wie nach seiner glänzenden Begabung der Erbe von Cäsars Gedanken und Energie zu sein schien, Drusus, der kaiserliche Stiefsohn, sollten für das Werk aufgeboten werden und das Ziel kein geringeres sein, als Germaniens Unterjochung! So sollte denn Cäsars Plan doch noch verwirklicht werden.

Es galt, die Vorbereitungen unverweilt, aber ohne Ueberstürzung zu treffen. Da Gallien, seine germanischen Gebiete mitgezählt, das Arsenal und die Operationsbasis für den deutschen Krieg abgeben musste, so durfte dort keine Unordnung, noch weniger Unzufriedenheit sein. In dieser Hinsicht fand Augustus während der Jahre 15 und 14 vor Christus[2]), die er in Gallien zubrachte, sehr viel zu thun. Die Anstalten zum weitaussehenden Unternehmen, Anlage oder Verbesserung von Strassen und befestigten Stationen, Aushebung

---

[1]) In den Betrachtungen über die Schattenseiten von Augustus Regierung, (Tac. ann. I. 10.): dicebatur contra: pacem sine dubio post haec (bella civilia), verum cruentam: Lollianas Varianasque clades. — Vgl. Sueton, Augustus 23. Florus gibt die Zahl der von den Sigambern gekreuzigten Centurionen: 20.

[2]) Dio, 54, 21. 25.

und Einübung von Soldaten, Anknüpfung geheimer Bündnisse mit einzelnen rechtsrheinischen Völkerschaften waren grösstentheils schon mit Umsicht getroffen, als der vom frischen Glanze des rühmlich gelungenen rhätischen Feldzugs umstrahlte jugendliche Feldherr im Sommer des Jahres 13 vor Christus aus den Händen des nach Rom zurückkehrenden Augustus den Oberbefehl am Rhein übernahm[1]).

[1]) Dio, 54, 25.

ZWEITER THEIL.

DER SIGAMBRISCHE BUND

VOM RHEIN BIS ZUR ELBE.

I.

WIDER DRUSUS.

(J. 12—9 v. Chr.)

Im Sommer des Jahres 13 vor Christus herrschte auf der ganzen nördlichen Grenzlinie „Galliens", von den Häfen von Calais und Boulogne an, die Schelde, die Maas und den Rhein hinauf bis zur Bataverinsel, bis zur Ara Ubiorum ein gewaltiges Leben [1]). Alle Kräfte die nur aufzubieten waren, regten sich unter der Leitung des genialen Feldherrn, — die einen zum Bau der ersten römischen Kriegsflotte auf dem Rhein, die anderen zur Beischaffung gewaltiger Proviantvorräthe, andere wieder zur Herrichtung grosser Brückentrains, zur Vollendung oder Neuanlage eines Kranzes von festen Plätzen auf dem linken Rheinufer. Doch das unerhörteste, kolossalste Werk [2]) entstand im Norden der Bataverinsel. Das Land nördlich des von dem Abfluss der Waal an bis in die Dursteder Gegend fliessenden Rheins, die heutige Veluwe, war ebenso wohl zu Cäsars Zeit, als

---

[1]) Florus, epitoma 30. Livius, epit. 137. Dio, 54, 32.

[2]) Suetonius, Claudius 1.

auch jetzt, nach einem Menschenalter, nicht bewohnt[1]). Hier waren die Usipeter und Tencterer hindurchgezogen, ohne dass sie Lust empfanden, ihrer weiten Wanderung ein Ende zu machen und sich anzubauen. Im Westen begann erst mit dem linken Ufer der Vecht das Gebiet der Marsacer, im Nordosten erst jenseit der Vollenhovener Seen das der Friesen, öde Heide wechselte mit dichtestem Urwald, beides, die Hügelgegenden ausgenommen, mit sumpfigem Grund, wozu die nahen Seen, der noch ungebändigte Rheinstrom und die von Süden herfliessende, den Ostsaum bildende Yssel es am nöthigen Wasser nicht fehlen liessen. Diese Gegend, deren Unbewohntheit in damaliger Zeit ebensowenig befremden darf, als die „Wüste“ zwischen Main und Rauher Alp, der im Ubierland zu Cäsars Zeit freie Raum für 400,000 Mann und andere menschenleere Länderstrecken, hatte Drusus für seine Pläne in's

[1]) Weiter unten wird hierüber das Einzelne gegeben werden. Doch sei vorläufig bemerkt, dass die Worte des Tacitus (Germ. 34.) von den Friesen ambiuntque immensos insuper lacus et Romanis classibus navigatos — nicht auf das Gebiet südlich der Zuidersee gedeutet werden dürfen, wie Dederich (die Feldzüge des Drusus und Tiberius in das nordwestliche Germanien, 1869. S. 49, besonders in der anderen Schrift: Geschichte der Römer und der Deutschen am Niederrhein, 1854. S. 53.) thut. Tac. ann. XIII. 54 schliesst diese Ansicht aus. Uebrigens spricht auch jene Stelle nur im Allgemeinen, wie circa oft um heisst, ohne dass man an einen geschlossenen Kreis zu denken braucht. Und um diese Seen, insbesondere die nördlichen (wenn es mehrere waren) wohnten die Friesen allerdings, nämlich die einen östlich, die andern westlich davon. Den Plural lacus angehend, der durchgängig bei Tacitus in Gebrauch ist, ist doch die Stelle des (hier vielleicht gerade sehr gut unterrichteten) Pomponius Mela (De chorographia, ed. Parthey. 1867. III. 24.) zu beachten: Rhenus, Alpibus decidens, prope a capite duos lacus efficit, Venetum et Acronum; mox diu solidus et certo alveo lapsus haud procul a mari huc et illuc dispergitur, sed ad sinistram amnis etiamnum et donec effluat, Rhenus, ad dextram primo angustus et sui similis, post ripis longe ac late recedentibus iam non amnis, sed ingens lacus, ubi campos implevit, Flevo dicitur, eiusdemque nominis insulam amplexus, fit iterum artior iterumque fluvius emittitur. — Im c. 29 schildert auch Mela, wie nach ihm Tacitus, Deutschland: terra ipsa multis impedita fluminibus, multis montibus aspera et magna ex parte silvis ac paludibus invia. Es war und blieb nun einmal für die Römer ein schauderhaftes Land. Die Form Flevo (ähnlich bei Plinius) verräth deutschen Charakter.

Auge gefasst. Er wollte Deutschland von zwei Seiten fassen, vom Nordufer und von Westen. Mit einer Flotte wollte er auf den in die Nordsee mündenden Flüssen Ems, Weser, Elbe seine Legionen in das Innere Deutschlands hinein werfen, die Nation im Herzen treffen und so dem Vordringen vom Rhein und überhaupt zu Lande den Erfolg gänzlich sicher stellen. Die Flotte sollte aber zu jenen Flussmündungen nicht auf dem weiten Wege um die ganze Küste mit seinen tausend Gefahren[1]) gelangen, sondern über die Hälfte der Fahrt, vor den Stürmen des Meeres sicher auf Binnengewässern zurücklegen. Die Bataver und Menapier und andere jener Gegenden kundige Leute hatten Drusus Berichte gegeben, die die Möglichkeit des Unternehmens für einen Römischen Willen nicht zweifelhaft liessen. Die Strasse liess sich schaffen, — freilich so wie die anderen Riesenbauten der Kaiserzeiten, die Aquäducte, die Amphitheater, die Thermen, die Paläste, die Heerstrassen des Weltreiches. Nördlich von jenem unbewohnten Gebiet reihete sich See an See, mit den Zuflüssen der Yssel und der Vechte von Südosten her und mit einem nördlichen Ausfluss in die Nordsee. Die Yssel floss bis wo der Rhein links abbiegt, unfern desselben hin, dann bog sie gerade aus nordwärts in jene Seen, genau in der Richtung, die für Drusus' Gedanken erfordert wurde. Es kam darauf an, sie bis zur Tiefe der Seen schiffbar zu machen und einen Theil des Rheines vermittels eines Dammes und Kanales von der Biegung des Stromes an zu ihr hinüber zu leiten: Werke, ebenso leicht zu entwerfen, als ungeheuer in der Ausführung. Doch Drusus hatte es beschlossen und schritt an's Werk. Bei der unerlässlichen militairischen Besetzung der Linie bis an die Mündung der Yssel in den ersten See wurde auf der Ostseite wohl zum ersten Mal der Grundsatz und zwar, wie es scheint, auf angesiedelte Chamaverhaufen angewendet, dass der unmittelbar angrenzende Landstrich zu räumen sei. Die Chamaver

---

[1]) Die Erwägungen des Drusus sind auch für den Sohn entscheidend gewesen. Wir erfahren sie Tac. ann. II. 5—6. vgl. 7—8.

und unterhalb von ihnen die Tubanten mussten sich ostwärts zurückziehen. Dass an dem Mündungspunkte ein befestigtes Lager errichtet wurde, da, wo noch jetzt die Stadt Campen mit ihrem Namen an ein verschanztes Feldlager gemahnt, kann nicht bezweifelt werden, ebensowenig die Anlage von einzelnen festen Stationen am Anfang des Canals und da, wo die Yssel, die Berkel und der Schipbeek in den neuen Rhein mündeten. Die strategische Wichtigkeit solcher Mündungsorte zur Behauptung einer Stromlinie ist von den Römern überall gewürdigt worden. Mainz-Castel, Coblenz, Bonn, Neuss, Passau und viele andere an Flussmündungen gelegene Städte ruhen auf Römischer, nicht wenige gerade auf Drusianischer Grundlage, und eben von Drusus wissen wir aus dem bei der Unbedeutendheit der betreffenden Flüsse desto charakteristischeren Beispiel von Aliso, dass er die wichtige Regel nie verliess. Unter dem Schutze solcher befestigten Lager nun arbeiteten Tausende von Händen, Soldaten und Knechte, am Auswerfen des Canals vom Rhein nach der Yssel hin und an der Vertiefung der Yssel. Das freundschaftliche Verhältniss zwischen den Römern und den Batavern kam Drusus trefflich zu Statten; nur durch dieses war die ganze Arbeit möglich.

Ein Werk von solchen riesigen Verhältnissen hätte an und für sich schon nicht im Stillen ausgeführt werden können, auch wenn nicht gleichzeitig das ungewöhnliche Treiben auf dem ganzen linken Rheinufer die Völker des Sigambernbundes überzeugt hätte, um was es sich den Römern mit all diesem Schaffen handelte. Es fehlte gewiss auch nicht an geheimen Berichten von den Stammgenossen des linken Ufers und das nördlichste Glied des Bundes, die Usipeter, waren der Bataverinsel nahe genug, um den Anfang und das mit höchster Energie betriebene Wachsen des unheimlichen Werkes mit eigenen Augen zu sehen. Es konnte kein Zweifel sein: diese ungeheueren Anstalten galten der Unterjochung Deutschlands! Mit einer Uebermacht, die des Erfolges gewiss war, und mit allen Angriffsmitteln zu Wasser und zu Lande sollte Germanien überwältigt und erdrückt werden. Es durfte nicht gewartet werden: der Bund durfte die Rüstungen nicht vollenden lassen, er musste die Römer sofort überfallen, um ihre Pläne zu vereiteln. Dabei zählte man auf die für eine allgemeine Empörung reife Stimmung bei den linksrheinischen Völkern und allen Galliern, wo die von Drusus im Winter des Jahres 13/12 gehaltene Steuerhebung böses Blut gemacht hatte [1]). Es war Frühling des Jahres 12 vor Christus. Aber Drusus stand gerüstet da, es war — zur Abwendung des Unglückes bereits zu spät! Sie wagten nicht anzugreifen, so gut hatte er den Rhein bereits befestigt [2]). So konnte er, unter Zurücklassung des Heeres, noch mitten im Sommer nach Lyon reisen, wo, jedenfalls nach Verleihung grosser Vergünstigungen und Privilegien zur Sicherung ihrer Treue, sechszig gallische Völker zum Denkmal ihrer Anhänglichkeit an Reich und Kaiser einen Altar der Stadt Rom und des Augustus (ähnlich der ubischen Ara) gestiftet hatten und nun am 1. August zur Einweihung grossartige Festspiele veranstaltet wurden [3]). Doch nicht lange kann Drusus im Süden geblieben sein. Ernste Nachrichten riefen ihn an den Rhein. Die Sigambern und ihre Verbündeten rüsteten sich, den Rhein zu überschreiten. Da und dort mochten einzelne Haufen bereits hinübergedrungen sein. In der Meinung, der Feldherr sei noch in der Ferne, versuchte nun auch das ganze Heer, wie die Folge erkennen lässt, unweit der Bataverinsel und mit offenbarer Rücksicht auf den verhassten Canal und die Flotte, den Uebergang [4]). Doch der Feldherr war zur Stelle. Mit voller Kraft fiel er über den Theil des Heeres, dem er absichtlich zum Uebersetzen Zeit gelassen haben mochte, her und warf sie zurück. Der Uebergang war gescheitert. Und damit er nicht wieder versucht würde, ging Drusus nun seinerseits über den Rhein, schlug die Germanen zuerst im Gebiete der Usipeter, setzte dann über die Lippe ins Land der Si-

---

[1]) Livius, epit. 137.

[2]) Dio, 54, 32.

[3]) Livius, a. a. O. Dio, a. a. O. und Orelli-Henzen, inscr. 184. 185. 660. 4018. 5233. 5965—7.

[4]) Dio, 54, 32.

gambern und verheerte dasselbe weit hin. Die Niederlage des Bundes war schwer. Drusus hatte völlig freie Hand am Rhein erhalten und säumte, da der Sommer schon weit vorgeschritten war, nun keinen Augenblick mit der Eröffnung seines nordischen Feldzugs.

An der Bataverinsel bestieg er mit dem Heere die Flotte und fuhr auf dem von ihm geschaffenen neuen Rhein in die (Zuyder-) Bienenseen. Als er mit so unerhörter Kriegsmacht an der inneren Küste des Friesenlandes erschien, gewann er ohne Kampf einen grossen Erfolg. Die Friesen, erstaunt und erschreckt, baten um Frieden, und Drusus war klug genug, sie durch Freundschaftsbezeigungen zu gewinnen und durch Aufnahme in die Römische Bundesgenossenschaft dauernd an das römische Interesse zu fesseln. Am wichtigsten aber war es für ihn, schon für diesen Feldzug ihre Streitkräfte zur Verfügung zu haben[1]). Sie schlossen sich nämlich sofort seinem Unternehmen an, indem sie mit einem Heere der Küste entlang der Flotte zur Seite gingen. So wurden die Seen durchschifft und durch den Flie-Strom, der sie mit dem Ocean verband, lief die Flotte zwischen den heutigen Inseln Flieland und Terschelling, die jedoch damals noch kein Meeresarm von dem übrigen Friesland trennte, hinaus in die Nordsee. Die Fahrt ging an der frisischen Küste hin bis zu der Emsmündung; hier begann das Gebiet der Chauken. Offenbar war es der Plan des Drusus hier zuerst die Chauken, dann die oberhalb der Chauken, an der Ems wohnenden Ampsivarier zu unterwerfen, von da südwärts in das Land der Bructerer zu dringen und nach deren Besiegung die Sigambern im Rücken zu fassen. Allein auf dieser Einfahrt rannte die Flotte, deren Steuerleute, wenn Römer, das Fahrwasser nicht kannten, wenn aber Friesen, den eigenthümlichen Bau und Tiefgang der Schiffe, zumal bei dieser Belastung, nicht genug beachteten, der Art auf eine Untiefe auf, dass sie bei

[1]) Uebrigens bestand der ihnen für regelmässig von Drusus auferlegte Tribut in Ochsenhäuten Tributum iis Drusus iusserat modicum pro angustia rerum, ut in usus militares coria boum penderent. Tac. ann. IV. 72.

schwindender Fluth festsass und bei dem nun losbrechenden Sturme dem sicheren Untergang preisgegeben war: da hatten die Friesen, die vom Lande aus sahen, um was es sich handelte, Gelegenheit, ihren Bundeseid zu bewähren, ohne sie war Drusus mit dem ganzen Heere verloren. Und die treuherzigen Germanen, der See und ihrer Stürme kundig, dazu der eignen Gefahr nicht achtend, retteten — den Feind des Vaterlandes! Wie sie das gethan, wie weit das Unheil die Flotte bereits erfasst und verschlungen hatte, erfahren wir nicht näher. Aber soviel ist gewiss: die ganze Armada, die stolze Römerflotte, die die Unterjochung der Germanenfreiheit mit einem Schlage vollbringen sollte, war der Art zu Schanden geworden, dass Drusus froh war, — ob auf Schiffen, ob zu Lande, ist nicht berichtet, — von dem friesischen Hülfsheer gedeckt, den Chauken nicht in die Hände zu fallen, sondern nur an den Rhein zurückzugelangen. Das war der einzige, grossartig zwar in Scene gesetzte[1]), aber — das Bündniss mit den Friesen und die Unterwerfung der Inseln bis einschliesslich Borkum abgerechnet — weniger als resultatlose Feldzug zur See, den Drusus unternommen. Den Eingang zum Chaukenland hat er allerdings gesehen, aber nicht einmal zu einer Schlacht mit diesem Volke, geschweige mit den Bructerern und am wenigsten auf der Ems ist es irgendwie gekommen. Wäre auch nur der Schein eines Erfolges, wäre nur eine einzige That nach der verunglückten Einfahrt zu berichten gewesen, so würde Dio, dem sehr gute Nachrichten vorlagen, ihrer erwähnen. Er wirft aber vielmehr über den gescheiterten Feldzug einfach einen Schleier mit den Worten: „er wurde gerettet und kehrte um, denn es war Winter“. Und Winter d. h. Spätherbst war es in der That geworden über alle dem, was seit dem glänzenden 1. August dieses Jahres sich begeben hatte.

Das deutsche Meer hatte furchtbare Rache genommen für die

---

[1]) Nec defuit audentia, — sed obstitit oceanus in se — inquiri. Tac. Germ. 34. Die Chauken sind diesmal nicht unterworfen worden. Das geschah erst im Jahre 5 nach Christus. Vgl. Vellejus Paterculus II. 105.

Verheerung des sigambrischen Bundeslandes. Aber Drusus stand mit Anfang des Frühjahres 11 von neuem schlagfertig am Rhein. Der Rhein blieb von nun an seine Operationsbasis; doch die Kriegführung auf dem rechten Ufer sollte nicht mehr blos in Verheerungszügen durch's flache Land bestehen, wie bisher, sondern die Germanen sollten in ihren Bergen selber aufgesucht und unterworfen werden. Der Bezwinger Rhätiens war, zumal nach dem bedenklichen Misserfolg des Vorjahres, entschlossen, vor keinem Gebirge, keinem Strom zurückzuweichen und nicht zu ruhen, bis er die Ehre des Römischen Namens an den Sigambern und ihren Verbündeten gerächt und sie alle unter das Römische Joch gebeugt habe. Und die Sigambern müssen sich — wie der Starke vom Starken allzeit erwartet — gerade solcher eisernen Energie des Drusus versehen haben. Denn sie hatten ringsum an ihre Nachbarvölker, im Norden die Marsen und die Bructerer, im Osten die Cherusker, im Südosten die Chatten, im Süden die Rheinsueven Botschaft gesandt mit dem Aufruf zum Bunde gegen die Römer und zu den Waffen. Ueberall fand ihre Stimme freudigen Widerhall, vor allem bei den Cheruskern. Es muss diesen Bund, dessen Hauptglieder ausser den Sigambern als den Vorstehern, die an Tapferkeit „den Göttern nicht weichenden" Sueven und die mächtigen Cherusker waren, nicht nur eine religiöse Eidesfeier, wie sich von selbst versteht, eingeweiht[1]), sondern dabei auch eine wildnaive, echt germanische Siegeszuversicht, das stolze Bewusstsein erfüllt haben: wenn wir vereint sind, ist der Sieg und — die Beute gewiss. Die Spur einer nur diesem Moment entsprechenden Bundesvereinbarung ist uns bei Florus erhalten[2]), wonach von der Beute die Pferde den Cheruskern[3]), das Gold und Silber den Sueven, aber dem

---

[1]) Vgl. was über den, diesem nachahmenden batavischen Bund berichtet ist bei Tac. hist. IV. 28 und Florus: (Sicambri) qui viginti centurionibus in crucem actis, hoc velut sacramento sumpserant bellum.

[2]) Florus epit 30.

[3]) Interesant ist es, hiermit zu vergleichen, dass der sächsische Hêliand die Hirten zu Bethlehem in ehuscalcos verwandelt.

Bundeshaupt, den Sigambern, die Gefangenen zufallen sollten! Desto furchtbarer flammte ihr Zorn gegen das einzige Volk auf, das die Botschaft mit der schnöden Weigerung des Beitritts erwidert hatte, die Chatten[1]). Es war den Verführungskünsten der römischen Politik, in der Drusus gleich seinem Bruder bei dem Stiefvater eine gute Schule gehabt, gelungen, die Chatten in die Schlingen eines Bündnissvertrages zu locken. Nach diesem Vertrage sollte ihnen frei stehen, unter römischer Garantie ein gewisses Land in Besitz zu nehmen und ihnen die Freundschaft Roms gesichert sein[2]). Dass sie damit auf jede Theilnahme an Feindseligkeiten gegen ihre neuen Freunde Verzicht leisteten, mit anderen Worten: die Sache der Germanen verliessen und verriethen, war noch nicht das Schlimmste. Die Hauptschmach lag in der Annahme der römischen Aufforderung, ein Land zu „besetzen". Welches Land gemeint gewesen, ist kaum zu verkennen, wenn wir bedenken, dass es jedenfalls ein solches war, das ihr eigenes an Fruchtbarkeit übertraf, sowie auch, dass es den Römern näher gelegen gewesen sein musste. Es kann kein anderes gewesen sein, als das von den Rheinsueven bewohnte. Es leuchtet ein, das diese ächtrömische „Landbewilligung" in Wirklichkeit der helle Bürgerkrieg war. Statt eines wurden so zwei Germanenstaaten entwaffnet und damit von Süden her durch Freundschaft errungen, was von Norden die gewaltige Flotte nicht vermocht hatte.

Doch kaum hatten die Sigambern von dem saubern Rheinbund erfahren, als sie in wildem Zorne sich erhoben, und gemäss ihrer Stellung an der Spitze der Germanen, mit dem gesammten Heerbann auszogen, um die Verräther zu züchtigen. Aber den grossen taktischen Fehler, den sie dadurch begingen, hatte Drusus bereits erspäht und verwerthete denselben in verhängnissvollster Weise. Ungesäumt setzte er zwischen Waal und Lippe über den Rhein,

---

[1]) Dio, 54, 33.
[2]) Dio, 54, 36.

warf in wuchtigen Schlägen den Widerstand der Usipeter, dann nach Ueberschreitung der Lippe auf einer Brücke auch den der rheinwärts wohnenden Tencterer nieder und marschirte nun ohne Hinderniss rasch durch das von Bewaffneten entblösste Sigambernland zwischen Ruhr und Lippe hindurch. So stand er plötzlich an der Grenze der Cherusker! Eine Vereinigung des Bundesheeres war in wirksamster Weise vereitelt und mit der ganzen Heeresmacht griff Drusus die überraschten Cherusker an. Es scheint ihm hier jedoch nicht so leicht geworden zu sein, sich Bahn zu brechen, wie bei den Usipetern und im Sigambernlande. Die Verproviantirung war abgeschnitten und die bewaffnete Gegenwehr der Cherusker, die sich wohl bewusst sein mochten, dass sie für den ganzen Germanenbund, auch für die abwesenden Freunde einzustehen hatten, liess ihn nur langsam vordringen. Er kam, einen der Gebirgspässe des Osning forcirend, bis zur Weser. Indess war die rauhe Jahreszeit bereits da und zu ihr hatte sich — ein viel schlimmeres „Zeichen“, als der Bienenschwarm an der Stange des Feldherrnzeltes — Mangel an Proviant gesellt, zugleich ein Beweis, dass die Cherusker nichts weniger als besiegt waren.

Es war demnach Zeit für Drusus, an die Rückkehr zu denken. Und die Germanen gingen mit. Der Weg durchs Sigambernland war nicht mehr gangbar für ihn; die waren fertig bei den Chatten, und so hatte denn die Stunde der Rache geschlagen. Die Verbündeten liessen das Römerheer scheinbar unbehelligt von dannen ziehen. Kaum aber war dasselbe in einen der Pässe des lippischen Waldes gerückt, die aus dem Wesergebiet zum Gebiet der Lippequelle führen, wahrscheinlich den bei Driburg, da brachen die Cherusker, die Sigambern, die Tencterer, die Sueven aus dem Dickicht der Waldung von allen Seiten hervor und fielen mit Wuth die Marschcolonnen an. Wo man es nicht ahnte, da wurde der Wald lebendig und sandte den Tod in die dichten Reihen der verhassten Frevler an deutscher Freiheit, deutscher Treue. Ganze Abtheilungen wurden so vom Hauptcorps getrennt, umzingelt und niedergehauen,

Alles in Bedrängniss, in Gefahr versetzt. Auf diesem Terrain, in solchem Kampfe konnten sich die Römer mit ihren Feinden nicht messen. Drusus wusste, was auf dem Spiele stand. Mit äusserster Anstrengung hielt er die Hauptmasse unter verzweifeltem Kampf vorrückend zusammen. Endlich war die Höhe gewonnen, der Weg senkte sich und liess in einiger Ferne die Niederung erkennen. Man athmete auf. Aber nun kam das Schrecklichste. Die Verbündeten setzten nicht nur mit ungehemmter Energie den Römern zu, die jeden Schritt mit Blut erkaufen mussten, sondern hatten sich auch an einer Stelle, wo der Weg vor dem Ausgang in die freie Ebene sich durch einen tiefen, wohl auch, wie dort meist, sumpfigen Thalgrund hinzog, ringsum in solchen Massen aufgestellt, dass an ein Entrinnen kaum zu denken war und es schien, als sei der Untergang des ganzen Heeres gewiss. Schon war dasselbe in diese unheilvolle Gegend hinabgelangt und sah mit Schrecken, wie die Germanen, einen Maelo, einen Actumer und Segimer und ihre anderen Fürsten und Edlen an der Spitze, sie, die nun nicht mehr entrinnen würden, verhöhnten und — nach dem letzten noch nöthigen Schlage — ihnen allen grausigen Tod unter ihren Schwertern und Streitäxten hier auf der Stelle, dem Anführer aber und den Obersten ein qualvolles Ende auf den Altären der zürnenden Götter ansagten. Da konnte nur mehr die Kraft der Verzweiflung, geleitet von kalter Besonnenheit, Rettung bringen. Drusus bewährte Beides. Er hatte bald bemerkt, dass die Zuversicht der Germanen vor errungenem Siege sie sorglos machte, Auflösung in ihre Reihen brachte und die Nothwendigkeit eines festen Zusammenhalts und Commandos vergessen liess. Schnell schlossen sich die Legionen fest zusammen, — ein gewaltiger Stoss: und der verderbliche Ring war durchbrochen, der germanische Siegesjubel verstummt, der Weg frei! Mochte die Nachhut noch Bedrängniss haben, vielleicht zu Grunde gehen, das eigentliche Heer hatte Luft. Der Anfall der Germanen auf ebenem Terrain konnte nur mit einer entschiedenen Niederlage endigen. Und so vollkommen war der schliessliche Sieg Römischer

Taktik und Disciplin, so gross die Freude über den nicht mehr gehofften raschen Wechsel des Geschickes, dass Drusus zum Gedächtniss des merkwürdigen Tages und zum Zeichen, dass er nicht gesonnen sei, die gewonnene Ueberlegenheit wieder aufzugeben, sondern sich als den Herrn der Lande ringsum betrachte, unweit des Schlachtfeldes dort, wo die Lippe durch ihren ersten bedeutenden Nebenfluss, die Alme, eigentlich als Fluss ihren Anfang nimmt, am Mündungspunkte eine Feste erbaute, die ihren Namen bekam von dem damals noch Aliso heissenden Nebenfluss. Sie stand, in der Freude des Sieges rasch zu hinlänglicher Stärke gefördert und mit einer ausreichenden Besatzung versehen, auf einem jener sich meistens zwischen Germanenvölkern ausdehnenden herrenlosen Gebiete, das hier auch noch durch seinen vorherrschenden Sumpfcharakter für die Germanen werthlos war. Aber eben dieser Charakter war es, der den Platz für die Zwecke der Eroberung und Beherrschung des Landes, welche die Römer im Auge hatten, für die Behauptung eines militärischen Stützpunktes, mitten inne zwischen den Hauptvölkern des nordwestlichen Germaniens, vorzüglich geeignet machte. Unmittelbar vor sich im Osten hatte Aliso den zum Cheruskerland gehörenden Gebirgszug des Osning, des lippischen Waldes, der Egge; im Süden erhoben sich, schon vor der Ruhr, die Berge der Sigambern und zwischen beiden hindurch konnte die Römische Macht den wie ein Keil sie trennenden Freunden, den Chatten, die Hand reichen; im Westen hatten die Bructerer das rechte Lippegebiet inne, doch war die Verbindungslinie zwischen Aliso und den Rheinfesten nicht von beträchtlicher Länge und zugleich auch verhältnissmässig so günstig gestaltet, dass ein starkes Heer — und nur ein solches konnte dieses Weges ziehen —, keine Schwierigkeiten gehabt hätte, auf einer links von der Lippe eingeschlagenen Strasse an's Ziel zu gelangen. Von dem Umfang der Feste und ihrer Verschanzungen können wir uns eine annähernde Vorstellung machen, wenn wir hören, dass Tiberius wiederholt das ganze Heer, womit er bis an die Elbe hin operirt hatte, in

Die Villa rustica
von Bollendorf
(nach einem Modell
im Landesmuseum Trier)

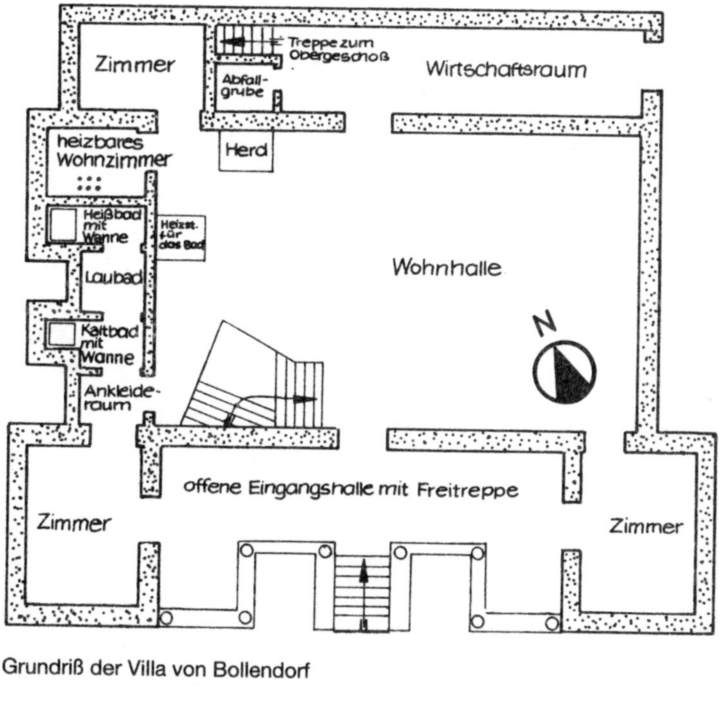

Grundriß der Villa von Bollendorf

Aliso als dem Winterlager unterbrachte. Das deutet freilich auf Bauten hin, deren gänzliches Verschwinden bis auf wenige Spuren [1]) schwer begreiflich wäre, wenn es sich nicht um eine Feste handelte, die, nach den Zeiten des Germanikus völlig aufgegeben, als Gegenstand des glühendsten Hasses der benachbarten Germanen sicherlich bis auf den Grund vertilgt worden ist.

So hatte der Kampf einen für die Tapferkeit der sigambrischen Verbündeten zwar rühmlichen, aber in den Resultaten sehr ungünstigen Ausgang genommen. Das Verhängniss war die der römischen Politik nur zu wohl gelungene Entzweiung, der Verrath der Chatten, freilich erst recht verderblich geworden durch die unzeitige Rache der Sigambern. Nun stand ein vorgeschobener Posten der römischen Kriegsmacht mitten im Lande, die Legionen hatten zwischen Rhein und Weser mit kühner That Fuss gefasst und es war gewiss, die nach blutigem Kampf, nach höchster Gefahr errichtete Siegestrophäe Aliso blieb, solange sie stand, für die Germanen nicht nur eine fortgesetzte Schmach, sondern auch eine tiefe, stets klaffende, blutende Wunde.

Auch die durch den Verrath der Chatten gewonnene Stellung trachtete Drusus in der Richtung nach dem Mittelrhein zu befestigen. Zwar hatten die Sueven im Ganzen ihr Land behauptet. Aber am östlichen Rande des Rheingaus, Mainz gegenüber war, wie es scheint, eben in dieser Zeit, es einem chattischen Gau, den Mattiaken gelungen, bis an den Rhein zu dringen und sich festzusetzen. Nicht, wie jene Burg an der Lippe, gegen sie, sondern eher zu ihrem und — selbstverständlich noch mehr — zum Schutz der Römischen Interessen legte nun Drusus dicht am Rhein das nach dem befreundeten Volk benannte, noch heute nicht vergessene Castel [2]) an.

Nach diesen Thaten, die den gallischen Kriegszügen Cäsars

---

[1]) Giefers, de Alisone castello, S. 37.
[2]) Brambach, corp. inscr. Rh. n. 1336.

würdig an die Seite gestellt werden konnten, hatte Augustus alle Ursache, den jungen hoffnungsvollen Helden, als er zum Winter in Rom ankam, mit den Ehren des Triumphes zu schmücken.

Allein bei den Germanen hatte, als Drusus im Frühling des Jahres 10 wiederkam, sich eine Veränderung von grösster Tragweite begeben. Die Chatten waren sich des Frevels bewusst geworden, den sie am Vaterland, an den Brüdern durch ihre Freundschaft mit den Römern begangen, und hatten den Sigambern und ihrem Bunde sich angeschlossen. Gleichzeitig waren sie nicht nur aus denjenigen Stellungen, die sie den Sueven im vorigen Jahre entrissen hatten, wieder zurückgegangen in ihr Gebiet, sondern hatten auch bei den Unternehmungen, die der Bund (höchst wahrscheinlich gegen Aliso) im Winter zur Wiedererlangung der verlorenen Sicherheit und zur Rache für den letzten Krieg ausführte, sich betheiligt. Dass die Wuth der Germanen sich sofort nach Abzug des Drusus gegen Aliso wenden würde, lag schon in der Natur der Sache. Als nun gar die Chatten den Brüdern wieder die Hand reichten, war die Lage Aliso's wesentlich gefährdet. Wenn wir nun die höchst auffallende Erscheinung beachten, dass in keinem der weiteren Züge des Drusus Aliso wieder genannt wird und nach der ganzen Richtung derselben auch nicht mehr besucht worden sein kann, so gewinnt die Vermuthung sehr grosse Wahrscheinlichkeit, dass sich desto mehr die Germanen im Winter des Jahres 11—10 mit der verhassten Zwingburg, wovon wir übrigens auch noch in späterer Zeit mehr als eine Belagerung durch die Germanen kennen, beschäftigt haben. Es muss ihnen indess nicht gelungen sein, das wohlverschanzte Bollwerk zu nehmen.

Die ganze Aufmerksamkeit und Thätigkeit des Drusus nahmen in diesem Jahre billigerweise die Chatten in Anspruch [1]). Die Kraft dieses Volkes und die strategische Wichtigkeit seines Gebietes, viel-

---

[1]) Dio, 54, 36.

leicht auch die Erinnerung an die Gefahren des vorigjährigen Feldzugs hatten, seitdem das Werk der Verführung in dem vergangenen Winter zu Schanden geworden war, einen völlig neuen Kriegsplan, den dritten seit dem Jahre 13, nothwendig gemacht. Gegen die nunmehr vereinte Kraft der Sigambern, der Chatten und der Cherusker vom Niederrhein und von Aliso aus anzustürmen, schien offenbar zu viel Opfer zu fordern und zu wenig Erfolg zu versprechen. Weit leichter musste es fallen, die Chatten von Südwesten her zu fassen. Hier war der schmale Landstrich, Mainz gegenüber, bis an den Taunus theils von befreundeten, theils von minder starken Völkerschaften bewohnt und der Weg bis in die chattischen Berge bot keine grossen Schwierigkeiten dar. Auf dieser Seite war die ganze Breite des Chattenlandes dem römischen Angriff so zu sagen offen und die Rheinlinie (mit Mainz-Castel) als Basis der Operationen weit näher. Allein was diese allgemeinen Verhältnisse Günstiges für Drusus hatten, das wurde durch die Tapferkeit der Chatten, die allerdings Etwas nachzuholen hatten, aufgewogen. Die Resultate des Feldzugs waren nichts weniger als entscheidend. Das Land wurde mehr verheert und verwüstet, als erobert.

Freilich der ganze Gewinn einer im Grossen angelegten Recognoscirung blieb. Und unter diesem Gesichtspunkte durfte, mit Hinzunahme der im Kampf mit den Sigambern und den Cheruskern gemachten Erfahrungen, die Einleitung, gleichsam die Vorstudien zur eigentlichen Ueberwindung ganz Germaniens — bis zur Elbe wenigstens — für beendet angesehen werden. Der Feldzug des Jahres 9 v. Chr. sollte die grosse Aufgabe lösen[1]).

Die Operationsbasis Mainz-Castel wurde beibehalten. Mit einem Heere, wie bis dahin noch keins den Rhein überschritten hatte und das auf die hinlänglich empfundene Kraft und Tapferkeit der Germanen bemessen war, drang Drusus zuerst in's Chattenland ein. Ihnen, die die Rechnungen der römischen Politik so bitter ver-

---

[1]) Dio, 55, 1.

dorben hatten, sollte die Strafe zu Theil werden, dass sie gezwungen die Rolle spielen sollten, die freiwillig fortzusetzen sie so bald schon verschmäht hatten. Die Erfolge dieses Jahres über sie müssen durchschlagender gewesen sein. Drusus brach sich, freilich mit ungeheuren Anstrengungen, unter den furchtbarsten Kämpfen Bahn durchs ganze Land. Dass er über die Eder auf den Hauptort des Volkes, das heutige Maden, damals Mattium losging, dieselbe Gegend, die noch nach achthundert Jahren die Volksheiligthümer barg, lag in der Situation und Stimmung. Ebenso gewiss ist es, dass die Chatten ihm hier gerade den Entscheidungskampf geliefert haben. Wenn aber diese Erwägungen erst nach der Veröffentlichung der Annalen des Tacitus möglich wurden, so gewinnt die Angabe eines Dichters, der im fünfzehnten Jahrhundert mit Ovidischen Werken herausgegeben worden ist und in seiner Elegie an die Mutter des Drusus gewendet, dessen blutigen Sieg über die Germanen am Fluss Itargus fejert, eine gewisse Bedeutung. Da nämlich bei Plinius der — doch offenbar siegreiche — Kampf des Drusus bei Arbalo rühmend erwähnt wird[1], der Fluss Itargus aber unverkennbar der im vielbekämpften Chattenland fliessende Itterfluss — unsern von Maden und Fritzlar an der Eder — ist und gerade am Itargus, da wo er in die Eder mündet, noch jetzt ein Ort Harpshausen liegt, so dürfte Arbalo gefunden und die grosse Bedeutung des an seinem Itargus erkämpften Sieges für den gewaltigsten aller Römerfeldzüge in's Innere Germaniens begreiflich sein[2]. Wie auch sonst, damals und jetzt, „der Krieg die Länder aufschliesst", so ist es wohl in jenen Kämpfen

---

[1]) Nat. hist. XI. 17.

[2]) (Pedo Albinovanus?), elegia ad Liviam augustam vv. 377 ff.:

Quae tamen hoc uno tristis tibi tempore venit,
  Saepe eadem rebus favit amica tuis:
Nata quod en alte es, quod foetibus aucta duobus,
  Quodque etiam magno consociata Jovi,
Quod semper domito rediit tibi Caesar ab orbe
  Gessit et invicta prospera bella manu,

geschehen, dass den Römern der sonst schwerlich in eine Alexandrinische Geographie gelangende stille Nerdargau, dicht neben dem Itterthal, bekannt und die Nertereaner unter den ethnographischen Entdeckungen des Zuges verzeichnet wurden.

Der Sieg über die Chatten bei Arbalo, — wohl derselbe, wovon Sueton[1]) erzählt, Drusus sei keiner Gefahr achtend vor Aller Augen auf die Fürsten der Germanen in der Schlacht losgesprengt und habe nicht geruht, bis er sie niedergehauen und ihre Waffenrüstung genommen —, hatte die grösste Tragweite. Das Thor zum Eintritt in die geheimnissvolle Hercynia, in das durch das Innere Deutschlands sich hinziehende grosse Waldgebirge, war aufgethan und an der Spitze einer mit aller taktischen und strategischen Ueberlegenheit ausgestatteten Heeresmacht drang, Alles vor sich niederwerfend, der kühne kaiserliche Jüngling nach Südosten vor. Nicht mehr blos die Völker des sigambrischen Bundes, sondern auch den von hier an bis über die Elbe, bis ans baltische Meer sich erstreckenden suevischen Völkerbund trachtete er in seinem Siegeslauf zu überwältigen. Zuerst stiess er auf die Hermunduren[2]). Aber die frische Kraft derselben, die sich vom verwegenen Fremdling in ihrer Heimath zum ersten Male angegriffen sahen, hemmte den

---

Quod spes implerunt maternaque vota Nerones
  Quod pulsus toties hostis utroque duce.
Rhenus et Alpinae valles et sanguine nigro
  Decolor infecta testis Itargus aqua,
Danubiusque — — —
Et modo Germanus Romanis cognitus orbis.

[1]) Suetonius, Claudius 1.

[2]) Das waren die ersten von den inneren Sueven. — Die Angabe des Florus, dass er auch die Marcomannen, die damals im heutigen Böhmen sassen, unterworfen und Marcomannorum spoliis et insignibus quendam editum tumulum in tropaei modum excoluit, ist unmöglich, sie widerstreitet Allem, was wir mit Sicherheit über diesen Feldzug wissen. Welche Vorstellungen Florus von den Wohnsitzen der Germanen hatte, zeigt sein Satz: primos domuit Usipetes, inde Tencteros percurrit et Cattos! Nun folgen die Marcomannen, nun die Cheruscer, dann die Suebi und, damit sie

raschen Schritt der Römer. Erst nach schweren blutigen Kämpfen gelang es, sie zu besiegen und zu unterwerfen. Dann zog Drusus wieder nordwestwärts ins Land der seit jener Einschliessung am Teutoburger Wald tief verhassten Cherusker. Es scheint, dass sie diesmal sich beugen mussten. Das siegreiche Heer überschritt die Weser und durchzog, wenn nicht siegend, doch verheerend, alles Land bis zur Elbe. Im Wesentlichen war der Widerstand gebrochen. Auch über die Elbe wollte der Feldherr setzen, das ganze Suevenland zu erobern. Aber — sei es, dass der breite tiefe Strom keine Brücke litt oder, was wahrscheinlicher, dass die Semnonen den Uebergang nicht gestatteten, — er musste von dem Vorhaben abstehen und sich damit begnügen, am Elbufer ein Denkmal seines Siegeszugs zu errichten, und den Rückzug antreten. Vielleicht gar hatte er auch die Stimmung der überwundenen Völker gefürchtet, denen durch seinen Uebergang ins Semnonenland freie Hand gegeben worden wäre, sich zu sammeln und ihm den Heimweg zu sperren. Böse Ahnungen, schwere Gedanken scheinen die Stimmung des Heeres befallen zu haben. Wie weit war man vom Rhein, geschweige von der Heimath! Und man hatte ja des Ruhmes reichlich genug. Wer auch jene riesige Frau gewesen, die dort am Elbstrom dem vorstürmenden jugendlichen Helden den Weg vertreten —, die Stimme, die er vernahm, war die der Vorsehung: „Zurück, unersättlicher Drusus! deiner Thaten, deines Lebens Ende naht.“ Der Rückzug ging in Eile von Statten. Da ereignete sich, was die Norne gewollt: Drusus stürzte mit dem Pferde, fiel darunter und erlitt einen Schenkelbruch[1]). Die Sache war so ernst, dass man an ein Weiterziehen nicht denken konnte. Es musste ein

---

sich doch nicht allzusehr beklagen konnten, endlich doch auch noch die Sicambri. Verführt kann Florus zu dem Irrthum worden sein durch die Res gestae Augusti, deren bezügliche Worte indess keineswegs auf die Feldzüge des Drusus zu beziehen sind. Tiberius und sein Sohn Drusus haben mit Marbod und den Marcomannen zu thun gehabt, darauf ist Alles zu beziehen, was von Marcomannen gesagt wird.

[1]) Livius, epit. 140.

Lager [1]) errichtet werden — man war erst unfern der sächsischen Saale [2]), wahrscheinlich in der Merseburg-Naumburger Gegend [3]) —, und gewartet werden, bis der Transport des Kranken an den Rhein gewagt werden konnte. Und so mächtig hatte die grossartige Erscheinung des jungen Helden auch den Germanen imponirt, dass sie — ein der ganzen alten Geschichte fremdes Beispiel — ihn und sich selber ehrend, das Feldlager des plötzlich von höherer Hand getroffen darniederliegenden Feindes nicht beunruhigten. Auf die nach Pavia zu August und der Mutter gelangte Trauerbotschaft, eilte sein Bruder Tiberius über die Alpen an den Rhein und in das „Lager des Unheils". In seinen Armen starb 30 Tage nach dem

---

[1]) In aestivis castris, quae ex eo scelerata sunt appellata. Suetonius, Claudius 1.

[2]) An eine andere Saale ist, gemäss Dio's Bericht, welcher hier wie überhaupt den Ausschlag giebt, nicht zu denken. Strabo, VII. 1. 3.

[3]) Vom Main bis dahin sind ungefähr 40 deutsche Meilen. Vgl. Valerius Maximus ed. Kempfius, Berol. Reimer. 1854. Facta et dicta memorabilia, libri novem.

Lib. V. cp. V. n. 3. (pg. 433—4.):

Hoc exemplo vetustas, illo saeculum nostrum ornatum est, cui contigit fraternum iugum Claudiae prius, nunc etiam Juliae gentis intueri decus. Tantum enim amorem princeps parensque noster insitum animo fratris Drusi habuit, ut cum Ticini, quo victor hostium ad complectendos parentes venerat, gravi illum et periculosa valitudine in Germania fluctuare cognosset, protinus inde metu attonitus erumperet. Iter quoque quam rapidum et praeceps velut uno spiritu corripuerit eo patet, quod Alpes Rhenumque transgressus die ac nocte mutato subinde equo ducenta milia passuum per modo devictam barbariem [nam] Antabagio duce solo comite contentus evasit. Sed eum tum maximo labore et periculo implicatum mortaliumque frequentia defectum sanctissimum pietatis numen et dî fautores eximiarum virtutum et fidissimus Romani imperii custos Jupiter comitatus est. Drusus quoque, quamquam fato iam suo quam illius officio propior erat, vigore spiritus et corporis viribus conlapsus, eo ipso tamen quo vita ac mors distinguitur momento legiones cum insignibus suis fratri obviam procedere iussit, ut imperator salutaretur. Praecepit etiam dextera in parte praetorium ei statui, et consulare et imperatorium nomen obtinere voluit, eodemque tempore et fraternae majestati cessit et vita excessit. —

L. A. Senecae opp. ed. Fickert. Lips. Weidm. 1845. Tom. III. pg. 79. Ad Marciam de consolatione n. 3:

Livia amiserat filium suum Drusum, magnum futurum principem, iam

Falle [1]) Drusus und auf den Schultern seiner Centurionen und Kriegstribunen wurde die Leiche, gefolgt von dem Bruder und den Legionen, unter dem ehrerbietigen Geleite selbst der Germanen, an den Rhein getragen.

II.

WIDER TIBERIUS.

Den überlegenen entwaffneten Feind hatten die Seinigen trauernd von dannen getragen. Das hatten die Germanen, welche Mannesleid verstanden, geschehen lassen. Nun aber war es Zeit, des Vaterlandes zu gedenken.

---

magnum ducem. Intraverat penitus Germaniam et ibi signum Romani fixerunt ubi vix ullos esse Romanos notum erat. In expeditione decesserat ipsis illum hostibus aegrum cum veneratione et pace mutua prosequentibus nec optare quod expediebat audentibus. Accidebat ad hanc mortem quam ille pro republica obierat ingens civium provinciarumque et totius Italiae desiderium per quam effusis in officium lugubre municipiis coloniisque usque in urbem ductum erat funus triumpho simillimum. Non licuerat matri ultima filii oscula gratumque extremi sermonem oris haurire. Longo itinere reliquias Drusi sui prosecuta tot per omnem Italiam ardentibus rogis, quasi totiens illum amitteret, irritata, ut primum tamen intulit tumulo, simul et illum et dolorem suum posuit nec plus doluit quam aut honestum erat Caesari aut aequum in alio. Non desiit denique Drusi sui celebrare nomen, ubique illum sibi privatim publiceque repraesentare, libentissime de illo loqui, de illo audire: cum memoriam alterius vix homo potest retinere et frequentare, qui illam tristem sibi reddidit.

ibid. pg. 341. Ad Polybium de consolatione n. 15 (34.): Caesar patruus meus Drusum Germanicum patrem meum minorem natu quam ipse erat fratrem intima Germaniae recludentem et gentes ferocissimas Romano subiicientem imperio in complexu et in osculis suis amisit: modum tamen lugendi non sibi tantum, sed etiam aliis fecit ac totum exercitum non solum moestum, sed etiam attonitum corpus Drusi sui sibi vindicantem ad morem Romani luctus redegit, iudicavitque non militandi tantum disciplinam esse servandam, sed etiam dolendi. Non potuisset ille lacrymas alienas compescere, nisi prius pressisset suas. Dio, 55, 2. Tac. ann. III. 5.

[1]) Florus a. O.

Der Sigambrische Bund wurde, wenn anders es dessen noch bedurfte, an die Nothwendigkeit des Kampfes gerade durch den Namen dessen, dem so eben das Schwert von einer höheren Hand entwunden war, erinnert. Unter den Trauernden des Heeres war auch die Besatzung von Aliso[1]). Sie errichteten dort in der Feste, die der Feldherrnblick des Hingeschiedenen zum Stützpunkt für die Ueberwindung und Beherrschung des Landes bestimmt hatte, ihm einen Altar und die bei dessen Einweihung stattgefundenen Festlichkeiten waren den Germanen, denen sie nicht unbekannt bleiben konnten, das Signal zum erneuten Kampfe. Wiederum standen die Sigambern an der Spitze. Im Frühling des Jahres 8 vor Chr. erhoben sich die Germanen wider die römische Knechtschaft. Ohne Zweifel galt der erste Angriff der verhassten Zwingburg Aliso. Da erschien Tiberius an der Spitze eines Heeres. Die furchtbaren Schläge, die die germanischen Völker durch Drusus erlitten hatten, waren noch zu frisch, — die unmittelbar am Rhein wohnenden Völker auch zu schwach, um wirksam einem grossen Heere widerstehen zu können. Tiberius ging über den Rhein und zwang die Usipeter, die Tencterer, die Rheinsueven zur Ruhe[2]). Schwerlich ist er bis in's Cheruskische vorgerückt. Desto energischer warf er sich auf die Sigambern selbst. Ihnen, die nun schon beinahe fünfzig Jahre lang den Römern den Besitz Belgiens gestört, den Rhein streitig gemacht, gegen die Ausbreitung ihrer Herrschaft auf das rechte Ufer einen Germanischen Freiheitsbund aufgerichtet und von der Niederlage des Lollius an den Waffen der Weltbeherrscher so manchmal empfindliche Schmach angethan, ihnen sollte die Stunde der Vergeltung kommen: so hatte es Tiberius beschlossen. Die ersten Erfolge waren darauf berechnet, die Sigambern zu isoliren. Am Rhein hatten sich vor der imposanten Heeresmacht die schwächeren Verbündeten gebeugt. Im Rücken —, wahrscheinlich bei den

---

[1]) (Apud castellum Lupiae flumini adpositum) veterem aram Druso sitam (Chatti) disiecerant. Tac. ann. II. 7.

[2]) Dio, 55, 6. Velleius P. II. 97.

Cheruskern, spielte von Tiberius angezettelter Verrath unter den Fürsten, Segimer gegenüber stand sein Bruder Segest und Inguiomer[1]), vielleicht war auch mit einer chattischen Partei wie vor einigen Jahren Verbindung angeknüpft. Die Sigambern standen allein. Unmöglich konnten sie hoffen, es erfolgreich mit der feindlichen Macht aufzunehmen. Doch dass sie mit ihren Verbündeten hätten eine Gesandtschaft an die verhassten Römer schicken und um Frieden bitten, ihre Unterwerfung erklären sollen, das widerstrebte ihrer ganzen Vergangenheit, ihrer innersten Art. Sie, die die Fahnen des heiligen Kampfes einst erhoben hatten mit den Cäsar entbotenen Worten: „Roms Herrschaft bis an den Rhein, — weiter nicht!" —, sie sollten jetzt vor dem Nachfolger, der nun schon ein Menschenalter hindurch mit allen Mitteln der Gewalt und List ihnen nachgestellt, sie umlauert und überfallen —, der die Netze des Verrathes über ihre Genossen geworfen, und dann vom ehernen Schritt seiner Knechte Frieden und Freiheit des Vaterlandes hatte zertreten lassen, vor ihm sollten sie gebeugten Hauptes um Gnade flehend erscheinen? In Aliso selbst wahrscheinlich verweilte Tiberius, umgeben von den Legionen, und erwartete die demüthige Botschaft. Die Andern gingen hin: die Usipeter, die Tencterer, die Cherusker, die Chatten, die Sueven vom Rhein: die Sigambern nicht. Wie mag der Blick des gleissnerischen Feldherrn von tückischer Freude geleuchtet haben beim Anblick der überwundenen Germanenfürsten, den er freilich nicht sich, sondern dem Heldenmuthe seines Bruders zu verdanken hatte! Und mit welcher vornehmen Herablassung mag er die Besiegten seiner Gnade und Milde versichert haben! Doch

---

[1]) Es muss dem Tiberius der Zustand der Zerklüftung im Cheruskervolk zugeschrieben werden, wie ihn die Geschichte der grossen Erhebung unter Armin und der Kämpfe mit Germanikus (Tac. ann. I. II.) spiegeln. Hat doch um diese Zeit selbst Armin als Befehlshaber einer cheruskischen Schaar im römischen Heere gedient und sich so sehr in römische Sprache und Kriegskunst einleben können, wie es sich später unter Germanikus gezeigt hat.

— das waren ja alles nur die „Verführten", — wo blieben den die Verführer, die verhasstesten von Allen, die Sigambern? Was war erreicht, wenn alle gehorchten, nur sie nicht? Aber Unwillen über das Ausbleiben gerade ihrer Fürsten zeigte er nicht. Es war Tiberius nicht schwer, vor den Gesandten das freundliche Bedauern zu heucheln, dass beim Fehlen eines so erlauchten, mächtigen Volkes die Verhandlungen nicht dürften eröffnet werden, und er durch sie darum die Sigambern dringend ersuchen müsse, sich doch von dem Frieden, dem Bündnisse nicht länger auszuschliessen. Die Gesandten mussten somit unverrichteter Sache heimkehren. Die Sigambern müssten kommen, so hatte man sie beschieden; mit diesen wolle der Feldherr Frieden schliessen und der sollte dann für sie alle gelten. Die Sigambern sahen ein, dass sie den hoffnungslosen Widerstand aufgeben, — dass ihre Fürsten um des gemeinsamen Heiles willen — wie sie einst die Losung zum Kampfe gegeben, so nun den bittern schweren Gang der Entsagung thun mussten. Zahlreich machten sie, die Edelsten des Volkes, vertrauend auf die Achtung, die sie auch vom Feind erwarten durften, sich auf den Weg. Augustus selbst war, wo es galt, den Triumph aus dem furchtbarsten Kriege zu geniessen, im Lager angekommen[1]). Das Thor öffnete sich, sie zogen ein die edlen ritterlichen Gestalten, vor denen so oft die Legionen gezittert; es schloss sich, um sie nie wieder ihr Volk, ihre Freiheit schauen zu lassen. Wie Verbrecher wurden sie gefesselt, unter starker Bedeckung weit weg entführt und der eine in dieser, der andere in jener römischen Stadt gefangen gehalten. Das war die scheusliche Heldenthat, die die beiden, Tiberius und Augustus, würdige Schüler Cäsars, an den Sigambern verübt haben. Und das war erst der Anfang. Die edlen Sigambernfürsten ertrugen keine Gefangenschaft. Sie brachten sich alle ums Leben. Bezieht sich das prahlerische Wort des Augustus, das in der noch erhaltenen Anpreisung seiner Grossthaten steht:

[1]) Ὅ τε γὰρ Αὔγουστος συλλαβὼν αὐτούς, ἐς πόλεις etc. — Dio, 55, 6.

„Bei mir haben hülfeflehend ihre Zuflucht gesucht die Könige — der Parther Tiridates, der Meder Artavasdes, der Albaner Artaxerxes, der Brittanier Domnovellaunus, der Sigambern Mälo und der Markomannen und Sueven mehrere“ — [1]), wie nicht anders gedenkbar, auf die Ankunft der Sigambernfürsten mit ihrem Haupte im römischen Lager [2]), so haben wir die officielle Urkunde über die furchtbare Katastrophe von der eignen Hand des gekrönten Verbrechers.

Nachdem die Ueberwältigung der Fürsten gelungen war, lag das Geschick des Volkes in der Hand der Römer [3]). Tiberius verfuhr nun wie mit Besiegten. Der streitbarste Theil der Sigambern sowie ein Theil der Rheinsueven, 40,000 Mann zusammen, wurden versetzt und erhielten an dem Ufer des Rheines ihre Wohnsitze. „Nun waren sie eine gewisse Zeit hindurch ruhig,“ meint der Berichterstatter [4]), „aber hernach vergalten sie den Römern ihr Missgeschick in reichem Maasse.“

---

[1]) Res gestae divi Augusti, cp. 32, ed. Th. Mommsen, 1865. S. 91.

[2]) Nichts nöthigt, ein „Kommen“ nach Rom anzunehmen.

[3]) Dedititii nennt sie richtig Suetonius (Tiberius 9.), dedentes se (derselbe, Augustus 21.) und Tiberius spricht natürlich nicht anders (in deditionem acceptos, Tac. ann. II. 26.). Doch auch die Art, wie er diesen grössten aller seiner Feldherrnerfolge gewonnen, scheint bei ihm und seinem Freund Vellejus durch: Se novies a divo Augusto in Germaniam missum plura consilio, quam vi perfecisse. Tac. ann. II. 26. Und Velleius rühmt — fast klingt es wie Spott, wenigstens für jeden andern, als Vellejus — von eben diesem „Feldzug“: „victor omnis partis Germaniae sine ullo detrimento commissi exercitus!“ II. 97.

[4]) Dio a. a. O.

DRITTER THEIL.

DES FREIHEITSBUNDES

FORTDAUER UND NACHWIRKUNGEN.

DER REST DER SIGAMBERN.

I.

Wie maasslos Augustus sich des mit Tiberius vollbrachten Werkes freute, lässt sich aus der Albernheit schliessen, dass er dem Tiberius, obgleich keine Schlacht gewonnen war, Imperatortitel, Consulwürde und Triumpheinzug als Belohnung bewilligte [1]).

Den Eindruck, den das schändliche Verfahren der Römer auf die Germanenvölker machte, verrathen uns die leider zu dürftig berichteten „Bewegungen" unter ihnen. Schon im folgenden Jahre (7 vor Chr.) brach der Aufstand los. [2]) Tiberius musste wieder zu Felde ziehen; noch in der zweiten Hälfte des September war er nicht nach Rom zurückgekehrt [3]). Es scheint, er fand es nicht gerathen, durch einen eigentlichen Feldzug es mit dem wilden Zorne der Betrogenen aufzunehmen. Er beschränkte sich daher wohl auf die

---

[1]) Dio, a. O.

[2]) Dio 55, 8.

[3]) Die Spiele am Geburtstag des Augustus musste ein Anderer für ihn abhalten, Dio a. O.

Verstärkung von Aliso und der Rheinfesten und war zufrieden, dass die Germanen nicht über den Rhein kamen. Die Erfolge freilich, die in den zwei verflossenen Jahren errungen worden waren, gingen, was die übrigen Germanen, mit Ausnahme der Sigambern, betrifft, verloren. So begreift sich leicht, dass für einen römischen Berichterstatter Nichts sich fand, das es verdient hätte, erwähnt zu werden [1])

Trotzdem haben wir eine Spur, die darauf hinweist, dass Tiberius in seiner Hauptkunst, wobei allerdings kein Römerheer in Gefahr kam, im Anspinnen von Verrath desto thätiger war. Wir wissen aus späteren Berichten, dass die edelsten Cherusker im römischen Heere Dienste genommen haben; ja es muss, nach Allem, was uns über die Kriege der Jahre 14—16 nach Chr. erzählt wird, schon sehr früh eine römische Partei unter den Cheruskern entstanden sein. Nun begegnet uns die Nachricht, dass im Jahre 2 vor Christus, also im 5. Jahre nach der letzten Anwesenheit des Tiberius, der Statthalter Domitius Ahenobarbus an den Rhein gezogen sei und gegen „die Cherusker und Andere“ Krieg geführt habe, wobei es ihm ganz besonders darum zu thun gewesen sei, gewisse Cherusker, die von den Ihrigen vertrieben gewesen, wieder zurückzuführen [2]). Die Lage der Dinge ist dadurch genügend charakterisirt. Es fand also Domitian diese cheruskischen Edeln bereits als Vertriebene, bei den Römern Hülfe Suchende vor. Ihre Parteistellung in der Heimath als Freunde Roms gehört mithin in die Zeit vor Domitian, und damit sind wir, wie bereits früher schon, auf das Wirken des Tiberius verwiesen. In der That rühmte sich Tiberius später, seinem Neffen Germanikus gegenüber, gerade solcher Erfolge ganz besonders: „Neunmal von Augustus nach Germanien gesandt, habe er mehr durch List, als durch Gewalt vollbracht. So

---

[1]) Dio, 55, 8 (Schluss).

[2]) Dio, 55, 11 (cod. Venet.). Es war das Jahr der Einweihung des Tempels des Mars Ultor zu Rom. Vgl. Dio, 55, 10 und Velleius P. II. 100.

habe er die Sigambern zur Unterwerfung gebracht — So könne man auch die Cherusker und die anderen aufständischen Völker, da für Roms Rache bereits gesorgt sei, ihren inneren Zwistigkeiten überlassen."

Indessen die Künste des Tiberius verfingen bei dem grössten Theil des Cheruskervolkes und seiner Edeln nicht. Die Römisch Gesinnten wurden friedlos erklärt und konnten zu ihren Freunden nach Vetera oder in die Ubierstadt gehen und melden, dass man in ihrer Heimath die Bundesschwüre auch nach dem Falle der Sigambern zu halten entschlossen sei. Die Schmach dieser Vertreibung fiel auf Rom selbst und Domitius sah sich genöthigt, gegen die Beleidiger zu Felde zu ziehen.

Aber der Feldzug misslang[1]). Der Angriff wurde von den Verbündeten vollständig zurückgeschlagen und die Folge war, dass man in ganz Germanien bis an den Rhein, vielleicht selbst auf dem linken Ufer in den unteren Landen, kühn das Haupt erhob. Die römische Macht in Belgien war bedroht, in Germanien vernichtet. Es scheint Domitius nicht mehr gelungen zu sein, des Aufstandes Meister zu werden. Dieses Resultat weist allerdings auf eine grossartige Erhebung der Verbündeten hin. Domitius war ein ebenso kühner als umsichtiger Feldherr; vom Süden her war er, ehe er das Commando am Niederrhein übernommen, ins Markomannenland gedrungen, hatte die Donau überschritten, war dann — was selbst Drusus nicht vermocht hatte —, über die Elbe gegangen und hatte dort, wohin nach ihm kein Römer mehr den Fuss setzte, dem Augustus einen Altar erbaut: doch die Mauer, welche die Cherusker, jetzt an der Stelle der Sigambern des Bundes Führer, von der Emsmündung bis zum Thüringer Wald und zum Taunus wider Roms Anmassung aufgerichtet hatten, konnte er nicht durchbrechen! Auch sein Nachfolger

---

[1]) Die einzige Spur des Zuges sind die pontes longi bei Tac. ann. I. 63. Doch reichen sie nicht aus, um sich von der Richtung des Unternehmens eine bestimmte Vorstellung zu machen.

Marcus Vinicius vermochte in den Jahren 1—3 nach Chr. trotz gewaltiger Anstrengungen nur zur Noth das gesunkene Ansehen des Reiches wieder aufzurichten[1]). Glückte es ihm auf dem einen Punkte die Feinde zu bedrängen, so musste er auf dem anderen froh sein, dass er eben einer Niederlage entgangen war. Die Aufgabe war, nach den Unglücksschlägen, die der Bund dem Domitius beigebracht hatte, eine so ungeheure, dass schon die theilweise Lösung dem Vinicius grosse Ehren und Auszeichnungen zu Rom eintrug[2]).

Immerhin war durch Vinicius wenigstens eine Basis für die völlige Wiedergewinnung des Verlornen gerettet. Diese unternahm der im Juni des folgenden Jahres 2 nach Chr.[3]) aus seiner siebenjährigen Verbannung nach Rom zurückgekehrte Tiberius. Am Rhein übernahm er aus den Händen des Sentius Saturninus[4]) den Oberbefehl über die ihn mit Jubel begrüssenden Legionen und sicherte zuerst die von Nordwesten her, durch die Canninefaten bedrohte, für alle weiteren Pläne, ja für die Ruhe Belgiens unentbehrliche Bataverinsel. Die Canninefaten wurden unterworfen und, wie es scheint in derselben Weise, welche für die Batayer galt, in Pflicht genommen. Dann wendete er sich ostwärts der Insel, den rechtsrheinischen Völkern zu. Vor Allem galt es die starke Stellung von Aliso wiederzugewinnen. Südlich der Lippe war das, seit die Sigambern grossentheils hier entfernt worden waren, leichter als auf dem nördlichen Ufer. Auf die Verbindung der linksrheinischen Plätze, von Vetera aufwärts bis zur Ubierstadt und ihrem gegenüberliegenden Castell, mit Aliso wird Tiberius zuerst sein Augenmerk gerichtet haben. Die in dieser Richtung, über Essen, Dortmund, Soest führenden alten Strassen mag er wohl damals vor allem Anderen in Stand gesetzt haben. Den unschätzbaren Vortheil grösserer

---

1) Immensum exarserat bellum. Vellejus P. 104.
2) Vellejus P. a. O.
3) Vellejus II. 103.
4) Vellejus II. 105.

Freiheit der Bewegung für die Römer in diesem Landstrich, den die Versetzung der Sigambern zu Wege gebracht, hatte selbst die siebenjährige allgemeine Empörung nicht aufgehoben; jetzt war es Zeit, ihn zum ersten Mal gründlich auszunutzen. Auf dieser Strecke stiess Tiberius auf einen, hier zum ersten Mal erscheinenden Volksstamm, der ohne Zweifel einem der zurückgebliebenen sigambrischen Gaue zugehört hatte, die Hattuarier. Sie mussten sich unterwerfen. Eine zweite Maassregel, die ausdrücklich auf Tiberius zurückgeführt wird und dieser Zeit angehören muss, war die Räumung des rechten Rheinuferstriches von der Lippe abwärts bis zur Ysselmündung. Hier wohnten die Usipeter. Da sie sich nicht unterwerfen wollten, aber auch zu schwach waren, um der gerade hier angreifend auftretenden Römischen Uebermacht zu widerstehen, so zogen sie sich nordwärts unfern der Ysselmündung zurück, in den weiten Bogen der Vechte, westlich neben die Tubanten. Der somit frei gewordene Raum, der sich bis zum damals dem Rheine näheren Coesfelder Waldgebiet ausdehnte, wurde nun mit einer Landwehr umhegt, und ausschliesslich für militärische Zwecke vorbehalten. Nun konnte der Angriff sich gegen die auf dem rechten Ufer der mittleren Lippe wohnenden Bructerer wenden. Da sie an der Linie Vetera-Aliso lagen, so dünkte Tiberius deren Unterwerfung eine Nothwendigkeit. In der That beugten sie sich unter die Fremdherrschaft, ob besiegt, ob künstlich entzweit, kann nicht entschieden werden[1].

Jetzt war die Bahn frei nach Aliso. An der Spitze des Heeres drang Tiberius, wohl einer zurückgelassenen Besatzung das Werk der Wiederherstellung der Feste überlassend, während Sentius Saturninus wahrscheinlich den Chatten ins Land fiel, durch den Teutoburger Wald tief ins Cheruskische ein, setzte sogar über die Weser und kehrte dann, nachdem die Cherusker sich zu Verhandlungen verstanden hatten, fast schon im Winter mit dem Heere nach Aliso zurück. Es war ihm in der That gelungen, der römischen Ueber-

---

[1]) Subacti, sagt Vellejus.

legenheit im weiten Umkreis wenigstens äusserlich ihre Achtung wiederherzustellen. Er durfte, was noch nie gewagt worden war, das ganze Heer in Aliso als dem Winterquartier zurücklassen: so ruhig konnte er wegen der Verbindung mit den Rheinstationen und wegen der Haltung der Cherusker sein. Die erste rechtsrheinische Vertheidigungslinie, bis zum Jahre 8 vor Chr. von den Sigambern und ihren Verbündeten behauptet, existirte nicht mehr. Die Weserlinie, von dem Bunde unter cheruskischer Führung vertheidigt, war wenigstens geschwächt. Der Feldzug des Jahres 5 nach Chr. sollte sie gänzlich beseitigen [1]).

Der Winter schien freilich die Resultate des Jahres 4 wieder in Frage stellen zu wollen. Die Germanen athmeten nach Tiberius' Abzug wieder auf und schlossen sich zum Kampf gegen die Fremdlinge zusammen. Desto grossartiger wurden die Rüstungen auf römischer Seite betrieben. Der Gedanke des Drusus, mittels einer Flotte auf dem von ihm geschaffenen Wege die Germanen von Norden her zu fassen, wurde wiederaufgenommen. Gleichzeitig aber sollte das Hauptheer vom Rhein aus bis ins Herz Germaniens, bis zur Elbe dringen, und dort mit dem auf der Flotte befindlichen Heere, das auch allen nöthigen Proviant für die Gesammtheit mit sich zu führen hatte, zusammentreffen. Und der an Grossartigkeit alle früheren übertreffende Feldzug des Jahres 5 nach Chr. gelang. Die Nordarmee segelte (vielleicht unter dem Befehl des Sentius Saturnius) von der Bataverinsel aus auf dem neuen Rhein um Friesland her zu den Chauken. Sie hatte Drusus einst vergeblich bedroht. Jetzt unterwarfen sie sich. Der Eindruck dieser gewaltigen Kriegsfahrt auf die jenseit des Chaukenlandes die cimbrische Halbinsel bewohnenden Völker war ein ungeheurer. Die Haruden im heutigen Schleswig, das hochberühmte Volk der Cimbern im heutigen

---

[1]) Die 2 Feldzüge der Jahre 4 und 5 nach Chr. hält Vellejus (II. 105. 106—7) deutlicher als Dio (55, 29), aus einander; nur dass Dio πρότερον μὲν — μετὰ δὲ sagt.

Jütland und viele andere Völker jener Lande beeilten sich, ihre Edlen an den Römischen Feldherrn abzusenden mit der Bitte um Freundschaft und Bündniss[1]). So lief die Flotte zwischen Ländern, die noch kein Römer geschaut hatte, siegprangend in die Elbmündung ein. Unterdessen war Tiberius vom Rhein aus, ohne Zweifel über Aliso, ins Cheruskerland gezogen und hatte dann das starke Volk der Langobarden, das auf dem linken Ufer der unteren Elbe, im heutigen Lüneburgischen wohnte, nach hartem Kampfe bezwungen. Jetzt hatte er den Weg zur Elbe frei und siehe auch die Flotte war zur Stelle. Hier im Feldlager an der Elbe sah das römische Heer ein glänzendes Schauspiel. Der ganze Heerbann der Chauken erschien mit ihren Fürsten mitten im Kreise der mit ihrem Waffenschmuck aufgestellten Legionen und legte seine Waffen nieder und huldigte dem auf dem Richterstuhl sitzenden Tiberius! Das ganze nordwestliche Deutschland war bezwungen, „von Cadix bis zur Elbmündung hatten die Völker die Waffen gestreckt[2]).“ Selbst

---

[1]) Ob die römische Flotte, wie man doch nach Plinius nat. hist. II. 67 (167.) annehmen muss, auf der Hin- oder auf der Rückfahrt nordwärts der Elbmündung sich den Völkern der Halbinsel gezeigt hat, ist nicht sicher zu sagen, doch wahrscheinlich geschah es auf der Hinfahrt, so dass die Ankunft der Gesandten von den Cimbern, Haruden und andern überelbischen Völkern als Folge des mächtigen Eindruckes und der Meldung, der künftige Kaiser sei selbst an der Elbe, gelten darf. Die Res gestae Augusti sagen von dieser Huldigung des Nordens (ed. Mommsen S. 72.):

Classi qui praeerat meo iussu, ab ostio Rheni ad solis orientis regionem usque ad Albis amnis ostium navigavit, quo neque terra neque mari quisquam Romanus ante id tempus adit, Cimbrique et Charydes et Semnones et eiusdem tractus alii Germanorum populi per legatos amicitiam meam et populi Romani petierunt. Und Strabo liefert die besondere Notiz, dass die Cimbern *ἔπεμψαν τῷ Σεβαστῷ δῶρον τὸν ἱερώτατον παρ' αὐτοῖς λέβητα, αἰτούμενοι φιλίαν καὶ ἀμνηστίαν τῶν ὑπηργμένων* (sie baten also höchst wahrscheinlich wegen des vor 100 Jahren gewesenen Cimbern- und Teutonenkrieges ächt germanisch naiv um Entschuldigung!) *τυχόντες δὲ ὧν ἠξίουν ἀπῆραν.* Geogr. VII. 2. 1.

[2]) Gallias et Hispanias provincias ab ea parte, qua eas adluit oceanus, a Gadibus ad ostium Albis fluminis pacavi. Res gestae ed. Mommsen S. 71.

viele der Jenseitigen, ausser den nördlichen auch die stolzesten aller Sueven, die Semnonen, brachten in der Person ihrer Edeln dem kaiserlichen Feldherrn ihre Huldigungen dar. Nichts hinderte, auch über die Elbe zu setzen, — aber Augustus hatte das, wenn nicht Feindseligkeiten von drüben dazu nöthigten, untersagt[1]). Die Semnonen aber hatten ja, allerdings indem sie mit ihrer gesammten Kriegsmacht das rechte Ufer im Angesicht des römischen Lagers besetzt hielten, Gesandte geschickt. Die Einsicht, dass die Ausbreitung der Römischen Herrschaft bis zur Elbe das Höchste sei, was sich behaupten liesse, war wohl Augustus und Tiberius in Folge der gemachten Erfahrungen aufgegangen. Vielleicht würden sie selbst soweit ihr Ziel nicht gesteckt haben, wenn sie es nicht für Ehrensache gehalten hätten, nicht hinter dem von Drusus errungenen Resultate zurückzubleiben. Eine Aeusserung bei dem gleichzeitigen Strabo lässt deutlich erkennen, was Augustus am meisten bei den Germanen fürchtete: den Bund, die Vereinigung. Wenn man gar selbst über die Elbe hinaus erobern wolle, meinte er, dann schaffe man ja — den Freiheitsbund! Er sollte bald erfahren, dass das, was geschaffen worden, bereits zu viel sei.

Das Jahr 5 nach Christus bezeichnet den Höhepunkt Römischer Gewalt in Crossgermanien. Die Flotte scheint ohne Missgeschick wieder am Rhein angelangt zu sein. Das Landheer führte Tiberius selbst zurück, doch nicht ganz ohne Vorzeichen. Diesmal kam keine Völa, in lateinischen Worten Unheil anzusagen, die Prophezeiung geschah auf blutige Weise. Dort, wo schon sein Bruder nur mit höchster Kraftanstrengung dem Verderben entgangen war, ohne allen Zweifel beim Durchzug durch einen der Teutoburger Wald-

---

[1]) *Κἂν πλείω δὲ γνώριμα ὑπῆρξεν, εἰ ἐπέτρεπε τοῖς στρατηγοῖς ὁ Σεβαστὸς διαβαίνειν τὸν Ἄλβιν, μετιοῦσι τοὺς ἐκεῖσε ἀπανισταμένους*(!). *νυνὶ δ' εὐπορώτερον ὑπέλαβε στρατηγεῖν τὸν ἐν χερσὶ πόλεμον, εἰ τῶν ἔξω τοῦ Ἄλβιος καθ' ἡσυχίαν ὄντων ἀπέχοιτο, καὶ μὴ παροξύνοι πρὸς τὴν κοινωνίαν τῆς ἔχθρας.* Strabo, geogr. VII. 1. 4. Nichts fürchteten die Römer so sehr, als die deutsche Einigkeit.

pässe, erwarteten ihn die Cherusker. Aber der Anfall wurde mit furchtbarer Wucht zurückgeschlagen, ein entscheidender Sieg beseitigte alle Hindernisse und Heer und Führer kamen in Aliso an, wo nun zum zweiten Male mitten unter den „ganz und gar besiegten" Völkern der Winter zugebracht wurde.

Bis zu solcher Schmach musste es mit den Germanen kommen, ehe sie verstanden, wer sie eigentlich erniedrigt hatte: nicht die Römische Uebermacht, nicht die Unvollkommenheit ihrer Bewaffnung oder Kampfweise, sondern der Mangel an fester Einheit. Wohl waren sie unter einander verbündet; keines der Völker hatte sich widerstandlos den Römern gefügt, — die Ampsivarier ausgenommen. Aber die Macht des Feindes forderte eine straffere Einheit, die Vereinigung der Mannschaften in ein Heer unter einen Feldherrn. Das hatte die Niederlage und das Beispiel des Feindes gelehrt. So scheint es ursprünglich unter Melo bei dem Bunde der Sigambern, Tencterer und Usipeter gewesen zu sein, so wurde es wieder in der gegenwärtigen Lage.

Der Nachfolger des Tiberius, Quinctilius Varus kam. Wie sehr man in Rom überzeugt war, dass den Germanen von einer Römischen Provinz nur noch der Name fehle, das zeigen die volltönenden Schilderungen des in Tiberius' Begleitung bei dem Feldzug gewesenen Reiterobersten Vellejus Paterculus, das zeigt der (nicht zur Ausführung gekommene) Befehl an Sentius Saturninus, durchs Chattenland und den hercynischen Wald vom Rhein aus nach Böhmen zu ziehen[1]), das zeigt die Art und Weise, wie Varus die ihm anvertraute Statthalterschaft im Germanenland auffasste[2]). Als das Unglück geschehen war, warf man in Rom alle Schuld auf ihn: er sei zu schlaff, zu bequem, zu eigennützig gewesen. Der Fehler bestand vielmehr in der allen Römern gemeinsamen hochmüthigen Ansicht, Deutschlands Kraft sei gebrochen, der Gedanke an das

---

[1]) Vellejus II. 109.

[2]) Vellejus II. 117—120. Dio, 56, 18—22. Tac. ann. I. 55. 59.

freie Vaterland sei erloschen, die provinziale Verwaltung, Römische Rechtsprechung, Römische Besteuerung, Römische Städtegründung und Römischer Luxus könne ohne Weiteres unter den Germanen in's Leben treten. Dieses Beginnen, je unverhüllter es hervortrat, desto schneller brachte es die Germanen zum Bewusstsein, dass sie Unmögliches ertrügen, dass sie frei werden müssten, es koste, was es wolle. Das Werk konnte nur gelingen, wenn der Völkerbund alle Stämme — wenigstens zwischen Rhein und Weser umfasste und ihre Heeresmacht unter einer Führung stand, der die römische Kriegskunst nicht fremd war. Eine solche bot sich von selbst dar in der Person Desjenigen, der am glühendsten die Schmach der zugemutheten Knechtschaft empfand und rastlos bemüht war, das gleiche Gefühl überall zu wecken und unter die Germanen von der Ems- und Wesermündung an bis zu den Taunushöhen die Losung: Freiheit und Vaterland! zu werfen. Bald waren die Chatten, die Sigambern, die Bructerer, die Chauken, die Angrivarier, die Marsen, kurz alle Völker von der Weser bis an den Rhein eines Sinnes, und Armin der Cherusker zum Führer bestimmt. Der Bund war ein Wiederaufleben des sigambrischen Gedankens, aber in der Weise fortentwickelt, dass er weiteren Umfang und strengere Einheit hatte. Von letzterer sind die Ampsivarier ein merkwürdiges Beispiel. Ihr Fürst Boiocal unterhielt intime Verbindungen mit den Römern, gab sich zum Werkzeuge für ihre Zwecke hin und hintertrieb, wie es scheint, den Anschluss seines Volkes an die gemeinsame Sache. Auf Befehl Armin's wurde er verhaftet. Und Alles, was selbst der Cheruskerfürst Segest zur Bestätigung seiner römischen Gesinnung leisten konnte, war, — dass er Varus bei Tische zuraunte, er möge sich vorsehen, er möge den Armin verhaften, es stehe eine allgemeine Empörung bevor!

Wie der Bund seine Aufgabe löste, haben wir hier nicht auszuführen. Dass der Kampf als Bundessache galt, beweist selbst die ganz an jene Vereinbarung zwischen Sigambern, Cheruskern und Sueven erinnernde Vertheilung der Beute. Denn Zufall ist es wohl nicht, dass die drei Adler der varianischen Legionen an die drei Bundesvölker — die Chauken, die Marsen und die Bructerer kamen, während das Hauptvolk, die Cherusker, wie mit Grund vermuthet wird, die kostbaren Geschirre[1]), und die Chatten, so scheint es, die Gefangenen[2]) bekamen.

Der Erfolg war insofern ein vollständiger und bleibender, als seit der Katastrophe des Jahres 10 n. Chr. die römische Herrschaft in dem Umkreis des Bundes, einen schmalen Uferstrich auf der rechten Rheinseite ausgenommen, nie wieder aufgelebt ist. Wie gewaltig dem Tiberius und Germanikus, die im folgenden Jahre 11 n. Chr. am Rheine befehligten, die ihrer Fesseln ledige Germania imponirte, das berichtet Dio mit den charakteristischen Worten: „Sie fielen in Deutschland ein und durchzogen einen Theil desselben, gewannen aber weder eine Schlacht, da nämlich Niemand ihnen entgegenzog, noch bezwangen sie ein Volk; denn aus Furcht, sie möchten übel anlaufen, entfernten sie sich nicht allzuweit vom Rheine, sondern blieben daselbst bis zum Herbst, feierten noch (also in einer der Rheinfesten) das Geburtsfest des Augustus (23. September), wobei sie durch die Hauptleute ein Pferderennen halten liessen, und kamen zurück (nach Rom)[3]).“

Die Feldzüge des Germanikus in den Jahren 14, 15 und 16 nach Chr., wie sehr sie auch sich in den Spuren seines Vaters und Onkels hielten und wie eine Abschattung jener erscheinen, haben im Wesentlichen an dem Resultate des Sieges im

---

[1]) So scheint, in weiterer Verfolgung des von v. Cohausen (Anzeiger für Kunde deutscher Vorzeit, 1870) angeregten Gedankens, der Hildesheimer Silberfund aufgefasst werden zu dürfen.

[2]) Tac. ann. XII. 27. Ueber die Stelle bei Dio, 60, 8, hat schon Erhard (Regesta historiae Westfaliae, I. S. 28—29.) das Richtige. Es ist statt *Μαυρουσίους* zu setzen *Χαύκους*, gemäss Suetonius, Claudius 24.

[3]) Dio, 56, 25. Durch diesen Bericht wird der Phrasenschwall des Vellejus II. 121—122 in seiner ganzen Hohlheit aufgedeckt.

Teutoburger Wald Nichts geändert[1]). Es war also doch in Erfüllung gegangen, das Wort, womit die sigambrische Volksgemeinde die Gesandten Cäsars beschieden: „Die Römerherrschaft geht bis an den Rhein, weiter nicht!"

Zwar in dem Triumphzuge, den Germanikus am 26. Mai 17 nach Chr. zu Rom feierte[2]), gingen von allen Völkern des Bundes edle Gefangene vor dem Triumphwagen des Imperators: von den Cheruskern, Chatten, Bructerern, Usipetern, Tubanten, Hattuariern; selbst das Weib Armins mit dem dreijährigen Kinde durfte nicht fehlen, noch auch der einst gefürchtete Name der Sigambern, vertreten durch Diotrich, einen Neffen des Fürsten Melo. Aber schöneren Triumph hatte Armin, inmitten des geeinigten, befreiten Vaterlandes verehrt und gepriesen von der Dankbarkeit und Liebe der Germanen.

II.

Eine Bewegung, über deren Bedeutung für Sein und Nichtsein aller, nicht nur eines von den germanischen Völkern die feierlichsten Erklärungen der Römer auf ihren allerdings schnell vergangenen Siegesdenkmälern bis an die Weser, bis an die Elbe kein Hehl hatten, musste den tiefsten Eindruck auf die ganze Germanenwelt machen, einen Eindruck, den die Römer uns in den verschiedensten Gestalten beurkunden. Staunend betrachten sie dieses seltsame Volk, an dem nicht das kleinste Räthsel die mächtige Vaterlands-

---

[1]) Das ganze Resultat tritt in den Capp. 23—26 bei Tac. ann. II. als ein recht bescheidenes hervor und — dafür hatte Germanikus, wie ihm Tiberius beissend zu verstehen gibt, die empfindlichsten Verluste an Kriegsmaterial, an Menschen, an Ehre erlitten.

[2]) Als Augenzeuge Strabo geogr. VII. 1. 4. Dann Tacitus, ann. II. 41. Später wurde unter andern dem Germanicus auch am Rheine (wahrscheinlich in Cöln) apud ripam Rheni ein Triumphbogen errichtet. Tac. ann. II. 83.

liebe sei: „Wer hätte, auch abgesehen von den Gefahren des schauerlichen unheimlichen Meeres — jemals Asien, oder Afrika, oder gar Italien verlassen, um nach Deutschland zu fahren, in dies Land mit seinem wüsten Boden, seinem rauhen Himmel, seinem trübseligen Leben und Anblick, — es müsste ihm denn gerade Heimath sein!" So beginnt Tacitus seine Darstellung der deutschen Verhältnisse; und im Verlaufe derselben wundert er sich, nicht ohne Spott, über die „Eitelkeit" der Trevirer und Nervier, sich Germanen zu nennen, am meisten aber über die Ubier, die auf der einen Seite zwar „das Glück hätten, eine römische Kolonie zu sein" und etwas darein setzten, von Agrippa und Agrippina ihren Namen zu haben, und trotzdem „nicht errötheten", Nationalgermanen zu sein! Stärker drückt sich Plinius bei Gelegenheit seiner Schilderung des Landes und der Lebensweise der Chauken aus[1]): „Diese Chauken, die auf ihren armseligen Dünen, man weiss nicht, wie man sagen soll: hocken, schwimmen oder gestrandet sind, nur von Fischen leben, die sie sich mit den elendesten Netzen von der Welt erjagen und über mit Händen abgegrabenem, am Wind getrocknetem Schmutz rösten, um den von der Polarkälte erstarrten Magen etwas zu erwärmen, und keinen anderen Trunk kennen, als das Regenwasser in den Pfützen vor ihren Hütten, — sprechen, wenn sie heute vom römischen Volke besiegt werden, von Knechtschaft!" Eben dieses Zeugniss beweist uns, dass noch lange nachdem das Chaukenheer im grossen Freiheitskampf sich den Varianischen Adler als Trophäe verdient hatte, die von dem römischen Eroberungskrieg aufgestörte, von Armins flammender Begeisterung hell angefachte Liebe zum weiten Vaterland nicht mehr erlöschen konnte. Der Gedanke der Gemeinschaft hatte seit Cäsars Tagen mehr und mehr Form und Gestalt gewonnen, freilich um, — wie alles Edle und Hohe, in langem, wechsel- und gefahrvollem Kampfe mit den Täuschungen der Selbstsucht sich durchzuringen, aber niemals mehr unterzugehen.

---

[1]) Nat. hist. XVI. 1. 1.

Es waren die tiefsten Klänge, die Armin in der Brust jedes Germanen anschlug[1]): „Das heilige Recht des Vaterlands, die Freiheit der Väter, die Götter Germaniens!“ Wohl hat es dieser Begeisterung, als die äussere Gefahr überstanden war, an Nachhaltigkeit, an fester Consequenz, mit einem Worte an Disciplin gefehlt. Es hätte sich sonst, so scheint es wenigstens, der nur für die Römer erfreuliche Kampf zwischen Sueven und Cheruskern, der mit Marbod's Flucht zu den Römern endete, vermeiden lassen. Warum sollte es Armin, wenn er um der grossen gemeinsamen Sache willen sich die nöthige Ruhe zum Handeln bewahrte, unmöglich gewesen sein, den Suevenkönig von der Nothwendigkeit und den ungeheuren Vortheilen ihrer Eintracht zu überzeugen! Doch diese Frage ist durch die Thatsache, dass es Marbod war, der den Krieg gewollt hat, bereits beantwortet: für Armin war er eine schmerzliche Nothwendigkeit[2]). Peinlicher noch berührt es, von einem Chattenfürsten zu erfahren, der sich in Rom erboten, Armin aus dem Wege räumen zu wollen[3]), obgleich die Verworfenheit eines chattischen Edelings an der im Freiheitskampf bewährten todesmuthigen Hingebung des Volkes Nichts ändern kann. Das Streben Armins aber, im eignen Volke eine strengere Einheit, ein durchgreifendes königliches Regiment zu schaffen, hing ohne Zweifel gerade mit seiner Absicht zusammen, den Römischen Intriguen, der einzigen Waffe, die er noch für sein Vaterland fürchtete, für immer den Zugang zu versperren und den Gewinn, den die Gefahr des Augenblickes gebracht, festzuhalten. Zu gefährlich hatte die fürstliche Gewalt des Segestes in den Zeiten der Freiheitskämpfe gewirkt, als dass es nicht geboten gewesen wäre, solchem Zwitterleben im Schoosse desselben Volkes durch Aufrichtung einer an die glorreich behauptete Unabhängigkeit unauflöslich gebundenen geschlossenen Königsherrschaft auf alle Zukunft vorzubeugen. Dass die Elemente, die solchem Streben einen nur zu

---

[1]) Tac. ann. II. 10.
[2]) Tac. ann. II. 44—46. 62—63.
[3]) Tac. ann. II. 88.

erfolgreichen Widerstand entgegenstellten, dieselben waren, die sich intimer Beziehungen mit Rom erfreuten, darf wohl angenommen werden. Aber als die verhängnissvolle Täuschung, als sei Armin durch jenen Plan ein Feind der Freiheit geworden, über seinem Grabe zerronnen war, stand das strahlende Bild des Befreiers, des grossen Helden des Freiheitskampfes, des leuchtenden Bundeshauptes, unversehrt in den Herzen der Germanenvölker und sein Name klang und mit ihm das grosse Wort von geeinter Germanenkraft noch lange unter ihnen im Liede nach.

Das Verhalten der Römer Deutschland gegenüber war kein unmittelbar drohendes mehr, aber ein zuwartendes und still-thätiges. Ausser ihren Unternehmungen gegen die Donauvölker, behielten sie im rechtsrheinischen Deutschland besonders zwei Gegenden im Auge, die Nordseeküste und — die Cherusker. Das Erstere zeigt, dass sie sich den Weg zur Ems, Weser und Elbe offen halten wollten, das Zweite erklärt sich selbst. Es leuchtet ein, dass Beides zusammen den Hass der Germanen wach halten musste. Die Friesen warfen das Joch im Jahre 28 nach Christus ab, die Chauken besiegte, ohne sie zu unterwerfen, im Jahre 41 Gabinius Secundus. Die ersteren unterwirft zwar wieder im Jahre 47 der in Schlauheit und Tapferkeit gleich ausgezeichnete, an Drusus geniale Unternehmungen erinnernde Feldherr Corbulo [1]) und ist eben im Begriffe, dasselbe Schicksal den Chauken zu bereiten: da kommt der Befehl des Kaisers Claudius, die Rüstungen und Angriffe auf die überrheinischen Völker einzustellen, die dortigen Stationen aufzugeben, die Truppen in die Rheinlinie als die Reichsgrenze zurückzuziehen. Der Kaiser gab damit am Niederrhein jede Eroberungspolitik auf. Auf dem rechten Ufer wurde abwärts der Lippe, den Rhein und Yssel entlang Nichts behalten ausser dem von einer Landwehr [2]) umfassten, etwa sieben

---

[1]) Tac. ann. XI. 18—19.

[2]) Es werden verschiedene limites anzunehmen sein. Die Localuntersuchungen sind noch nicht systematisch und umfassend geführt worden.

Meilen breiten Landstreifen, dessen Räumung, wie es in der Natur der Sache lag, Drusus bewirkt, Tiberius durch Anlage des Walles gesichert hatte. Allein die Zurückgewiesenen, Usipeter, Tubanten, Chamaver, und Andere schlugen doch stets wieder, gleich zurückgedeichten Wogen, über die Landwehr herüber und zuletzt blieb den Römern, nachdem sie oft genug — für kurze Zeit — gewehrt hatten, Nichts übrig, als die Drängenden oder Gedrängten unter beiderseits erträglichen Bedingungen wohnen zu lassen. Das sind die Völker, welche — vom Niederrheine wenigstens — die „überrheinischen Legionen“ geliefert haben. Leider ist ihr Verzeichniss wie es uns in der Veroneser Handschrift[1]) dargeboten wird, etwas verderbt: „Die Namen der überrheinischen Völker: Usiphorum tuuanium nictrensium nouarii casuariorum; alle diese überrheinischen Völker waren in die Verfassung des ersten Belgiens gebracht. Jenseit der Festung Mainz besassen die Römer über dem Rhein achtzig Leugen. Diese Völker(-gebiete) sind unter dem Kaiser Gallienus von den Barbaren besetzt worden“.

Nach den Erörterungen Mommsens und Müllenhoffs rührt die Aufzeichnung von einem um das Ende des dritten, den Anfang des vierten Jahrhunderts, in Italien lebenden Verfasser her, der sich, wie die damaligen Umstände es erklären, um die deutschen Völker interessirte, aber bei trefflichen Hülfsmitteln mangelhaft unterrichtet und dazu auch ungeschickt war. So sind die Verderbnisse der Namen begreiflich. Doch ehe wir diese betrachten, sind die in der Notiz berührten allgemeinen Verhältnisse zu erwägen. Es fragt sich, was die Angabe der Entfernung von Mainz an soll. Müllenhoff nahm, was auch zunächst liegt, an, es solle gesagt werden: von dem Mainz gegenüberliegenden Ufer ab achtzig Leugen stromabwärts wohnen jene Völker, — und fand, dass man damit ungefähr bis

---

[1]) Th. Mommsen, Verzeichniss der römischen Provinzen, aufgesetzt um 297., dazu Müllenhoff, über den Anhang zum Provinzialverzeichniss. Abhandlungen der (Berliner) kgl. Akademie der Wissenschaften, 1862. S. 492—493. 510—531.

zur oberen Lippe reiche. Allein das Wahre, Thatsächliche, das allerdings auch nach unserer Meinung der Nachricht zu Grunde liegen muss, finden wir auf andere Weise. Es ist nämlich nicht möglich, dass das rechtsrheinische Gebiet von der Lippemündung aufwärts thatsächlich als römische „Provinz" sollte gemeint sein. Ein unverkennbar entscheidender Grund dagegen ist nämlich die Thatsache, dass es zwischen Mainz und dem Lippefluss keinen einzigen Fundort einer römischen Inschrift gibt, der sich vom Rhein weiter als eine halbe deutsche Meile entfernte[1]). Wenn man hiermit die zahlreichen Fundorte innerhalb des Landes der noch ziemlich frei lebenden Bataver vergleicht und beachtet, dass die acht Punkte auf dem rechten Ufer theils linksrheinischen Castellen als Ergänzungsstationen entsprechen, theils im Rayon dieser liegen, so ist klar, dass das rechtsrheinische Deutschland selbst zwischen Mainz und Wesel, abgesehen von den Durchzügen der feindlichen Heere, in keinerlei Abhängigkeitsverhältniss von Rom zu irgend einer Zeit gestanden hat. Dieser Schluss erhält seine Bestätigung durch die andere Thatsache, dass auf der ganzen fraglichen Strecke die bis jetzt ermittelten Landwehren[2]) sich dem Rheine so nahe hinziehen, dass für Völker absolut kein Raum ist. Jenseit dieser Wälle aber fing das freie Germanenland an.

Wahr ist also die Nachricht der Veroneser Handschrift nur insofern, als sie mit den achtzig Leugen ungefähr die Entfernung von Mainz bis an das Gebiet jener Völkerschaften bezeichnet und als dieselben den Rhein entlang von der Lippemündung an nachweisbar sind. Die Usipier und Tubanten sind als Bewohner des rechts vom Rheine und der Yssel gelegenen Landstrichs bekannt. Die ersteren bewohnten anfangs das rechte Rheinufer von der Lippe

[1]) Vgl. die Fundorte, wie Brambach sie im corp. inscr. Rh. angibt.

[2]) Vgl. die Nachrichten von Prof. Dr. Schneider in dem Aufsatze: „Bericht (I. II. V.) über den Ursprung und Zweck der auf der rechten Rheinseite der Provinz Rheinpreussen zahlreich vorhandenen Ueberreste von Gräben, Wällen und sonstigen Erdaufwürfen" Jahrbücher des Verns v. Alterthfrdn. im Rhl. 1870. H. XLIX. S. 162—178.).

an, die Tubanten unterhalb ihnen. Später begegnen jene schon weiter unten, neben der Bataverinsel, die Tubanten müssen gleich ihnen ebenfalls abwärts gerückt sein an die Yssel. Zur Zeit des Germanikus waren beide abermals weiter abwärts gerückt. In dieser Gegend sind sie geblieben. Die Twente bezeichnet noch heute das Gebiet der Tubanten und von den zwischen der Twente und der unteren Yssel wohnenden Usipern geben die beiden Orte Wesepe rechts der Yssel bei Raalte und links der Yssel bei Zwolle (mit dem Weseper Berg) Zeugniss.

Der dritte Name ist von Müllenhoff mit Recht aus nictrensium in tnctrensium d. h. tinctrensium oder tenctrensium hergestellt worden; es sind Tencterer. Aber wir müssen hier wie bei den Usipern unterscheiden. Das Gesammtvolk der Tencterer wohnte seit dem Sommer 55 vor Christus südlich der Lippe am Rhein. Später hatten sie sich über das ganze Land, der ara Ubiorum gegenüber, das durch die Übersiedlung der Ubier auf die andere Seite erledigt war, ausgebreitet; hier sind sie im Jahre 69 nach Christus ausdrücklich bezeugt. Dass sie einem anderen Volke gewichen wären, steht nirgendwo. Ein kleiner Bruchtheil des Volkes aber hat sich wahrscheinlich in dem Unglücksjahre 8 vor Christus, da die scheussliche Rache des Tiberius ihre edlen Freunde und Beschützer, die Sigambern, getroffen, nordwärts auf das rechte Lippeufer, unterhalb der Bructerer gezogen. Hier weiss sie in den 70er bis 80er Jahren Tacitus [1]). Dass sie aber ein verhältnissmässig unbedeutender Theil des Volkes waren, geht daraus hervor, dass sie, obgleich sie von der Veroneser Handschrift neben den Tubanten und Usipetern genannt sind als Bundesgenossen Roms,

[1]) Die Lage dieser Tencteri auf dem rechten Lippeufer, neben den Bructerern, erfahren wir aus Tacitus, Germ. 33, iuxta Tencteros Bructeri olim occurrebant; was freilich Tacitus für olim hält, das währte sehr wohl noch lange fort. Denn er irrt, indem er die Bructerer für penitus excisi hält. Beseitigen wir diesen unrichtigen Gedanken, so haben wir die Tencterer neben den Bructerern. Diejenigen Tencterer, die (Germ. 32.) neben den Chatten wohnen, sind, gleich den dortigen Usipi, andere, die Tencterer des Rheingaus.

es doch nach Ausweis der Inschriften und der beiden uns erhaltenen Reichsstatistiken keine Tencterer-Cohorte oder -Ala gegeben hat, während eine Tubantenlegion noch um 400 nach Christus vorkommt. Sie werden in den „überrheinischen“ Legionen, wo gewiss auch manche Angehörige nichtverbündeter Germanenvölker aus blosser Lust am Kriegshandwerk oder um des Soldes willen standen, gedient haben. Ein nach dem Lautverschiebungsgesetz genau entsprechender Ortsname gerade des Gebietes „neben den Bructerern“: Dingden (zwei Meilen nördlich von Wesel) scheint die einzige Spur des einst hier geltenden Volksnamens zu bewahren.

Die beiden übrigen Namen nouarι und caſuarιι müssen wir, wie es scheint, uns aus der Reichsstatistik um 400 nach Christus herstellen. Da uns die Ereignisse des Jahres 358 und der folgenden gerade neben der Bataverinsel das Volk der Chamaver[1]) aufweisen, wovon eine Cohorte in der Reichsstatistik aufgeführt steht, so bessern wir aus nouarι camaιιι. Die caſuarιι, welche als Chasuarier doch gar zu weit östlich abliegen — zwischen Ems und Weser! — möchten eher ein bei ihren alten Beschützern, den Usipern und Tubanten[2]), zurückgebliebener Bruchtheil der ihrer Masse nach zu den Catten und Cherusken gewanderten (amſιuarιι ãſuarιι) Ampsivarier sein. Die Reichsstatistik von Gallien nennt uns, wie es scheint, eine Reiterala Ampsivarier, das entspricht der Bescheidenheit ihres von uns angenommenen Verhältnisses in dem fraglichen Gebiete. Kehren wir nach dieser Abschweifung zur Sache zurück. Der Landstrich, den die fünf Stämme, seit sich der Grundsatz der Abwehr nicht mehr durchführen liess, ausfüllten, war das einzige rechtsrheinische Land auf der ganzen Strecke von Mainz an, das die Römer, so lange sie konnten, behaupteten. Seit Claudius blieb auf dieser Strecke römischer Grundsatz: die Rheinlinie festhalten, mit den Ueberrheinischen sich vertragen, vor Allem die

---

[1]) Ammianus Marcellinus (ed. Eisenhardt, 1871.) XVII. 8. 5.
[2]) Tac. ann. XIII. 55.

Völker nicht reizen[1])! Selbst ein Trajan musste seine Wirksamkeit innerhalb dieser Grenzen entfalten. Nur einmal trat ein Statthalter ohne angegriffen zu sein, einen Schritt über diese Linie hinaus: Vestricius Spurinna im Jahre 97 nach Christus, jedoch nur, um ohne kriegerische Anstrengung einen dem römischen Stolze sehr angenehmen Act vorzunehmen, der für die Germanen nichts Gefährliches mehr hatte. Als nämlich die Bructerer in erbittertem Kampfe mit den Angrivariern und Chamavern 60,000 Mann und damit auf Jahrhunderte alle kriegerische Bedeutung verloren hatten, führte (jedenfalls nach dem Abzug der Sieger) Spurinna an der Spitze eines Heeres, das freilich von Xanten aus in einem Tage an Ort und Stelle war, dem zusammengeschmetterten Volke zum Troste und guter Nachbarschaft halber einen König zu. Besondere Folgen scheint die Festfahrt, ausser dass der Römische Senat dem Spurinna eine Triumphstatue zuerkannte, weiter nicht gehabt zu haben.

So hatte sich denn das Verhältniss der Römer und der Germanen am Niederrhein zu einander in der Weise gestaltet, dass man beiderseits auf Angriffe verzichtete. Nicht so standen sie sich am Mittelrhein gegenüber. Die Schuld trugen die Römer.

Die Römer schienen, nachdem die kriegerischen Lorbern im Kampfe mit Norddeutschland ihnen entgangen waren, die unbestreitbare Schmach, auf Umwegen wenigstens, rächen zu wollen. Gerade dasjenige Volk, unter dessen Führung Deutschland das römische Joch abgeworfen hatte, die Cherusker, sollte auf dem Wege, den man schon zu Armins Zeit mit Erfolg betreten hatte, wie zum Hohne auf den Germanennamen, mit römischer Devotion und Corruption zu Grunde gerichtet werden. Es bot sich zu dem Werke eine Gelegenheit, wie sich die raffinirteste Politik sie nicht besser wünschen konnte[2]). Das römische Intriguenspiel mit der Gegenpartei Armins hatte die Cherusker so lange und so gründlich zerrissen und vergiftet, dass von den edlen Geschlechtern und dem

[1]) Cur hostem conciret? adversa in rempublicam casura. Tac. ann. XI. 19.
[2]) Tac. ann. XI. 16.

Das Diatretglas von Niederemmel ist ein Prunkstück des Trierer Landesmuseums. Diese «Netzgläser» stellen Meisterleistungen römerzeitlicher Kleinkunst dar.

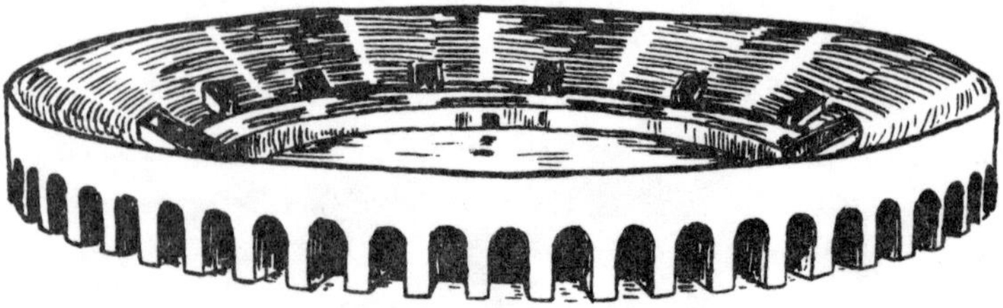

Das Amphitheater der Colonia Ulpia Traiana bei Xanten
(nach einem Modell am Dom)

Villa Otrang (nach einem dort aufgestellten Modell)

alten Fürstenstamme nur mehr Einer übrig war und dieser — lebte in Rom! Da nun unter den noch übrigen Parteigängern, in Ermangelung von Edlen, Jeder befehlen, Keiner mochte gehorchen wollen, so schien die Einsetzung eines Königs das letzte Mittel zu sein, um der gänzlichen Auflösung des Volkes zu wehren. Und jener Einzige schien zu dem Zwecke, der den Leitern vorschwebte, als ein bei den letzten Kämpfen persönlich Unbetheiligter und da er in den Augen des Volkes immerhin fürstlichen Blutes war, ganz geeignet. So wollte man denn gerade dasjenige, was man einst dem Armin zum Verbrechen gemacht hatte, die Aufrichtung des Königthums, jetzt, da es nicht mehr dem Vaterlande, da es nur noch Rom nützen konnte, ins Werk setzen. Nichts zeigt mehr den tiefen Verfall des edlen Volkes, als dass es den Römischgesinnten unter ihnen jetzt möglich war, in einem Athem Königthum und Armins Geschlecht als einzige Rettung im Munde zu führen und die unvergängliche Begeisterung des Volkes für seinen tragischen Helden nun zu vollendeter Ironie zu missbrauchen. Und der „Glückliche" — er hiess auch geradezu Italikus und war der Enkel jenes einäugigen, vaterlandlosen Flavus, des Bruders von Armin — hatte, als die Cherusker kamen, sich ihn auszubitten, noch förmlich nöthig, dass ihm sein Kaiser Claudius Muth zusprach: er möge nur beherzt die Ehre annehmen, sei er doch, — gewiss nichts Kleines, — der Erste, der als geborner, wirklicher Römer einen Thron im Auslande besteige! Mit römischem Gelde und bewaffnetem Geleite zog er ins „Ausland" und bald gelang es ihm, den Wünschen seiner Erzieher durch tiefe Zerrüttung aller Verhältnisse in Parteiungen und blutigem Bürgerkrieg, in den auch die Nachbarvölker hereingezogen wurden, vollkommen zu entsprechen. Erst war er, bevor man ihn recht kannte, gefeiert; dann kehrte er die Laster des kaiserlichen Roms heraus und bewirkte die Bildung einer nationalen Opposition. Es kam zum Kampf, zu einer förmlichen Schlacht, in der er den Sieg behielt; aber nicht lange, so stürzte man ihn vollends und er flüchtete. Mit Hülfe der Langobarden kam er dann wieder und des Streites war kein Ende. Denn während ihm langobardische Hülfe zur Stütze diente, scheinen die Nationalen energische Bundesgenossen an den Chatten gehabt zu haben, deren Kämpfe mit den Römern in der Richtung auf Mainz im Jahre 50[1]) schwerlich ausser Zusammenhang stehen mit der — vielleicht von Süden her, an ihnen vorbei geschehenen Einführung des Italikus und dessen lebhaftem Verkehre mit der nächsten, eben in Mainz befindlichen Station seiner Freunde.

Die Vermuthung, dass die Chatten über das gemeingefährliche Treiben des römischen Königs und seiner Partei im Nachbarlande empört waren und demselben entgegentraten, wird in den achtziger Jahren, als ein gewisser Chariomer die Rolle des Italikus unter den Cheruskern fortsetzte, zur Gewissheit[2]). Wir hören nämlich, dass die Chatten im Cheruskerlande gegen den römischen Anhang mit gewaffneter Hand einschritten und den König Chariomer wegen seiner Freundschaft mit den Römern vom Throne stiessen und aus dem Lande verwiesen. Hier liegt die grosse Tradition aus der Zeit des Freiheitsbundes klar zu Tage: die Chatten waren es jetzt, die, nachdem zwei Führervölker, die Sigambern und die Cherusker, von den Römern zu Grunde gerichtet worden, die Wacht am Rhein, den Kampf gegen Rom, die Behauptung germanischer Freiheit wahrnahmen. Das Wort Armins: „Nie würden die Germanen aufhören, die Thatsache zu verfluchen, dass sie zwischen Elbe und Rhein Ruthen und Beile und Toga gesehen“ — bei den Cheruskern zur Lüge geworden, hatten die Chatten fest und hoch gehalten. Der vertriebene Chariomer kam zwar mit Helfern — ob Langobarden, ob Römern oder Semnonen, wird nicht angegeben — wieder und gewann in einer Schlacht den Sieg, wurde aber darauf von seinen Freunden verlassen und sandte im Jahre 84 nach Christus an Kaiser Domitian Geiseln und flehentliche Botschaft um

---

[1]) Tac. ann. XII. 27—28.

[2]) Dio, 67, 5.

Hülfe. Geld erhielt er von diesem, aber keine Mannschaft, und die Chatten werden also wohl das Feld behauptet haben.

Es wird aus diesen Umständen begreiflich, dass Kaiser Domitian im Jahre 83 Ursache fand, gegen die Chatten zu Felde zu ziehen. Die Art und Weise freilich, wie er den Krieg geführt hat, — dass er im Gebiet der verbündeten Mattiaken und Usiper, vielleicht bis in die Vorberge des Taunus ein wenig herumgezogen und Viehheerden gefangen genommen, Feldfrüchte niedergehauen und schliesslich den Chatten kein Leid angethan hat, — konnte bei den Römern den Gedanken rechtfertigen, dass solch' ein Chattenkrieg, den lächerlichen Triumph mitgerechnet, ganz überflüssig gewesen sei [1]).

Die Chatten behielten ihre Stellung als Vorkämpfer der Germanen gegen die Römische Drohung am Mittelrhein.

Wenden wir uns dem Niederrheine zu, so kommt zuerst das alte Sigambernland in Betracht.

Wir wissen, dass ein Theil dieses Volkes nicht versetzt worden, sondern geblieben ist. Strabo, der Zeitgenosse, versichert uns das bestimmt, kein Zweifel kann aufkommen. Das Volk war also nichts weniger als vertilgt [2]); es lebte in seinen Bergen südlich der Ruhr fort und zwar, wie wir oben gesehen haben, ohne von Rom abhängig zu sein, ohne römische Wachtposten und Colonieen im Lande zu haben. Die Kriegslust seiner jungen Mannschaft suchte, seltsam genug und wohl erst nach einiger Zeit, wie die Cheruskische, wie selbst Armin gethan, Gelegenheit zu kühnen ruhmvollen Thaten im römischen Dienst. Im Jahre 26 nach Christus begegnet uns im Kriege mit den Thraciern eine sigambrische Cohorte [3]), den Führer

---

[1]) Suetonius, Domitianus 2: Expeditionem quoque in Galliam Germaniasque, neque necessariam. Dio, 67, 4. Vgl. noch Frontinus, strategemata, Statius, Martial.

[2]) Quondam Sugambri excisi. Tac. ann. XII. 39. So fehlen sie denn auch in der Germania des Tacitus.

[3]) Tac. ann. IV. 47.

einer gleichen lernen wir durch eine ihm in Italien von seiner Tochter gesetzte Grabschrift kennen[1]).

Da keine offene Feindseligkeit mehr zwischen diesen Sigambern und den Römern obwaltete, so war es dem Volke vergönnt, sich langsam von den Verlusten zu erholen, die es getroffen. Aber wenn sie sich auch an Zahl wieder ausbreiten konnten, — die alte Schwungkraft kehrte schwer zurück. War doch ihre Zierde und ihr Stolz, die meisten Fürsten und Edeln, hinweggerafft worden. Die Lücke in der Volksgemeinde war zu gross. Das stolze Selbstbewusstsein, das der Sigambernname ausdrückte, musste aufgegeben werden. Dem Namen widersprach zu grell die Wirklichkeit. Es ist daher kaum Zufall, dass jene Cohorte zwar, „zu jeglichem Wagniss bereit, wild von Gesang und Schwertesklang", — auf ihren Kriegsfahrten den Namen festhielt, das Volk daheim aber ihn abgelegt hat. So ist der Markomannen-, der Eburonen-, der Cherusker-, der Suardonenname, der Name, nicht das betreffende Volk untergegangen und die Namen Baiuwaren, Tungern, Sachsen, Heruler sind an die Stelle getreten.

In dem ganzen Bereiche, dessen Bewohner vor dem Jahre 8 vor Christus den Namen Sigambern trugen, begegnet seitdem nur ein Volksname, und zwar auffallender Weise schon ein Jahr nach der Katastrophe, im Jahre 7 vor Christus, die Attuarier, jedoch in engeren Grenzen, also wohl ein Theil der zurückgebliebenen Sigambern[2]). Ihr Gauname ist im nämlichen Gebiete verbürgt durch Nachrichten des 4.[3]), des 8.[4]), des 10. und 11. Jahrhun-

---

[1]) Orelli-Henzen, inscr. 6704.

[2]) Vellejus II. 105.

[3]) Wovon in folgenden Theile. Die betreffende Stelle bei Ammian lässt sich nicht, wie Zeuss S. 336 meint, beseitigen, der codex Vaticanus hat Attuarios. Damit ist dem Widerspruch Z.'s gegen den wahrhaftigen rechtsrheinisehen Hattuariergau der Boden entzogen und die bei ihm gesammelten Stellen werden zum Theil auf dem rechten Rheinufer bleiben müssen.

[4]) Saxones vastaverunt terram Chatuariorum. Annales S. Amandi.

derts[1]). Die letzteren lassen den Umfang ungefähr ermessen, indem sie die Punkte Mündelheim am Rheine (Uerdingen gegenüber), Herbede (bei Witten an der Ruhr) und Stirum (bei Mülheim an der Ruhr) als innerhalb des Gaues fallend angeben. Diese Lage und Grösse des Gaues gestattet keine Verwechslung mit dem Gebiete der Tencterer, dem ehemaligen rechtsrheinischen Ubierlande, Köln gegenüber; noch viel weniger ist (mit Zeuss) zu denken an die durch Alles widerlegte Gleichsetzung mit den Batavern und Canninefaten. Da sie zu dem grossen Freiheitsbund gehörten, aus dessen verschiedensten Zeiten, sowohl vor als nach der Theilung der Sigambern, Kriegsgefangene in dem die Kämpfe abschliessenden Triumphzug des Germanikus aufgeführt wurden, so befremdet es nicht, die Chattuarier dabei zu finden[2]).

Offenbar hatten sie mit dem jungen Neffen des Fürsten Melo, den wohl seine Jugend nicht zu dem Acte der Verzweiflung hatte kommen lassen, das Sigambernvolk vor den Augen der gaffenden Römer zu vertreten gehabt.

Fassen wir nun den Namen ins Auge, so ergibt sich, dass die von Strabo bezeugte Form, wenn wir den „Gau Hatterun" berücksichtigen und sie mit der gleichzeitigen Form des Chattennamens: Hassi vergleichen, also Chattuarii die correcte ist. Man hat sich gewöhnt, beide Namen: Chattuarier und Chatten nach Grimms Vorgang[3]) auf (altnordisches) hattr, (angelsächsisches) hät = Hut zurückzuführen, wobei der Name höttr, den Odin führt, zu Gute

---

zum Jahre 715 (Monumenta Germaniae hist. scr. I. 6). In den Parallelstellen desselben Bds der Monum. heissen sie auch Hatuariorum, Hazzoariorum, Hattariorum, Hattuariorum. Die Attoarii des 6. Jahrhunderts in den Gesta, die Hetvare des Beowulf und des Travellers song sind die linksrheinischen. Diese linksrheinischen sind über den Rhein gekommen. Denn bezeugt sind 1) die rechtsrheinischen um Jahrhunderte früher, 2) das Trachten derselben auf das andere Ufer, 3) das Erscheinen eines linksheinischen Hattuariergaues erst im 9. Jahrhundert. Es ist also ein und dasselbe Volk.

[1]) Die Stellen hat schon v. Ledebur (L. u. V. dr. Br. S. 158—159.) und Zeuss S. 336—7.

[2]) *Χαττουαρίων*, Strabo geogr. VII. 1. 4.

[3]) Gesch. d. D. Spr. 401.

käme. Wir wollen die Gemeinschaft der Bedeutung beider Volksnamen unentschieden lassen, haben aber Gründe, um Hatwari anders zu erklären.

Wir werden später sehen, dass die bis ins vierte Jahrhundert nur auf dem rechten Rheinufer wohnenden Hattuarier ihr damaliges Streben, auch das linke Ufer in Besitz zu nehmen, ausgeführt haben; dieser Bewegung verdankt der in den Reichstheilungen des 9. Jahrhunderts wiederholt genannte Gau (und Comitat) Hattuaria (zwischen Rhein und Maas von der Niers- bis zur Erftmündung) seinen Ursprung. Die linksrheinische Hattuaria hat im Mittelalter die alte Hattuaria an Bedeutung überflügelt. Hier sind die Attoarıı des sechsten Jahrhunderts, die unter Theuderich den Dänen Hygelak geschlagen, sowie die Hätwere des Travellers song, die Hetware des Beowulf. Die Personennamen nun dieses Hatwarenlandes, wie sie in dem mit dem 9. Jahrhundert beginnenden Todtenverzeichnisse des Xantener S. Victorsstiftes[1]) vorkommen, weisen eine ganze Fülle von Zusammensetzungen mit dem ersten Theile des Gaunamens, mit hat- auf: hathabert, hathabold, hathabrun, hathaburg, hathager, hathagoth, hathalind, hathamar, hathaward, hathawero (hierzu vgl. ebenda hildewara) hathawerk, hathauui, hatholelf, hatho, hathouuord, hathswint, hathwig. Man wird zugeben müssen, dass ein so häufiges Vorkommen der Wurzel hath in Personennamen in einem verhältnissmässig so kleinen Gebiete einen ganz bestimmten Gedanken voraussetzt und zwar viel natürlicher einen solchen, der einem volksthümlichen Charakterzug, einer rühmlichen Eigenschaft, als der einem längst verblassten und vergessenen mythischen Bezug entspricht. Trifft aber diese Vorliebe für den Gedanken an Kampf, hatu sich gerade bei Hatuariern, so liegt darin ein unverkennbarer Fingerzeig für die Ableitung des Volksnamens aus demselben Worte: Kampf, eine Ableitung, die mit der Lebensanschauung und Gesinnung der Germanen überhaupt, zumal der Sigambern in vorzüglichem Maasse übereinstimmt.

Sind nun die Hatuarier ein sigambrisches Volk, — und in

---

[1]) Bibliothek der königl. Akademie zu Münster, Codex membr.

ihrem (linksrheinischen) Lande steht nach dem Nibelungen Lied die Wiege Sigfrits, ze Santen bi dem Rîne — ein Volk, dessen Name gerade in dem Augenblicke zum ersten Male tönte, in welchem der Name Sigambern als Volksname eben untergegangen war, so bietet sich von selbst die Vermuthung, dass wir in jenem Namen eine aus dem furchtbaren Unglücke erklärliche Herabstimmung des stolzen Wortes Sigigambar vor uns haben. Man rettete den Sinn des alten, auf lange hin unmöglich gewordenen Namens in die neue Form: Hatuarier. Die Zeiten des Kampfes und auch wieder des Sieges, dieselben, wovon der Anonymus der Veroneser Handschrift um das Jahr 300 redet, sollten nicht ausbleiben. Die Völker zwischen Lippe und Main wuchsen und reiften ihnen langsam und sicher entgegen, die fortschreitende Zersetzung der römischen Verhältnisse beschleunigten sie.

Und auch der Bundesgedanke lebte fort. Zunächst galt die seit 55 vor Chr. bewährte Gemeinschaft. Die Usipier zwar fanden nördlichere Sitze. Aber die Tencterer, von Anfang an die bedeutenderen [1]), blieben, und von welchem Geiste diese beseelt waren, das sollte sich in dem Vorspiel zu der Katastrophe des dritten Jahrhunderts, in dem Batavischen Kriege zeigen.

Während nach der inneren Schwächung der Cherusker die tapferen Chatten als Träger des Freiheitsgedankens im Vordergrund der Germanenvölker erschienen waren, hatte ein Zweig derselben, die Bataver, die einst aus Anlass eines Streites, mit den stammverwandten Canninefaten, wie es scheint, die Heimath verlassen und sich auf der grossen Rheininsel angesiedelt, unter Wahrung ihres volksthümlichen Lebens, sich in Römische Bundesgenossenschaft aufnehmen lassen. Es ist charakteristisch für sie als Germanen, dass sie den Eintritt in das Römische Heer, das Kriegsleben unter den Römischen Adlern, das sie bald nach Spanien, bald nach Un-

[1]) Vgl. Caesar, BG. V. 55, wo es statt Usipetum et Tencterorum — nur Tencterorum transitum heisst. Dasselbe Verhältniss verräth auch Tac. Germ. 32 die Vergleichung mit den Chatten.

garn, bald nach England führte, — die einzige von ihnen übernommene Leistung an den Römischen Staat — keineswegs als einen Unterthanendienst betrachteten[1]). Krieg führen, mit den Waffen in der Hand leben und sterben, das dünkte ihnen Germanische Art, ja Freiheit, und sagte ihnen um so mehr zu, als die Römer ihnen meist Edle ihres eignen Stammes zu Befehlshabern gaben. Die Batavischen Cohorten (es werden deren im Jahre 69 allein in Brittanien stehende nicht weniger als acht genannt[2]), wenigstens ebenso viel Batavische Truppen standen damals am Rhein) waren der Kern der Römischen Heere, der Schrecken der Feinde. Die Garde zählte viele Bataver, die kaiserliche Leibwache gleichfalls. So wurden sie mit Römischer Kriegskunst vertraut, mit Roms Stärke und Schwäche bekannt und, zumal sie doch stets Germanen blieben, hätte es seltsam zugehen müssen, wenn sie, da es bereits Regel geworden war, dass das Heer den Kaiser machte, nicht eines Tages sich bewusst geworden wären, die Arme, die die Kaisermacht tragen halfen, könnten auch einmal der unvergessenen Heimath geweiht sein. Die Abhängigkeit des Thrones vom Heere, die schon sofort nach Augustus' Tode deutlich hervorgetreten war, hatte sich in dem Jahre 68—69 vollendet, durch römischen Frevel bei der Aushebung war die längst vorhandene gereizte Stimmung auf der Insel in Hass übergegangen. Das Bewustsein, dass sie Germanen, dass sie Chatten seien, dass die Römische Bundesgenossenschaft Knechtschaft sei, erwachte. Längst war der Gedanke an den Bruch mit den Römern in der Brust ihrer Edlen, vor allem der Vornehmsten darunter, des Civilis aufgegangen, und hatte nicht an Kraft verloren, seitdem sein Bruder mit dem Leben, er selbst mit Kerkerhaft gebüsst hatten. Da traf es sich, dass im Frühling des Jahres 69 durch den Abzug des Vitellius mit dem Kern des Rheinheeres nur eine geringe Truppenmacht zurückblieb. Diesen Augenblick beschloss Civilis zum Werk der Befreiung zu er-

[1]) Tac. h. IV. 12.
[2]) Tac. hist. I. 59.

greifen [1]). Die stetige Abweisung der batavischen Beschwerden über den Unfug, welchen sich die Centurionen jedesmal bei der Aushebung erlaubt hatten, boten, als eine solche eben wieder bevorstand, den Anlass. Bei einem Götterfestmahl hatte Civilis die Edelsten des Volkes und, wer sonst durch Tüchtigkeit ausgezeichnet war, um sich versammelt. Hier unter den rauschenden Wipfeln des heiligen Haines, den kein Römer durch seine Nähe entweihen durfte, tauschte er in der Stille der Nacht mit ihnen das Verlangen nach Freiheit und Rache aus. Er sprach ihnen von dem alten Ruhm des Volkes und von der Schmach, die man ihnen jetzt anthue. Er beleuchtete die wahre Bedeutung des Batavischen (und damit des Germanischen) Kriegsdienstes unter den Römischen Feldzeichen in allen möglichen Ländern, wie sie nur dazu da wären, für Fremde bald hier, bald da ihr Blut zu verspritzen und ihnen Ruhm und Beute zu schaffen. Die Aushebung stehe vor der Thüre, dann zögen sie fort, ihre Söhne und Brüder, auf Nimmerwiedersehn. Nun sei gerade jetzt Rom so schwach, Gallien und der Rhein so entblösst von Truppen, wie noch nie. Die Stunde der Freiheit habe geschlagen. Gallien sinne auf dasselbe Ziel, die Bataver seien stark in jeder Waffe und mit ihnen stehe das stammverwandte Germanien!

Der in diesem Geiste beschlossene Aufstand gewann die ersten Bundesgenossen in den gleichfalls Chattischen Canninefaten, die im nordwestlichen Theil der Insel bis an die Mündung des Rheines wohnten. Sie, wilderen Sinnes als ihre mit römischer Sitte manichfach bekannt gewordenen Brüder, erhoben sofort auf altgermanische Art ihren Edeling Brinno, einen grimmigen Helden, auf den Schild und schlugen, ihn an der Spitze, ohne Weiteres los. Nördlich von ihnen, über dem Rhein, wohnten die (West-)Frisen; leicht liessen sich die von ihren südlichen Nachbarn zum Anschluss bewegen und fielen über ein von 2 Cohorten besetztes Winterlager an der

---

[1]) Tacitus, hist. IV. 12.—V. 26. ist unsere einzige Quelle.

See her. Als das genommen und die Cohorten niedergemacht waren, ging der Zug rheinaufwärts. Die Römer steckten ihre Rheinfesten in Brand und vereinigten ihre an Zahl und Uebung schwachen Truppen auf der Spitze der Insel. Hier kam es zur Schlacht, die nach dem Uebergang einer Tungrischen Cohorte zu den Verbündeten entschieden war. Die Römer kamen um, die Gallier wurden gefangen genommen, die niederrheinische Flotte, 24 Schiffe, fiel den Siegern in die Hand, die Insel war frei. Jetzt scholl der Ruf der Freiheit nach Gallien, nach Germanien. Die Germanen schickten sofort Gesandte und versprachen zu helfen; die Gallier forderte Civilis durch ihre Angehörigen, die ihm mit den römischen Gefangenen in die Hände gefallen waren und die er nun theilweise in ihre Heimath sandte, zum Freiheitskampfe auf. Er stellte ihnen vor, um wie viel günstiger jetzt die Verhältnisse zum Abschütteln des Römischen Joches bei ihnen ständen gegen früher. Der Anfang sei gemacht, der Beweis, dass die Römer zu schlagen seien, geliefert. Die besten Truppen, womit dieselben sich bisher in Gallien behauptet hätten, hätte ihnen ja Gallien selbst geliefert. Vor Allem aber müsse das leuchtende Vorbild des Freiheitsbundes der Germanen unter Armin, der dort der Römerherrschaft ein Ende gemacht habe, sie überzeugen, dass ihnen wahrlich unter Vitellius nicht schwer fallen könne, was Jene unter dem gewaltigen Augustus vermocht! Hier tritt klar zu Tage, welchen unauslöschlichen Eindruck der gewaltige Kampf der Rechtsrheinischen und die seitdem ausser Frage stehende Unabhängigkeit Germaniens auf die Völker der Niederlande gemacht hat. Freilich ob gerade dieses Wort bei den National-Galliern sonderlich zündete, lässt sich bezweifeln. Spät und langsam erhoben sich die Belgier, und die Ubier hielten es mit den Römern, ebenso die Trevirer. So weit hatte Römische Sitte und Gewohnheit sich bereits im linksrheinischen Germanien festgesetzt. Die Gugerner, allerdings nächste Nachbarn der Bataver, hatten sich ziemlich früh der Bewegung angeschlossen, die Menapier dagegen und die Moriner ahmten die Ubier nach. Die ersten Hülfstruppen, nächst den Canninefaten und Frisen, sandten die Bructerer und die Tencterer, die mit den letzteren verbündeten Hatuarier dürfen als stillschweigend mit eingeschlossen betrachtet werden. Wo es Germanenfreiheit am Rheine galt, da durften alte Sigambrische Völker nicht daheimbleiben. Civilis hatte zu allen rechtsrheinischen Germanen Boten gesandt und sie zur Theilnahme am Kampf aufgerufen. Sie hatten zugesagt. Die Nächsten, die um die Lippe wohnten, Bructerer, Tencterer, Hatuarier, schlossen mit ihm förmlich ein Bündniss; eine bructerische Jungfrau, Veleda, entflammte Alles zum Kampf und weissagte Sieg. Eine Vertraute der Götter, wohnte sie an der Lippe in einem Thurm, dem kein Fremdling nahen durfte, und waltete mit ihrem Rathe über der ganzen Bewegung. Selbst Civilis und die Bataver beugten sich vor der höheren Macht, die sie in ihr erblickten. Hier, an der ehemaligen Strasse der Römer nach Aliso (dem längstgefallenen) und ins Herz Germaniens, stand auf dem befreiten Boden die heilige Warte und bei rauchenden Opfern sprach über die vereinigten Waffen des dies- und jenseitigen Germaniens, über die Völker des alten, nun bis zum Ocean erweiterten Bundes die Götterbotin den Weihespruch des Sieges.

Die Freunde am Mittelrhein, die Chatten, die Usipier und Mattiaken kamen der Aufforderung zur Theilnahme am Werk durch einen gemeinsamen Feldzug über den Rhein gegen Mainz und das Gebiet der Trevirer nach. Mainz wurde belagert, das Land umher bis über die Nahe hin geplündert, bis Vocula mit drei Legionen heranrückte und zum Rückzug nöthigte.

Als unterdessen die Nachricht vom Tode des Vitellius angelangt war und der Schein, als kämpfe man nur für Vespasian, auch dem Harmlosesten gegenüber sich nicht mehr festhalten liess, rief Civilis alle Gallischen Völker auf zur Gründung eines freien Gallischen Reiches. Es galt ihm, auf diese Weise die Stützpunkte der Römischen Herrschaft diesseits der Alpen zu zerstören und sich selbst durch die Bildung eines unabhängigen Reiches von Süden her zu decken. Verbündet sollten dann die Bataver mit den Galliern bleiben, doch ohne selbst zu Gallien zu gehören; vielmehr sollten sie ein freies mit den Brüdern über dem Rhein unauflöslich verbundenes Germanenvolk sein.

Es gelang Civilis, die hervorragenden Trevirer und Lingoner, auch Ubier und Tungrer unter den römischen Truppen auf seine Seite zu ziehen. So wurden die Legionen zum Uebertritt in den Dienst Galliens bewogen, die Generale getödtet. Die Festen Vetera und Neuss mussten sich ergeben, die Agrippinenser konnten nicht mehr widerstehen und es gab nur mehr zwei Plätze am Rhein, wo Römische Truppen sich noch hielten, Mainz und Windisch.

Das Erste, was die Häupter des Aufstandes thaten, nachdem sie das nächste Ziel, die Beseitigung der Römer, erreicht hatten, war — abermals bezeichnend für den lebendigen Zusammenhang der Bewegung mit den grossen nationalen Kämpfen — eine merkwürdige Berathung über die Frage: was aus Volk und Stadt der vieljährigen Verräther, der Ubier werden solle? Es fand ein förmliches Kriegsgericht darüber Statt. Viele forderten, dass man die Stadt der Plünderung preisgebe und dann vertilge. Besonnenere warnten vor solcher Härte, die nicht geeignet sei, Bundesgenossen zu gewinnen. Selbst Civilis, dessen Sohn im Anfang des Aufstandes in die Hände der Ubier gefallen, aber schonende Behandlung gefunden, war für Milde. Am hartnäckigsten bestanden die Ueberrheinischen, an ihrer Spitze die Tencterer, darauf: „Der Römerstadt, dieser Schmach Germaniens, müsse ein Ende gemacht werden. — entweder durch gänzliche Zerstörung, wozu denn auch die Aufhebung des Volkes als solchen gehöre, oder durch Umwandlung in eine offene dem ganzen Bunde gehörige allgemeine Germanenstadt.“ Das Letztere wurde zum Beschluss erhoben und Abgesandte begaben sich in den Rath der Ubier, um ihnen die Forderung mitzutheilen: „Dass ihr“, so lautete die denkwürdige Rede an die Ubische Gemeinde, „endlich zum Anschluss an Germaniens Einheit und Namen euch bekehrt habt, dafür sei den Göttern, dem Sieg gewährenden Schwertgott vor Allem [1]), Dank gesagt, euch aber, dass ihr jetzt frei zu Freien gehöret, Glück gewünscht! Hatten doch die Römer bis heute Strom und Land, ja den Himmel fast bei euch gegen uns abgesperrt, um Verkehr und Versammlung mit euch, — wenigstens Germanische, d. h. in Waffen und ohne Spione oder Bestechung — unmöglich zu machen. Aber was wir von euch als Unterpfand unserer neuen Freund- und Bundesgenossenschaft verlangen, ist dieses: reisset die Stadtmauern, die euch zu Knechten gemacht, nieder, athmet freie Luft, wie es Menschen geziemt! Schlagt alle Römer todt, die noch bei euch sind —, Freiheit und Herrn im Land vertragen sich nicht. Ihr Eigenthum vertheilet unter euch. Lasst uns mit einander an beiden Ufern des Stromes gleicherweise leben, wie zu der Väter Zeit. Schaffet in Einrichtung und Lebensart ab, was Römisch, führet wieder ein, was Deutsch ist. So — frei und gerade — möget ihr in Frieden leben oder selbst des Vorzugs, wollt ihr dessen würdig sein, geniessen."

Das war die biedere, derbe Botschaft an die Ubier. Sie fand bei ihnen keinen Anklang, denn wälsch waren sie geworden, unfähig, deutsch zu fühlen und zu handeln. „Dass sie sich den Germanen angeschlossen", meinten sie, „sei von Herzen geschehen, wenn auch auf schwere Gefahr hin. Die Stadtmauern zu erhalten, sei, da Römische Heere nicht ausbleiben würden, geradezu eine Pflicht. Römer indess, — die nicht ihre Väter, Brüder oder Kinder wären, — gebe es bei ihnen keine mehr. Zölle und andere Beschränkungen des Verkehrs wollten sie gerne aufheben. Der Zutritt in Stadt und Land solle Jedem von der anderen Seite freistehen, ohne Begleitung, aber doch auch ohne Waffen und bei Tage. Das Weitere werde sich finden, wenn man sich erst in den neuen Zustand werde eingelebt haben." So lautete ihre wälsche Antwort. „Uebrigens wollten sie sich der Entscheidung des Civilis und der Veleda unterwerfen". Und Civilis und Veleda entschieden, wie

[1]) Vgl. Simrock, D. Mythologie S. 323.

die Ubier vorgeschlagen hatten. Der Gewinn des reichen und strategisch so wichtigen Landes schien zweckmässiger, als Strenge und Erbitterung. Aber es hatte sich gezeigt, die Romanen — das waren die Ubier geworden — und die Germanen trennte eine andere Kluft, als das Bett des Rheins und — vor der Geschichte haben die Tencterer mit ihrer Forderung, das Römische Köln müsse fallen, wenn ein Deutsches werden solle, Recht behalten. Für jetzt — war die Zeit noch nicht gekommen; als die Stunde schlug, vollstreckten die Nachkommen, was die Ahnen richtig gesehen hatten.

Das Unterliegen der Tencterer im Kriegsrath deutet auf die tiefste Ursache hin, warum der Kampf, so günstig er bis dahin sich auch gestaltet hatte, doch zuletzt scheitern musste. Die Belgischen Verbündeten, die romanisirten Trevirer, Nervier, Remer, Tungrer, dazu die übrigens tapferen Lingoner und andere rein Celtische Völker wussten keine andere Bundesidee als — ein Gallisches Reich: dadurch war selbst den Batavern, Canninefaten und Frisen ein über die augenblickliche Waffengenossenschaft hinausgehender Anschluss unmöglich gemacht, denn sie wollten keine Gallier sein. Hätten nun jene Gallier auch nicht, wie sie eben thaten, auf Grund alter Streitigkeiten und mehr noch aus lächerlicher Eitelkeit sich über die Form unter einander entzweit, die man dem neuen „Imperium von Grossgallien“ geben sollte, so war die Einheit des Handelns bei der so ungleichartigen Germanisch-Gallischen Coalition doch jeden Augenblick fraglich. Trotzdem liessen sich die am Niederrhein errungenen Erfolge selbst gegen ein neues römisches Heer behaupten, wenn die Bataver ihren Rückhalt mit voller Entschiedenheit da gesucht hätten, wo sie ihn für schwere Kämpfe, für grosse Gefahren allein finden konnten, im grossen freien Vaterland, in Germanien. Aber gerade in dieser Hinsicht müssen sie es an Etwas haben fehlen lassen. Es hat gewiss eine Ursache gehabt, dass ausser den anfänglichen Verbündeten, den Bructerern, Tencterern und ihren Genossen von Grossgermanien nur noch die Chauken sich an dem Kampf betheiligt haben. Wären in der Zeit der Gefahr, als ein frisches Heer unter dem in Schlauheit wie in Tapferkeit ausgezeichneten Feldherrn Petilius Cerealis am Rhein erschien, die Chatten mit ihren Freunden bei Mainz übergegangen und dem Cerealis, indem sie seine Verbindung mit Gallien abschnitten, in den Rücken gefallen, so hätte sich der Krieg anders gewendet. Und sie hatten doch der ersten Aufforderung entsprochen. Um aber die Theilnahme der Germanen in grossem Maassstabe nicht nur aufzurufen, sondern auch zu erhalten, um — mit andern Worten — den Germanen rückhaltloses Vertrauen einzuflössen, dazu gehörte, scheint es, ein Führervolk, das seine junge Mannschaft nicht Jahr aus Jahr ein dazu hergegeben hatte, unter römischen Standarten gegen ihre Landsleute zu fechten oder römische Palastdienste zu versehen.

Der Kampf übrigens, welchen Civilis gegen Cerealis bestand, war heiss und blutig. Drei Schlachten, bei Trier, bei Vetera und an der Waal, die Civilis nur mit Aufbietung aller Kriegskunst und theilweise durch Verrath gewonnen, entschieden noch keineswegs vollends die Niederlage der Batuver. Cerealis wollte aber aus triftigen Gründen den Kampf nicht fortsetzen, der einerseits noch seine grossen Gefahren gehabt, andererseits bei günstigem Ausgang das so nützliche frühere Verhältniss der Bataver zum Reich nicht wieder hätte aufrichten lassen. Er nahm daher in den schlau eingeleiteten Verhandlungen mit den Batavern den Standpunkt der Grossmuth und der Theilnahme ein und es gelang ihm, die Rückkehr des Volkes in die alte „Bundesgenossenschaft“ herbeizuführen. Eine Gegenpartei des Civilis, die schon während des Krieges merkliche Hindernisse verursacht hatte, erhob — unter dem Schutze der die Insel besetzenden Legionen —, während Civilis mit den edelsten der Führer sich über den Rhein geflüchtet hatte, frech das Haupt. Es fielen hässliche und undankbare Worte über Veleda. Die rechtsrheinischen Germanen hatten sich zurückgezogen. Da neigte auch Civilis zum Frieden. Die darauf hin am Ausfluss der Yssel in die Zuidersee[1]) zwischen ihm und Cerealis stattfindende Unterhandlung, wobei Cerealis auf dem linken, Civilis auf dem rechten Theil der in der Mitte abgebrochenen Brücke stand, hatte die Versöhnung zur Folge.

Der Batavische Krieg war beendet. Die Bataver lieferten wieder, wie vorher, den Römischen Heeren die gefürchteten Cohorten und dabei blieb es bis zum Ende des vierten Jahrhunderts. Aber der Krieg hatte dennoch bedeutsame dauernde Folgen für Germanien. Der Eindruck, den er bei den Römern zurückliess, war tief. Hatte man über den Grundsatz des Kaisers Claudius, Germanien sei sich selbst zu überlassen, anfangs noch als über Schwäche abgesprochen, so war man jetzt trotz dem schliesslichen Wiedergewinn Galliens doch anderer Meinung geworden. Man fand, dass die Triumphe, welche seitdem Kaiser und Generale über Germanische Völker feierten, gerade weil sie zu oft Statt hatten, keine Siege bedeuteten, dass der Titel „Germanenbezwinger“, womit die Kaiser ihre Namen zu verzieren pflegten, mehr Wunsch als Wirklichkeit war. Ja selbst auf den Wunsch lernte man verzichten und nächst den Festen und Heeren des Rheines (wir reden vom Niederrhein) die beste Gewähr der Grenzen in den Streitigkeiten der Germanen unter einander erblicken. Die ganze Grösse der überstandenen Gefahr, der bleibende Totaleindruck auf die Römer liegt in den Worten ausgesprochen, womit Tacitus die Bewegung charakterisirt: „Germanien in Gährung und — durch die Saumseligkeit der Feldherrn, die Meuterei der Legionen, die Angriffe von Aussen, den Abfall der Bundesgenossen — das Römische Reich dem Untergang nah[2]).“

Wie sie der einzigen Trophäe, welche an diesen Krieg erinnerte, der Bructerischen Seherin Veleda sich bemächtigt haben mögen, können wir, da die Quellen schweigen, kaum ver-

---

[1]) Vgl. Navalia des Tacitus mit der mathematisch angegebenen Lage von *Οὔιδρος* (Vechtemündung) und *Ναυάλια* bei Ptolmaeus.

[2]) Hist. III. 46.

muthen[1]). Es scheint nicht, dass es nach bemerkenswerthen Erfolgen Römischer Waffen geschehen ist. Erbitterte Angriffe von Seiten germanischer Völker, der Angrivarier und der Chamaver, haben um die ersten 90er Jahre gegen die Bructerer Statt gefunden, und Tacitus, der uns dürftig genug davon berichtet, würde es nicht dabei verschweigen, wenn an ihrer Besiegung den Römern ein nennenswerther Antheil beizumessen gewesen wäre.

Germanien, wenigstens derjenige Theil, welcher von der Vorsehung dazu berufen war, eine Germanische Ordnung der Dinge in Europa an der Stelle der Römischen zu gründen, hatte seit dem Ende des Batavischen Krieges von Seiten Roms Ruhe, die Ruhe des Waffenstillstandes. Es folgten fast zwei Jahrhunderte äusserlich im Ganzen ungestörter Entwicklung, eine Periode der Rüstung, des Erstarkens. Waren die in den Freiheitskämpfen aufgelebten Keime erstorben? Siechten, schwanden die Germanenvölker am Rhein, an der Weser, an der Elbe desshalb, weil wir Nichts von ihnen hören, in sich selbst dahin? Die Antwort auf diese Fragen gibt das dritte Jahrhundert, die Kündigung des Waffenstillstandes, die Erhebung Germaniens.

Zum Schlusse dieser Betrachtung möge noch auf ein merkwürdiges Zusammentreffen hingewiesen werden. Dasselbe Jahr 70, das in den Römern die Achtung der Selbständigkeit Germaniens für immer befestigte und ihnen die Lust benahm, die grossen Geschicke desselben anmaasslich zu meistern, sah auch in der Zerstörung Jerusalems und der politischen Vernichtung des Judenvolkes das Ende einer durch das Christenthum überflüssig gewordenen, abgestandenen Institution. Dass aber nicht das heidnische Rom bestimmt sei, das glänzende Erbe dieses providentiellen Volkes anzutreten, das mag in dem ein Jahr vorher geschehenen Brand des Kapitols wie in ahnungsvollem Bilde vorbedeutet erscheinen.

[1]) Tac. Germ. 8. Statius silvae I. 4. 91.

VIERTER THEIL.

DIE VERSETZTEN SIGAMBERN

DIE SALIER, DISPARGUM.

I.

DIE FRANKEN, BESONDERS AM NIEDERRHEIN, BIS ZUM ENDE DER DORTIGEN ROEMERHERRSCHAFT.

Ehe wir in die durch die Namen: Sigambern, Salier, Dispargum bezeichneten Untersuchungen eintreten, suchen wir uns zu vergegenwärtigen, wann und wo der Frankenname zuerst begegnet.

Während der 70 Jahre, welche von dem Batavischen Kriege bis zum ersten Erschallen des Frankennamens verflossen, haben die Chatten dafür gesorgt, dass die gute Tradition des Kampfes gegen die Römer nicht ausging. Um 162 brachen sie, — eine Probe ihrer überströmenden Kraft — in zwei Richtungen verheerend über die Grenzen, westlich ins linksrheinische Germanien und südwärts nach Rhätien. Aufidius Victorinus und Didius Julianus zogen gegen sie zu Felde und bezwangen sie, wenigstens so, dass sie umkehrten[1]). Als darauf Caracalla im Jahre 213 die am Main unter dem Ale-

[1]) Capitolinus, M. Antoninus philosophus; Spartianus, Didius Julianus.

mannennamen [1]) vordringenden Sueven bekämpft hatte, wandte er sich gegen die, wie es scheint, kurz vorher abermals über den Rhein eingefallenen Chatten [2]). Es kam zu blutigen erbitterten Gefechten, in denen die Chatten mit rasender Verzweiflung kämpften. Caracalla wurde mit seinem Heere eingeschlossen und war verloren. Gegen Zahlung ungeheuren Geldes liessen ihn jedoch die Chatten über den Rhein abziehen. Ein noch vortheilhafteres Geschäft scheinen sie 233 mit Alexander Severus [3]) gemacht zu haben. Dieser stand bei Mainz völlig zum Kriegszug gegen sie gerüstet, als ihm plötzlich der Muth schwand und er durch eine Gesandtschaft ihnen seine Bereitwilligkeit erklärte, ihnen Alles, dessen sie bedürften, besonders viel Geld zu geben. Unter Maximin, dem Nachfolger Alexanders (seit dem 10. Februar 235), war das Mainz gegenüberliegende Rheinufer in der Gewalt der Chatten. Eine Verschwörung im Heere hatte den Anschlag gefasst, ihn über den Rhein rücken zu lassen. dann die Brücke hinter ihm abzubrechen und ihn so dem Verderben preiszugeben. Doch die Verschwörung wurde in Blut erstickt und 236 trat Maximin von Mainz aus seinen Kriegszug an gegen die Chatten [4]). Dreissig bis vierzig Meilen weit soll er in Germanien eingedrungen sein. Aber die Chatten liessen ihn nach Herzenslust sengen und brennen, bis er tief genug in Wald- und Sumpfgegenden gerathen war. Da brachen sie hervor und richteten ein furchtbares Blutbad an. Wenig fehlte, so wäre der Kaiser, der mit seinem Pferde in einem Sumpf stecken blieb, in Feindeshände gefallen. Auch die Chatten hatten schwere Verluste. Aber die Römer gelangten wieder auf ihr sicheres Rheinufer und Maximinus schrieb einen pomphaften Siegesbericht an den Senat. Nach diesem Feldzug soll er den Plan gefasst haben, von der Donau aus nordwärts

---

1) Aurelius Victor, de caesaribus 21. Dio, 77, 13.

2) Dio, 77, 14. Der Codex Venetus beweist, dass mit den *Κέννοι* die *Χάττοι* gemeint sind.

3) Lampridius, Alexander Severus. Herodian, hist. VI. 7.

4) Capitolinus, Maximini.

bis zum Ocean zu ziehen und so ganz Germanien zu unterjochen [1]. Dergleichen Gerede sollte wohl den Misserfolg des Rheinfeldzuges verdecken.

Der Feind, den die Römischen Berichte über diese bald gegen Mainz-Castell gerichteten, bald von da ausgehenden Kämpfe anfangs Chatten, dann Germanen nennen, war mehr als ein einzelnes Volk; es waren freilich vor Allem die Chatten, aber mit ihnen verbündet traten schon im Jahre 70 die innerhalb der Römischen Landwehr zwischen Taunus und Rhein wohnenden Tencterer, Usiper und Mattiaken auf, im Jahre 235 haben sie von Neuem den Römern die Freundschaft gekündigt. Das Germanenblut, entzündet von der Nähe der tapferen Chatten, vermochte sich nicht zu verleugnen. Mit ihnen verbündet, bildeten sie zusammen die Chattische Gruppe.

Diese Chattische Völkergruppe, zu der wir Alles rechnen müssen, was bis an die Lahn, ja noch hinüber bis zur Sayn wohnte, trägt, so viel wir wissen, zuerst den Frankennamen. Dem Namen lässt sich der deutsche Ursprung nicht bestreiten. Die Römer haben die seltsamsten Versuche gemacht, ihn zu übersetzen. Auf seine ächte Bedeutung sind sie nicht gekommen. Auch auf deutscher Seite ist man, seltsam genug, den verzweifelten Versuchen der Römer nachgegangen. Die natürlichste und darum sicherste Herleitung geht einfach auf die ächt altdeutsche Ausdrucksweise: frank und frei zurück. In zwei stabreimenden Worten dasselbe zu sagen, ist urdeutsche Gewohnheit. Der Begriff der selbstbewussten Kraft, des Unerschrockenen, Kühnen, Freien ist — freilich wie bei andern ehemaligen Ehrenworten unserer Sprache in herabgesetzter Bedeutung: man denke an das prächtige alte „Kerl“ für den freien Mann — noch heute in dem sprachlich mit frank identischen frech enthalten. Befreien wir das Wort von dem Rost, der es verunstaltet, so leuchtet uns aus ihm der stolzeste Grundzug des

[1]) Herodian.

Germanischen Charakters entgegen. Und wenn der Chatte schon überhaupt in freiem, kühnem, kampfesfrohem Wesen unter den Germanen allzeit einer der Ersten gewesen, so hatte ihm jetzt die ganze Vergangenheit, die Erinnerung an die alten blutigen Freiheitskriege, an der Römer immerfort dauernde Eingriffe, an die tausendfache Pflicht der Rache, die Beobachtung, dass die Römische Energie nachlasse, und das Bewusstsein der eigenen überschäumenden Volkskraft es noch besonders angethan. Der Chattenname wich dem Namen Franken, zur Bezeichnung der Stimmung, die sich Aller bemächtigt hatte, zum Ausdruck des Geistes, in dem man sich vereinigt hatte, zu handeln. Es ward ein neuer Volks- und Bundesname, aber mit dem Schwung einer Kriegsloosung!

Im Jahre 240 [1]) drangen sie zum ersten Male unter dem neuen Namen bei Mainz über den Rhein und schweiften weithin „durch ganz Gallien.“ Hiernach kann ihre Zahl nicht gering gewesen sein, sonst hätten sie die Römische Vertheidigungslinie nicht an einem so starken Punkte wie Mainz durchbrechen können. Der damals noch als Tribun der sechsten Legion dienende Aurelian, der spätere Kaiser, „schlug sie (also die Zurückkehrenden und wahrscheinlich eben über den Rhein Setzenden) der Art, dass siebenhundert fielen und dreihundert Gefangene als Sklaven versteigert wurden.“ Wie vielen Römern dieser erste Frankengruss das Leben gekostet hat, erfahren wir nicht.

Der Frankenname, einmal erklungen, hallte, tiefgehende alte Stammesgemeinschaft und unwandelbare Sinnesgleichheit verrathend, bald in den Sigambrischen Bergen wieder. Dem im Jahre 258 unter Kaiser Valerian (und Gallienus) Gallien verwaltenden Postumus standen nicht nur in Köln Franken gegenüber, sondern es

---

[1]) Dieses Jahr ergibt sich daraus, dass im Jahre 241 der Persische Krieg begann, während die Soldaten schon von Aurelian sangen:

Mille Sarmatas, mille Francos semel et semel occidimus
Mille mille mille mille mille Persas quaerimus.

Vopiscus, Aurelianus. Schilderung der Franken bei Libanius, oratio basilica.

dienten auch fränkische Truppen in seinem Heere. Postumus [1]) war von Valerian zum Statthalter über Gallien und das rechtsrheinische Grenzgebiet gesetzt und besass auch des Gallienus Vertrauen in dem Maasse, dass dieser ihm seinen Sohn Saloninus zur Erziehung übergab. Es war die Zeit, in welcher Valerian in den Orient gegen die Perser zu Felde zog. Unter Umständen, die wir nicht genau kennen, liess Postumus sich, (vom Heere) zum Kaiser ausrufen und räumte 260, als der Persische Feldzug durch die Gefangennahme Valerians unglücklich ausgegangen und Gallienus in Italien abwesend war, den Saloninus aus dem Wege. Die Stadt Köln, die ihm nach harter Belagerung mit dem unglücklichen Prinzen in die Hände gefallen war, machte er zu seiner Hauptstadt und regierte von hier aus bis zum Jahre 267 mit Kraft und Geschick ganz Gallien, bis ihn Lälianus durch Erregung eines Soldatenaufstandes stürzte. Umfasste seine erfolgreiche Thätigkeit auch ganz Gallien, so dass man ihn als den Retter, den Wiederhersteller Galliens, das Heil der Provinzen, den Friedenskaiser feierte, und ist es insbesondere wahrscheinlich, dass sich diese Ehrennamen auf die siegreiche Bekämpfung des in Gallien eingebrochenen Alemannenheeres (unter König Crocus) beziehen, so ist nicht minder gewiss, dass ein guter Theil seiner „herculischen" Thaten im Kampfe gegen die nächsten Nachbarn seiner Residenz Köln, also gegen die niederrheinischen Franken geleistet wurden. Ueber das schliessliche Verhältniss des Postumus zu diesen geben die von ihm geschlagenen Münzen wichtigen Aufschluss. Es steht fest, dass bald seine besten Truppen Franken waren [2]). Er muss es verstanden haben, die Soldaten durch Sorgfalt für ihre Pflege und durch ein freundliches Benehmen an sich zu ziehen. Bei Franken war das die einzige Art, sich Anhänglichkeit zu verschaffen. Nun bezeugen uns mehrere seiner Münzen, wie weit er seinen Franken entgegenkam, ja sich förmlich zu ihnen

[1]) Trebellius Pollio, Gallienus, Postumus, Saloninus, Aureolus, Victorinus. Zosimus, I. 38.

[2]) Treb. P., Gallieni, 7 (Ed. Jordan u. Eisenhardt, II, 77).

zählte[1]): auf dem rechten Rheinufer, Köln gegenüber, erbaute er dem „Herkules" einen Tempel und der Name dieses Herkules ist Herkules von Deuso[2]). Wir haben das Recht, hieraus den Schluss zu ziehen, dass Postumus, wenn er nicht gar selbst ein Franke und zwar aus dem Köln gegenüberliegenden Lande war, unter seinen Franken viele haben musste, denen zu Liebe — weil sie aus dieser Gegend stammten, er einen Tempel ihrem heimischen Gotte[3]) errichtete. Den Triumphbogen, den eine andere seiner Münzen von ihm darstellt[4]), haben wir in der Residenz selbst, in Köln, zu suchen. Auch von einem Feldzug mit einer Flotte reden die Münzen[5]); es wird eine Unternehmung gegen die in der Veroneser Handschrift erwähnten Einbrüche der „Barbaren" in das überrheinische Grenzland von der Lippe bis zur Ysselmündung gewesen sein.

Da aber Postumus Franken von Köln gegenüber in seinem Heere hatte, so galt in deren Heimath, im alten Sigambernland,

---

[1]) Nicht als ob er selbst hätte aufhören wollen, Römer zu sein, sondern um sie an sich zu ziehen.

[2]) Man hat Deuso in Duisburg erkennen wollen. Die Münzen des Postumus, welche den Hercules Deusoniensis zeigen, gestatten das nicht. Es sind (Cohen, description historique des monnaies imperiales, Paris. V. 1861.) die nn. 226. 232. 237. Unter ihnen ist n. 232. die wichtigste. Sie zeigt das Bild des aufrechtstehenden, mit Keule und Bogen bewaffneten Hercules, die Löwenhaut auf dem linken Arm, in einem Tempel mit 4 Säulen. Da die anderen Münzen den Tempel nicht aufweisen, so ist nur die Erklärung möglich, dass hier ein von Postumus erbauter Tempel dargestellt wird. Da nun die Stelle des Chronicon von Hieronymus beweist, dass Deuso ein rechtsrheinischer Ort ist, der Ort aber nach dieser Münze eine bedeutende Römerstation gewesen sein muss, wozu in Deutz die Beweise vorliegen, in Duisburg nicht, da endlich Postumus in Cöln residirt hat, so bleibt kein Zweifel mehr, dass Deuso Deutz ist. Der Name Deuso ist Aliso ähnlich. Dass die Divitenses ihren Namen nicht von Deutz haben, steht längst fest. Regino zum J. 869 hat Diuza castrum; das ist das älteste, mit Deuso unverkennbar zusammenhängende Auftreten des Namens im Mittelalter.

[3]) Der Germanengott, den Postumus auf Römisch Hercules nennt, war ohne allen Zweifel der Kriegsgott der Tencterer-Sigambern.

[4]) N. 222.

[5]) N. 93: „Neptuno reduci," n. 92: „Neptuno comiti". Vgl. Vopiscus, Probus und Bonosus.

der Frankenname auch bereits, und so wissen wir, dass die Sigambrische Völkergruppe zwischen Lippe und Westerwald, also die nicht versetzten (jetzt wieder recht erstarkten) Sigambern, die Tencterer, die Chattuarier um das Jahr 258 gleich den Chattischen Völkern den Frankennamen angenommen hatten.

Suchen wir, dem Rheine folgend, die dritte Gegend, in welcher der Frankenname aufklingt, so vernehmen wir eine Andeutung in dem Worte des Römischen Senators Manlius Statianus, der 276 im Senat von den bisher vollbrachten Heldenthaten des Probus redet in den Worten [1]: „Wo gäbe es einen Welttheil, den er nicht als Sieger kennen gelernt hätte! Zeugen sind die in unwegsamen Sümpfen sitzenden Franken [2] —!“ Hier ist ein in den untersten Rheingegenden wohnendes Volk gemeint.

Eine unverkennbare Bestätigung erhält diese Andeutung durch die doppelt bezeugte Thatsache, dass in Römische Gefangenschaft gerathene und am schwarzen Meer angesiedelte Franken unter Kaiser Probus im J. 277 sich einer Anzahl Schiffe bemächtigt und damit Kleinasien, Griechenland, Afrika, Sicilien mit Plünderung heimsuchend, auf ungeheurem Umweg zuletzt glücklich ihre Heimath erreicht haben [3]. Eine solche ächte Wikingerfahrt lässt sich bei aller Kühnheit nur von solchen Franken denken, die von Haus aus mit der See vertraut waren, und ist also ein Zeugniss, dass es um diese Zeiten des Probus, ja bereits etwas früher, noch andere Franken gegeben hat, als die Chattischen und die im alten Sigambernlande, Franken in der Nähe des Meeres.

Doch bestimmter treten diese Franken erst nach einiger Zeit hervor.

Wir erfahren nämlich, dass gegen das Jahr 287 die gallische Küste schwer heimgesucht wurde durch die Seeräubereien der

---

[1]) Vopiscus, Probus 11.

[2]) Die *Λογίωνες* bei Zosimus I. 67. sind keine Lahnbewohner, sondern die ostgermanischen Lygier der Germ. des Tacitus, neben den Gothen.

[3]) Eumenius, Constantio. 18. Zosimus I. 71.

Franken und Sachsen[1]). Der Kaiser Maximianus Herculius sah sich veranlasst, an die Spitze der dortigen Flotte einen Mann zu stellen, dessen Energie die Sicherheit des Meeres herzustellen geeignet sei, den im Begaudenkrieg bewährten Belgier Carausius[2]). In der That gelang es diesem, seine Aufgabe zu lösen. Indess verbreitete sich, ob mit oder ohne Recht, bleibt unbestimmt, das Gerücht, als lasse er die Feinde gegen einen Antheil an der gemachten Beute entschlüpfen, und weckte das Misstrauen Maximians. Carausius kam dem Zorne des Kaisers zuvor, indem er 287 mit der Flotte sich Brittanniens bemächtigte und als Kaiser erklärte. Diese Franken waren Bewohner von Gebieten in der Nähe des Meeres. Als Carausius sich zum selbständigen Herrscher aufgeworfen hatte, wurde natürlich sein Verhältniss zu diesen ein offenkundiges Bündniss und wir hören, dass sie unter der Leitung ihres guten Freundes sich, ausgehend von ihren Sitzen, der Batavera insel bemächtigten.

Man ist nicht erst jetzt, sondern war schon in jenen Zeiten geneigt, Alles, was auf der gallischen Seite von Kämpfen und Siegen über Germanen berichtet wird, auf die Franken —, und was von diesen erzählt wird, ohne Unterschied bald auf die nördlichen, bald auf die südlichen zu beziehen.

Dieses Verfahren dürfen wir nicht fortsetzen, sondern den Spuren nachgehen, die die Ausgangspunkte der Frankenbewegungen, wenigstens soweit es die Quellenberichte gestatten, genauer erkennen lassen. Wo eine nähere Bestimmung nicht möglich scheint, müssen wir auf den Gebrauch der Nachrichten für den Zweck der gegenwärtigen Untersuchung verzichten.

Im Jahre 288 rüstete Maximianus auf dem Rhein und seinen Nebenflüssen aus allen Kräften an der zum Krieg gegen Carausius bestimmten Flotte. Indessen vorher war noch ein anderes Werk

[1]) Eutropius, IX. 13.

[2]) Er war ein Menapier, also von den Scheldemündungen, ächtes Seemannsblut. Von hier an sind (leider) Hauptquelle die Panegyrici veteres, ed. Arntzen, Trai. ad Rh. I. II. 1790—97.

zu thun. Carausius hatte nämlich Brittannien zu seinem eigentlichen Reich erwählt, aber behielt zugleich die gegenüberliegende Gallische Küste, besonders die Hafenstadt Boulogne, in seiner Gewalt und stützte sich auf die Bundesgenossenschaft der Friesen und der Franken. Darum musste zuerst jener Hafen erobert und die Franken unterworfen werden.

Das Unternehmen ist durch diesen ursächlichen Zusammenhang in die Gegend der Bataverinsel gewiesen. Da wir nicht hören, dass Maximian sich etwa links von der Maas den Weg auf diese Insel gebahnt habe, was ihm wohl nicht ohne blutige Kämpfe hätte gelingen können, so müssen wir annehmen, dass er die grosse Heerstrasse auf dem linken Rheinufer mit seinen Truppen verfolgt und so über Köln, Neuss, Xanten zur Insel gelangt ist. Und hier findet sich von seiner Thätigkeit eine charakteristische Spur. Acht Millien nördlich von Nimwegen ist sowohl durch Ammianus Marcellinus als durch die Römische Marschkarte eine Feste des Herkules bezeugt, in welchem Namen man mit gutem Grunde unter Herkules den mit diesem Heroen auf Münzen und Inschriften und in Lobreden identificirten Kaiser Maximian selbst versteht. Er hat also, vermuthlich unterstützt von der Rheinflotte, die Insel an der Spitze seines Heeres betreten und schickte sich nun an weiter vorzudringen. Die Insel nämlich, wie wir erfahren, war nicht das eigentliche Frankenland, die Franken waren erst seit ihrem Bunde mit Carausius auf dieselbe hinübergedrungen. Die Frage: woher sie gekommen, wird in etwas beantwortet durch die Lage der neuen Feste. Dort wo noch heute Kesteren, gegenüber Rhenen ihr Andenken behauptet, konnte sie nur die Bestimmung haben, einen Rheinübergang zu beherrschen. Dieser Rheinübergang aber bildete, wie uns Mamertinus berichtet, nur den Anfang eines nordwärts beabsichtigten Feldzuges. Der Rhein wurde also überschritten und Maximianus befand sich auf Germanischem Boden, in dem Gebiete zwischen Vecht und Yssel; hier waren die Franken, die er suchte. Vor seiner Uebermacht aus der Bataverinsel zurückgewichen, sollten sie es erfahren, dass Maximian mit den Bundesgenossen des Rebellen gründlich abrechnen wollte. So viel sie auch auswichen, er folgte plündernd, verheerend, mordend. Blutig war der Kampf und schonungslos, mitten im Frankenland stand er siegreich: da kamen die Gaukönige Genobaud und Esatech und baten um Frieden. Maximian gewährte ihn und entliess sie mit Geschenken. Aber von denen, die sich nicht unterwarfen, schleppte er zahllose Gefangene fort, die fern von der Heimath in den verödeten Gegenden des Nervischen und Trevirischen Gebietes angesiedelt wurden. Die Unternehmungen des Maximian gegen Carausius zur See gelangen nicht so gut. Alles, was sich auf die Marine verstand, war bei Carausius und das stürmische Meer selbst schien den Schutz des Brittischen Usurpators übernommen zu haben.

Ehe wir die Stellung der Franken zu Constantius Chlorus betrachten, müssen wir auf einen Gedanken zurückkommen, der zum klareren Verständniss der weiteren Untersuchung unentbehrlich scheint. In dieser ganzen Zeit seit Gallienus war kein Name in Gallien so gefürchtet, wie der der Franken. Hieraus begreift sich leicht, dass man bei allen feindlichen Einfällen ins Land immer sogleich an die Franken dachte, auch dann, wenn die Eindringlinge nur zum Theil, vielleicht zum kleinsten, eigentliche Franken waren. Und diesen Irrthum konnte selbst ein sonst gewissenhafter Berichterstatter begehen, weil es sehr oft geschah, dass die Franken ihre Kriegszüge im Verein mit Völkern anderen Germanenstammes machten. Schon die Raubzüge, die die Veranlassung boten, dem Carausius den Schutz der Gallisch-Belgischen Küste zu übertragen, gingen von Franken und Sachsen aus und dass wir hier nicht eine äusserliche Nebeneinanderstellung annehmen müssen, sondern dass wahrscheinlich bereits eine Gemeinschaft des Handelns vorliegt, werden spätere Fälle bestätigen. Ebenso werden uns bald Friesen in solchen Zügen begegnen, also abermals ein Volk von unzweifelhaft nichtfränkischem Stamme. Die gewaltige Bewegung der fränkischen Völker vom Taunus und der Mainmündung an den Rhein entlang bis zum Meere stand eben nicht allein, das ganze Germanenthum fühlte seine Stunde gekommen und wogte über die morschen Grenzen, die es nie anerkannt hatte, hinüber: wie wären da die Wellen immer zu scheiden gewesen! Aber wo unsere Berichte uns in Stand setzen, zu unterscheiden, da verlohnt es sich der Mühe, Acht zu haben, da machen sich Organismen von geschichtlicher Bedeutsamkeit innerhalb des grossen Volksthums geltend.

Der Friede zwischen dem Römischen Reich und den Franken über der Bataverinsel hat ebenso lange gedauert, als der mit Carausius. Im Jahre 293 tödtete diesen sein Feldherr Allectus und setzte sich die Krone auf. Rom erkannte ihn nicht an, aber die Franken harrten bei ihm aus. Viele von ihnen dienten in seinem Solde. Die Aufgabe, ihn und seine Verbündeten zu bekriegen, fiel dem seit 292 von Maximian zum Mitregenten des Occidents angenommen Constantius Chlorus zu. Es war ein Dreifaches zu thun. Auf dem Festlande mussten die Franken in dem bezeichneten Gebiete bezwungen und der Seehafen Boulogne, der den Verkehr des Allectus mit ihnen bedingte, erobert werden. Nur wenn das Gelingen dieser beiden Unternehmungen gesichert war, konnte man zum Angriff auf Brittannien selbst vorgehen. Da der letztere im Jahre 297 erfolgt ist, so gehören die „vorbereitenden" Operationen [1]) wahrscheinlich in das Jahr 296.

Zum Befehlshaber der Römischen Flotte hatte Constantius den Asclepiodorus bestimmt, den Feldzug gegen die Franken machte er selbst. Wie diese bereits vor 9 Jahren südwärts auf die Bataverinsel gedrungen waren, so hatten sie wiederum diese Insel besetzt, und mehr als das: auch das untere Scheldegebiet [2]) hatten sie eingenommen und waren somit bereits auf gutem Wege in die Nervischen Städte. Die Gefahr hatte grössere Verhältnisse angenommen und Constantius eine schwerere Aufgabe, als Maximian. Die auf

---

[1]) Illius temporis, quo transitus in Brittaniam parabatur. Eumenius, Constantio, 9.

[2]) Eumenius, Constantio. 8.

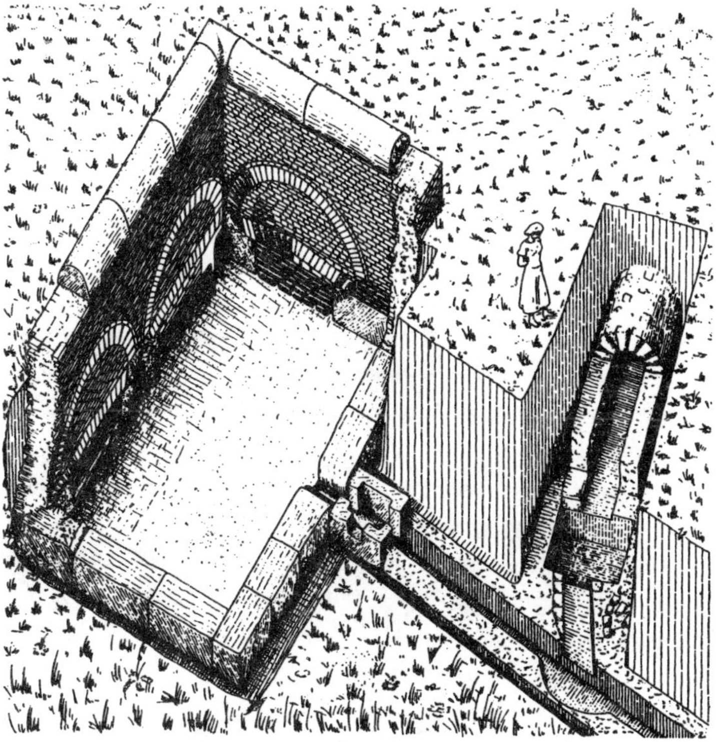

Der Klausbrunnen (aus Haberey: «Die römischen Wasserleitungen nach Köln»)

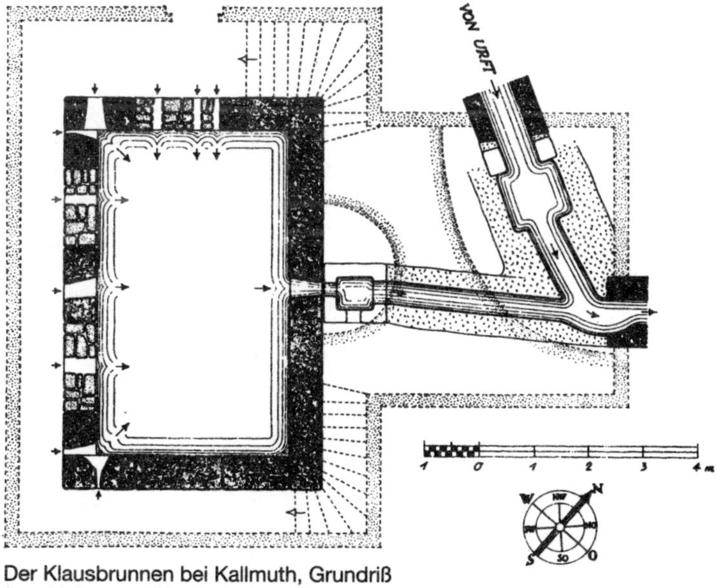

Der Klausbrunnen bei Kallmuth, Grundriß
(aus Haberey: «Die römischen Wasserleitungen nach Köln»)

Bronzekopf aus Finthen bei Mainz

der Bataverinsel Eingebrochenen werden bald „verschiedene Völker der Franken“ genannt, bald „eine ungeheure Menge aus verschiedenen Germanenvölkern.“ Der letztere Ausdruck ist genau, der erstere weist hin auf das bei dem Einbruch hauptsächlich thätige Volk. Wir werden später ganz ebenso fränkische und nichtfränkische Völker gemeinsam auf die Bataverinsel vordringen sehen. Im gegenwärtigen Falle mögen die ausdrücklich genannten Friesen genügen.

Constantius drang durch Wälder, durch Sümpfe vor und richtete unter den Franken ein furchtbares Blutbad an. Was nicht floh, wurde zu Tausenden niedergehauen. So gelangte er bis zur Batavischen Insel. Die Franken waren, wie auch vor Maximian, über den Rhein zurückgewichen in ihr Land, die ganze Insel wurde (einschliesslich ihrer Castelle) von Feinden gesäubert. Während dessen war es Winter geworden. Der Rhein überzog sich mit einer Eisdecke: da glaubten die Franken die Gelegenheit gekommen zu neuem Anfall. Sie gingen zu Tausenden über den Strom und fingen an in ihrer Weise zu hausen. Die Römer, wie es scheint, von den befestigten Winterlagern sie beobachtend, liessen sie gewähren. Mit einem Male tritt Thauwetter ein, die Eisbrücke verschwindet, der Rückzug ist abgeschnitten. Da lässt Constantius durch die Flotte den Rhein besetzen, aus den befestigten Lagern aber die Legionen vorrücken und die feindliche Masse umzingeln. Sie mussten sich alle ergeben. Eine gewisse Anzahl durfte sich ausloosen für die Gefangenschaft, die anderen wurden alle niedergehauen. Nun drang Constantius hinüber ins Frankenland, bis an das Gestade der (Zuider-) See, gewiss zur nicht geringen Ueberraschung der dortigen. Auch hier machte er viele Gefangene und kehrte dann siegreich zurück. Die Gefangenen, unter denen auch Friesen und Chamaver genannt werden, vertheilte er zuerst in die nordgallischen Städte. „Die Säulengänge in den Städten“, so erzählt Eumenius zu Trier im Jahre 397, „sehen wir voll von diesen gefangenen Barbaren, wie sie da sitzen, die Männer scheu und wild zugleich dreinblickend, Mütter das Elend der Söhne, Gattinnen das ihrer Gatten betrachtend, selbst gefesselt und Knaben und Mädchen mit gedämpfter Stimme vertraulich zuredend.“ Sie alle wurden den Provinzialen zu einstweiliger Knechtschaft zugewiesen, bis sie nach den für ihre Ansiedlungen bestimmten öden Gegenden gebracht wurden. Sie kamen in südlichere Striche, als die von Maximian Versetzten, nämlich an die Somme (Amiens), die Oise (Beauvais), die Seine (Troyes) und ins spätere nördliche Burgund (Langres und bis gegen Basel). Dahin zogen sie „mit Weibern und Kindern und all ihrem beweglichen Hab und Gut, um die Gegenden, die sie einst vielleicht selber geplündert und verheert hatten, nun als dienende wieder anzubauen.“ Merkwürdigerweise haben sich in diesen Burgundischen Gegenden auf dem rechten Ufer der oberen Saone bis ins achte, ja bis zum Ende des neunten Jahrhunderts zwei Gaue erhalten mit den Namen der Amaver und Attuarier. Wir dürfen ihren Ursprung in der Ansiedlung des Jahres 296—7 erblicken und, da sie bei einander liegen, die Attuarier den Gefangenen des Constantius zuzählen. In diesen haben wir wenigstens e i n e n unzweifelhaft fränkischen Volksnamen, die anderen sind nicht angegeben. Auf der anderen Seite deuten die Namen der Chamaver und Friesen wenigstens an, dass sich des Constantius Feldzug nicht auf das Land links der Yssel beschränkt, sondern auch ins eigentliche Chamaverland zwischen Yssel und Lippe ausgedehnt hat. Aber die „Kräfte der Franken“ waren keineswegs, wie der Lobredner Eumenius meint, „ausgerottet.“ Als Constantius Chlorus nach Wiedereroberung Brittanniens theils dort, theils mit den Alemannen reichlich zu thun hatte, waren die Franken und ihre Kriegsgenossen, unbekümmert um die gezwungene Unterwerfung, von Neuem über den Rhein gekommen und erst der Sohn, Constantin der Grosse trat ihnen, sogleich nach seiner im Sommer 306 geschehenen Erhebung zum Kaiser, entgegen. In dem Jahre 306 oder 307 überfiel er ein fränkisches Heer, das über den Rhein gekommen war, höchst wahrscheinlich Hattuarier und Bructerer, schlug sie und zwang sie, sich zu ergeben. Ihre Führer waren die beiden Könige Ascarich (ächt fränkisch-iscävonischen Klanges!) und Regais. Er glaubte ein abschreckendes Beispiel statuiren zu müssen und verurtheilte sie zum Tode. Büssen sollten sie die unaufhörlichen Frevel ihres halsstarrigen Volkes, sagt der Lobredner, und wurden zugleich, um vor neuen abzuschrecken „mit den äussersten Qualen getödtet," — „das Drachenpaar". Und allerdings ging über diesen Römischen Frevel ein solches Entsetzen durch die fränkischen Völker, dass sie eine Zeit lang sich ruhig verhielten. Daher, ruft Eumenius aus, „jetzt dieser immerwährende Frieden." Aber Constantin war mit der Züchtigung des Einfalls noch nicht fertig. „Um die Wildheit der Barbaren gänzlich zu brechen," drang er auch hinüber ins Land (der Hattuarier und) der Bructerer, und zwar, um die Flucht in Sümpfe und Wälder unmöglich zu machen, ganz plötzlich. Viele wurden getödtet, Viele gefangen; das Vieh, das man nicht mitnahm, tödtete man ebenfalls, steckte die Wohnungen in Brand und schleppte die wehrhaften Männer im Triumphe nach Trier, um sie, „die bei ihrer Wildheit für Heer- wie Sklavendienste Untauglichen," zur Strafe mit den wilden Thieren kämpfen zu lassen! Ihre Zahl war so gross, dass die Bestien „müde wurden."

Die Erbitterung über dieses scheusliche Verfahren erreichte bei den Franken den höchsten Grad. Constantin fühlte sich ihrem Zorne gewachsen, fand aber allerdings für gut, die Rheinbefestigungen überall in Stand zu setzen. Er unternahm um 310 sogar das ungeheure Werk einer steinernen Brücke über den Rhein bei Köln. Wir erkennen hieraus, dass sich auch diese ganze Gruppe in wilder Gährung befand und der Abschreckung bedurfte. Den zu Grunde liegenden Gedanken spricht der Lobredner ebenso prahlerisch in der Form, als naiv bescheiden in der Sache vor dem Kaiser aus: — „Damit das Frankenvolk nie die Furcht ablege, immer erschreckt zusammenschauere, immer gnadeflehend die Hände ausstrecke —, während Du das Werk mehr zum Ruhm Deiner Regierung und zum Schmuck der Grenze beginnst, als mit dem Vorhaben, nach Belieben in

Feindesland zu rücken, da ja der ganze Rheinstrom mit Kriegsschiffen bewehrt und von den in den Ufercastellen bis hinab zum Ocean stationirten Truppen beherrscht ist.“ Wir sehen, die Reichswehr, der Limes, war der Rhein selbst.

Allein der „schreckhafte“ Eindruck des Brückenbaues verschlug bei den Franken nicht lange. Kaum war der Kaiser, nach der siegreichen Schlacht vor den Thoren Roms, in der am 27. Oktober 312 Maxentius, des ränkevollen Maximians Sohn, Krone und Leben verloren, und nach Erledigung der dortigen Reichsgeschäfte über die Alpen nach Gallien zurückgekehrt, so kam — 313 — die Nachricht vom Niederrhein: die Franken seien wieder da, so zahlreich und verwegen, wie jemals, und schickten sich an, über den Rhein zu setzen. In der That waren sie da und nicht blos auf einem Punkte. Ein förmliches Bündniss hatten sie, als Antwort auf die kaiserliche Drohung zu Köln, geschlossen, in dem sich die stammverwandten Völker des rechten Rheinufers bis hinauf zu den ersten Alemannen am Main und bis hinab zu den Grenzen der Ostfriesen vereinigten. Genannt werden uns die Tubanten (links von der Vechte), die Bructerer, die Vargionen; die Zwischenglieder: Usipeter, alte Sigambern (Hattuarier), Tencterer, Ingrionen, Chatten, mittelrheinische Usipeter und Tencterer, Mattiaken können nicht gefehlt haben. Wir dürfen nicht vergessen, dass der Sprechende ein Deklamator, kein Geschichtschreiber ist. Die guten Freunde nichtfränkischen Stammes: die Chamaver und (wenn nicht unter ihnen bei dem Rhetor die Chatten zu verstehen sind) die Cherusker waren mit eingetreten. Der Brückenbau Cäsars hatte im Jahre 55 vor Chr. einst den Sigambrischen Bund befestigt, der Constantinische Brückenbau hat 310—312 den förmlichen Abschluss des Frankenbundes auf demselben Gebiete, unter denselben Völkern zur Reife gebracht.

Constantin musste sich dieser grossen Macht gegenüber vorsehen. Er beschloss, sie durch List zu theilen. Mit zwei Vertrauten schlich er sich verkleidet hinüber unter die Franken und brachte ihnen die angebliche Kundschaft: „Der Kaiser sei fort, an den Oberrhein zum Schutz der Grenze abgerufen; jetzt sei der Augenblick, den Rhein zu überschreiten und einen tüchtigen Schlag zu thun.“ Sie gingen in die Falle. Zahllose Haufen setzten über. Während sie aber von einer römischen Heeresabtheilung überfallen und niedergemacht wurden, war Constantin auf das rechte Ufer hinübergezogen und schlug die Zurückgebliebenen und verheerte ihr Land.

Wie schwer nun auch die Verluste waren, die die Franken durch Constantin erlitten hatten, sie standen jedesmal nach kurzer Zeit, zum Staunen der entnervten Römer, wieder so furchtbar da wie zuvor. „Zum Ruhme der Kaiser wuchs die Unglücksnation so ungeheuer rasch wieder an und erstarkte wieder so völlig“, dass Priscus, des Kaisers Sohn, sie im Jahre 320 und Constans, ein anderer Sohn, sie 341 zu schlagen hatten. Von jenem Siege hören wir (durch einen Lobredner), er sei sehr gross gewesen; Constans dagegen fand sie, wie es scheint, noch stärker, als sie schon zu Priscus' Zeit gewesen. „Mit wechselndem Glück bekämpfte er sie“, — das heisst: er bezwang sie nicht, und schloss mit ihnen Frieden.

Seit dem ersten Auftreten des Frankennamens im Laufe des verflossenen Jahrhunderts, hatte dieses Volk sich als den furchtbarsten Feind Roms gezeigt. Das Reich war erschöpft, seine Heere bestanden ihrem Kerne nach geradezu aus Germanen und die obersten Hof- und Reichsämter — wunderbar genug — in den Händen von Franken! Die Namen sagen es schon und der persönlich am Hofe des Constantius und Julians hochstehende Ammianus Marcellinus erklärt es ausdrücklich. Bei solchem Entwicklungsgang der Dinge konnte die Zeit nicht ausbleiben, wo die thatsächlich übermächtigen Franken selbst nach der Kaiserkrone griffen. Magnentius, einem Germanenstamm, der in Gallien im Lätenverhältniss angesiedelt war, entsprossen, hat drei und einhalbes Jahr den Kaisertitel über den Occident geführt, Silvanus der Franke kürzere Zeit (zu Köln) gleichfalls den Kaisernamen gehabt.

Und auch die fränkischen Völker liessen sich einmal nicht mehr zurückhalten. Sie drangen von Westen ins Kölnische, von Norden ins Batavische, Belgische Land, in die alte „Germania“ ein und kein Feldherr, kein Kaiser vermochte es zu verhindern. Roms Culturaufgabe war erfüllt. Die Germanen waren an der Reihe und zwar als Bahnbrecher, als Staatengründer voran — die Franken!

Wir haben oben gesehen, dass sie auf die Bataverinsel und in die Scheldegegenden gedrungen waren. Constantius hatte sie allerdings geschlagen und viele in die Gefangenschaft hinweggeführt. Aber es lässt sich annehmen, dass Viele, die bei seiner Anwesenheit in die Wälder gewichen waren, nach seinem Abzug dennoch das Land behauptet haben. Im Jahre 355 war das Land ganz in den Händen der Franken. Alle Römercastelle an der Maas (mit Ausnahme von zweien) und am unteren Rhein waren zerstört und mitten im alten links der Maas gelegenen Tongerland hatten sich die Franken einen uralten Ort, dessen Ursprung wohl mit der ersten Besitzergreifung dieses Landes durch die Germanen zusammenhängt, Toxanderloh mit Namen, zur Königsburg eingerichtet. Hier erfahren wir auch endlich den Namen der von Norden her, aus dem Land zwischen der Utrechter Vecht und der Yssel hergekommenen Franken, „sie hiessen gewöhnlich Salier.“

Nicht anders hatten es die Franken im alten Sigambernland und ihre Genossen gemacht. Sämmtliche Castelle am linken Rheinufer bis hinauf nach Remagen waren zerstört. Köln, die Hauptstütze der Römischen Macht am Niederrhein, hatte sich nach hartnäckiger Belagerung und ebenso tapferer Gegenwehr ergeben müssen. Die verhasste Stadt wurde, was ihr im Jahre 70 schon drohte, von den Nachkommen jener Tencterer zerstört, und verheerend ergossen sich die Sieger über das ganze linke Rheinufer bis zur Maas hin. Sie waren jetzt nicht gekommen, um wieder über den Rhein zu gehen, sondern um zu bleiben. Die Reste der Römischen Truppen waren in Rheims.

Um diesem über die Römische Provinz hereingebrochenen Unglück, das am Mittel- und Oberrhein, wo die Alemannen hausten, nicht geringer war, zu steuern, sandte Kaiser Constantius den jungen Julian über die Alpen. Schon in Turin hörte er Genaueres über die Zustände Galliens und erschrack. Mit grosser Gefahr begab er sich zu Anfang des Jahres 356 von Vienne über Autun, Auxerre und Troyes (wo man ihm wegen der nahen Alemannen kaum die Thore öffnen wollte) nach Rheims. Mit den Trümmern des Heeres griff er zuerst die Alemannen an, aber ohne viel ausgerichtet zu haben, wandte er sich bald dem Niederrhein zu. Was unterhalb Remagen lag, musste erobert werden; bei Köln hatte sich ein Thurm gehalten. Köln selbst gewann er wieder, aber nicht mit den Waffen, sondern auf dem Wege eines Vertrages, wonach er die Franken im Besitze liess. Damit war für jetzt sein Feldzug zu Ende. Er musste ins innere Gallien zurückgehen, um sich ein Heer zu sammeln. Hier stiess er abermals, zu Sens, auf die Alemannen, die die Stadt sammt Julian hart belagerten. Im folgenden Jahre 357 liess ihm der Feldzug gegen die Alemannen, dessen Abschluss der Sieg bei Strassburg war, am Niederrhein nur Zeit zu einer kleineren Unternehmung von Köln aus gegen eine fränkische Schaar, die sich, nachdem sie das Land vom Rheine an durchstreift, in zwei Castellen sechshundert Mann stark festgesetzt hatten und dort von dem Reitergeneral Severus bedrängt wurden. Die Franken machten den Belagerern — auch Julian hatte sich eingefunden — die Arbeit schwer, und ergaben sich erst tief im Winter, als der Hunger sie zwang. Die Rheinfranken wollten sie entsetzen, hatten aber die Sache zu spät erfahren und kehrten, als man ihnen meldete, die Tapfern hätten sich ergeben müssen und seien mit dem Cäsar abgezogen, wieder um. Immerhin hatte sich dieser zu dem Feldzug des folgenden Jahres den Weg gebahnt.

Die Verhältnisse der Gebiete innerhalb des unteren Maaslaufes und der nördlich darüber liegenden traten bei Gelegenheit dieses Feldzuges deutlich hervor. Die Bataverinsel war nicht die eigentliche Heimath der Franken, sie waren auf dieselbe, wenigstens ein

Theil von ihnen, durch die Chamaver gedrängt worden. Die Chamaver bildeten einen Zweig des Sachsen-, nicht des Frankenvolkes. Zur Zeit Maximians wohnten diese Franken, wovon später die Chamaver einen Theil südwärts drängten, noch ganz in dem Land zwischen der Utrechter Vecht und Yssel. Die Chamaver dagegen hatten das rechte Yssel- und Rheinufer, gegenüber der Bataverinsel und bis zur Lippemündung aufwärts inne. Unter Constantius Chlorus waren beide Völker, (mit den Chamavern auch Schaaren der nördlich wohnenden Friesen) von gleicher Kriegs- und Beutelust getrieben, als Bundesgenossen westwärts über die Yssel ins Land der Salischen Franken und von da, mit Saliern in Gemeinschaft auf die Bataverinsel gedrungen. Hier traf sie mit einander das herbe Geschick der Gefangenschaft und Versetzung ins Innere Galliens. Die Freundschaft unter den Zurückgebliebenen war nicht von Dauer. Die Chamaver setzten später nochmals über die Yssel und bedrängten die hier wohnenden Salier der Art, dass diese, wenigstens — nach der in solchen Fällen regelmässig befolgten Weise — die Mehrzahl der Streitbaren, nachgaben, indem sie, ohne gerade ihr Land zu entvölkern oder aufzugeben, südwärts zogen und sich über die Insel und das zwischen Maas und Schelde gelegene Land verbreiteten. Allein auch hier liess ihnen das wilde Chamavervolk keine Ruhe, sondern verlangte, sie möchten ihnen den Durchzug gestatten, um (südwärts) Römisches Gebiet zu überfallen. Als die Salier sich dem jedoch widersetzten, um für den Unfug der wilden Gesellen nicht mit verantwortlich zu werden, da kamen die Chamaver zu Schiffe auf die Insel und fielen ihnen beschwerlich, um sie zum gänzlichen Abzug zu zwingen. In diesem Augenblick, es war im Mai 358, erschien Julian mit seinem Heere (von Köln aus) zu Tongern. Kaum hatten die Salier von seiner Ankunft erfahren, als sie eine Gesandtschaft an Julian schickten, die unter offener Darlegung des Sachverhaltes an ihn im Namen ihres Königs die Bitte richtete, er möge sie im Besitz des eingenommenen Gebietes lassen. Mit unbestimmter Antwort, aber auch mit Geschenken entliess er sie. Doch kaum waren sie fortgegangen, so folgte er der Maas entlang, der Reitergeneral Severus am Rheine hin, mit Sturmeseile und stand plötzlich unmittelbar vor ihrem Heerlager. An Widerstand war nicht zu denken, eine Schlacht aber auch seine Absicht nicht; er wollte sie nur schrecken und so zur „Unterwerfung“ zwingen. So war es ihm leicht, sich zu einem Frieden mit ihnen herabzulassen, gemäss welchem sie im Besitz des von ihnen eingenommenen Landes verbleiben, aber Soldaten für das römische Heer stellen sollten. Seitdem gab es, wie die Reichsstatistik ausweist, mehrere römische Truppen-Abtheilungen mit dem Namen Salier.

Es kann nach den Vorgängen, die wir im Obigen besprochen haben, nicht befremden, dass Julian, zumal ihm die Verhältnisse keinen anderen Ausweg liessen, sich entschlossen hatte, an dem fränkischen Volke Unterthanen zu gewinnen, deren Tüchtigkeit man in der Staatsverwaltung wie im Kriege längst hochschätzte. Die fränkischen Völker waren von den Mattiaken an bis zu den Saliern seit Jahrhunderten in die manichfachsten Berührungen mit römischem Wesen, römischer Cultur gekommen und hatten dadurch vor allen übrigen Germanen einen so grossen Vorsprung, dass sie in einem Grade, wie keine anderen Germanen (theilweise nur ähnlich auf der Südostseite die Gothen) zur Aufnahme in das verheerte und entvölkerte Gallien und ins Heer taugten, ja förmlich erwünscht kamen [1]) Ganz anders verfuhr der scharfblickende junge Kaiser mit den noch gar wilden Alemannen, den erst seit etwa hundert Jahren auf der Mainlinie vorbrechenden Sueven Cäsars, ganz anders auch mit den wilden Sachsen.

Als die Verhältnisse mit den neuen Toxandriern geordnet waren, zog Julian ebenso rasch nordwärts gegen die auf die Bataverinsel gekommenen und noch mit den Saliern um deren Besitz

---

[1]) Vgl. die noch nicht genug beachteten Gedanken bei v. Sybel, Entstehung des deutschen Königthums, S. 158—159.

streitenden Sachsen, die Chamaver, wo er sich mit Severus vereinigte und sie, die Nichts geahnt hatten, überfiel. Das Hauptverbrechen der Chamaver bestand übrigens, wie Julian selbst erzählt, darin, dass sie der Flotte, die für das verwüstete Gallien Brittannisches Getreide rheinaufwärts brachte, den Durchgang wehrten. Das hatten sie allein gethan und daher der Befehl Julians an das Heer, den Saliern kein Leid zuzufügen, dagegen die Chamaver als Feinde zu behandeln. Viele von ihnen wurden getödtet, eine Menge gefangen; die Anderen flohen. Die Insel war von ihnen befreit und verblieb, wie das übrige Land, den unter einem König, getrennt von denen in Toxandrien, lebenden Saliern; die Getreideschiffe passirten. Die Chamaver aber wusste er auf verschiedene Weise zu züchtigen. Er erneuerte die ihnen gegenüber liegenden Castelle und verleidete ihnen dadurch das Uebersetzen und Plündern. Ausserdem bildete er, um den Chamavern auf ihrem eignen Gebiete zu schaden, ein eignes Corps Salier, an deren Spitze er einen deutschen Recken von riesiger Gestalt und unvergleichlicher Kühnheit stellte, Chariętto geheissen. Dieser Chariętto, seines Zeichens ein richtiger Räuberhauptmann, hatte sich ihm nämlich selbst sammt seinen Gesellen in urgermanischer Naivetät zur Befeindung der Chamaver zur Verfügung gestellt und Julian hatte ihn in seine Dienste genommen. Während die übrigen Truppen dazu da waren, in ihren Befestigungen, die Julian an Rhein und Maas zu erneuern und zu vermehren bemüht war [1]), für die Sicherheit der Grenze zu sorgen, setzte Chariętto mit seinen Saliern über, hielt sich bei Tage verborgen und griff des Nachts, an die Wohnungen sich hinschleichend, wen er wollte, heraus und brachte ihn ein oder tödtete ihn; sein Hauptgeschäft bezog sich natürlich auf die vornehmsten Chamaver und das Beste, was sie hatten. Immer kühner ging er zu Werke, immer empfindlicher wusste er sie zu treffen, gross war schon die Zahl der Gefangenen, darunter auch der Sohn ihres Königs, Nebisgast. End-

---

[1]) Ammianus Marcellinus, XVIII. 2.

lich neigten sie sich zur Unterhandlung um Frieden. Auf dem rechten Rheinufer stand der Chamaverkönig, und in einem Kahn auf dem Rhein, jedoch ausser Schussweite, Julian mit einem Dolmetscher. Der Friede kam zu Stande, denn Julian verlangte nur ihre Freundschaft (ungestörte Schifffahrt auf dem Strom und) eine Anzahl Chamaver für die Legionen; sie waren damit einverstanden. Aber als er nun zur Bürgschaft ihres Versprechens Geiseln und zwar vornehme, nämlich den Sohn des Königs verlangte, brach dieser in Wehklagen und Thränen aus; denn er glaubte, Nebisgast sei im Kampf gefallen. Da zeigte Julian ihm den Sohn als seinen in Ehren gehaltenen Gefangenen. Der König gerieth ausser sich vor Freude und vor Bewunderung über diese Milde und widerstrebte nicht, als Julian nun die Königin als Geisel verlangte.

Die in mehreren Gauen ohne festeren Zusammenhalt lebenden Salier scheinen, obgleich sie auf die Bataverinsel gekommen waren, die bisherigen Inhaber nicht verdrängt zu haben. Sehr merkwürdig ist dabei, dass die Römer, die noch bis in den Anfang des 5. Jahrhunderts Bataver im Heere hatten, nicht wegen dieser ihrer alten Verbündeten die Salier auswiesen. Die Brauchbarkeit letzterer erklärt nicht Alles, der Hauptgrund muss darin gelegen haben, dass jene sehr zusammengeschmolzen und die Insel weder ganz zu bewohnen noch, was bei Julian entschied, zu vertheidigen im Stande waren. An den Saliern hatte er vollen Ersatz gefunden für Beides.

Die Sicherheit des Verkehrs zwischen den Rheinstädten, Köln insbesondere, und Brittannien war noch nicht vollständig, so lange die wilden Hattuarier (zwischen Lippe und Düssel) sich nicht, gleich ihren nördlichen Nachbarn, zum Frieden bequemt hatten. Ein Feldzug gegen sie konnte desshalb um so weniger erspart bleiben, als sie auch wiederholt Einfälle auf die linke Seite des Rheins ins alte Gugerner- und Ambivaritengebiet machten, und die dort kaum geschaffene Ordnung wieder in Frage stellten. Als daher die Legionen 360 zu Paris Julian zum Kaiser ausgerufen hatten und die

Stellung, die Constantius zu diesem Ereigniss einnahm, die Nothwendigkeit eines Feldzuges nach dem Osten voraussehen liess, trat der neue Kaiser noch eben den Marsch an zum Niederrhein. Mit allen Zurüstungen, die erforderlich schienen, versehen, schlug er bei Xanten eine Brücke über den Rhein, ging dann südwärts über die Lippe und überfiel die hattuarischen Franken, die sich durch die schluchtige wilde Beschaffenheit ihrer Gaue für hinlänglich geschützt hielten gegen Feindes Angriff. Ihr König unterlag im Kampf, Viele wurden getödtet oder gefangen. Die Bedingungen, unter denen Julian mit ihnen „den angrenzenden[1]) Unterthanen zum Nutzen“ Frieden schloss, werden die den übrigen Franken bereits gewährten gewesen sein[2]).

Doch dieser Friede dauerte nicht lange. „Die Franken und die Sachsen“ brachen in den Jahren 367 und 368 wieder verheerend über Gallien herein und wenn wir hören, dass die zu ihrer Züchtigung unter dem Feldherrn Theodosius, dem nachmaligen Kaiser, ausgesandte Flotte den Feind in den Gegenden von „Rhein und Waal“ aufsuchte und bekriegte, so wissen wir, wer die Franken und wer die Sachsen waren. An dieselben Sachsen, diesmal als Verheerer fränkischen Gebietes, ist zu denken, wenn uns berichtet wird, dass Kaiser Valentinian I. im Jahre 373 die „den römischen Grenzen gefährlichen Sachsen,“ als sie bereits das Land der Franken verheerten und sich anschickten, einen ungeheuren Einbruch (über den Rhein) ins Römische Gebiet zu machen, bei Deutz auf fränkischem Boden auf das Haupt geschlagen.

Werfen wir nur noch einen Blick auf die merkwürdige Stellung

---

[1]) Das heisst: linksrheinischen, zu denen die Hattuarier ja einbrachen.

[2]) Wir erwähnen nur als einer (gegenüber Eunapius und Zosimus nicht mehr ferner möglichen) Verwirrung, die lange genug den wahren Sachverhalt über die Kämpfe Julians am Niederrhein getrübt hat, der völlig werthlosen Chamavi qui et Pranci der Römischen Marschkarte. Die „Quaden“ des Zosimus sind längst (v. Sybel, Entstehung des D. Königthums) als Chamaver erkannt.

des zum thatsächlichen Herrn Galliens emporgekommenen Franken Arbogast[1]) und auf die Erfolge des Reichsfeldherrn Stilicho am Rhein 399, so ist jene nur die bezeichnendste Erscheinung für die bereits entscheidende Ueberlegenheit des fränkischen Elementes in Gallien, diese aber ein Beweis, welche Ueberlegenheit die römische Reichsidee, sobald sie mit Geschick und Energie vertreten wurde, über die Franken ausübte.

II.

INNERER ZUSAMMENHANG UND RUECKBLICK.

Im Anfang des fünften Jahrhunderts gab es keine Germania secunda mehr. Das Gebiet zwischen Schelde und Rhein bis an die Nervische, Remische und Trevirische Grenze war Frankenland. Die Reichsstatistik aus der Zeit um 400 lässt darüber keinen Zweifel. Als letzte Rheinstation abwärts erscheint Andernach. Daraus ist deutlich, dass die dennoch aufgeführte Germania secunda nur noch als Rubrik aus der Vergangenheit und als hoffnungsloser Wunsch für die Zukunft übrig geblieben ist. Tournay erscheint noch als Römisch, auf der Sambre ist noch eine Flotte.

Bei dieser Sachlage fällt die Angabe, damals habe eine Läten-

---

[1]) Sein Zug ins Frankenland hat, weil er dort Chamaver traf und Ampsivarier und Chatten sah, Schwierigkeit gemacht. Die ersteren betreffend, wissen wir, dass sie, bereits bis Deutz schweifend, das neue Bructererland zwischen Lippe und Ruhr gewiss weidlich in ihre Gewalt nahmen; das Erscheinen vereinzelter Chattenschwärme im alten Sigambernland, aus welchem die Mehrzahl sich bereits der Ripa, des Ubischen linken Rheinufers bemächtigt, also viel Land öde gelassen hatte, befremdet nicht. Manche Orte auf diesem Gebiete zwischen Sieg und Ruhr, tragen die ächt chattischen Endungen -lar und -mar, und dürften auf solch eine Invasion hindeuten; die Gesellschaft der Ampsivarier bei ihren Beschützern fällt nach Tac. XIII. 56 nicht auf. Dass Gregor oder Sulpitius dies Land Frankenland und seine Bewohner Franken nennen, was sie der Mehrzahl nach auch noch waren, ist natürlich.

colonie um Tungern unter Römischem Befehl gestanden, ungemein auf. Das wäre ein tief ins Frankenland vorgeschobener vereinzelter Posten. Nur unter einer Voraussetzung ist sein Bestehen um diese Zeit zuzugeben: dass nämlich der Präfect eben zugleich der eingeborne Fürst seiner dortigen Untergebenen war. Die Geschichte jener Zeit weist solcher Beispiele, wo Deutsche Fürsten zugleich in Römischen Diensten standen, mehrere auf und die Verhältnisse, wie sie sich zwischen Franken und Römern entwickelt hatten, reden unserer Annahme das Wort. Eine eigentliche Herrschaft Roms in diesen Gegenden ist um den Anfang des 5. Jahrhunderts ganz und gar zu bestreiten.

Die Probe auf die soeben angegebene Ausdehnung des fränkischen Landes wird geliefert durch die Namen der Germanisch-Belgischen Städte, welche der wilde Zug der Vandalen und Alanen, der quer durch Deutschland sich wälzte und am 31. December 406 den Rhein überschritt, heimsuchte: Mainz, Worms, Speier, Strassburg, Rheims, Amiens, Arras, Tournay und Terouanne. Weiter abwärts wird keine Stadt genannt, diese waren fränkisch. Freilich wollte das Vandalenheer auch nordwärts; aber — so lautet die Alles klärende Nachricht — in der Schlacht, die ihnen die Franken lieferten, verloren sie ungefähr 20,000 Mann durch das Schwert, darunter ihren König Godegisil!

Dieses älteste Reich der Franken, das wir im Vorhergehenden seit dem Auftauchen des Frankennamens sich haben bilden sehen, bestand seiner Entstehung nach aus zwei Theilen, die der Maasfluss schied. Der westliche gehörte, wie wir zur Zeit Julians gefunden, den von Norden her über die Bataverinsel gekommenen Saliern. Der östliche, zwischen der Lippe, den hessischen Gebirgen und dem Westerwald gelegen, hatte zuerst noch keinen eignen Namen. Es war eben Frankenland, Francia. Im Laufe des 5. Jahrhunderts aber bildete sich der römisch-deutsche Namen Rip-warenland, Ripuaria d. h. Rheinland. Ripuarien hatte seine neuen Bewohner und Herrn aus dem alten Sigambernlande empfangen; selbst seine nördlichsten Gaue im Clevischen, die Hattuarier, stammten; wie wir wissen, von Westen. Woher stammen die Salier? Suchen wir die Nordgrenze unseres Frankenlandes zu ermitteln.

Die Nordgrenze des Frankengebietes ist bisher auffallenderweise noch fast gar nicht untersucht, geschweige bestimmt worden. Lassen wir die Ursachen dieser Lücke vorerst auf sich beruhen, und fassen die zur Lichtung der Unbestimmtheit dienlichen Thatsachen ins Auge. Vor Allem müssen wir der aus Zeuss' Darlegung fast allgemein verbreiteten Anschauung, als ob jemals in dem Gebiete zwischen der Utrechter Vecht und der östlichen Yssel Friesen gewohnt hätten, entgegentreten. Es gibt kein einziges Zeugniss, womit das zu beweisen wäre. Die Gaue Feluwe und Flehite sind niemals friesisch, sondern immer fränkisch gewesen; dasselbe ist mit dem Gau Nardingland der Fall. Dass der Geograph von Ravenna das Friesenland mit der Stadt Durstede beginnen lässt, stimmt ganz zu der friesischen Zugehörigkeit des links von der Vecht beginnenden Gaues Niftarlaka, dessen östlichster Punkt eben Durstede war. Der Gau Teisterbant scheint nicht immer, wie van den Bergh glaubt, fränkisch, sondern zeitweise friesisch gewesen zu sein. Die betreffende Angabe bezieht sich aber vielleicht doch nur auf ein momentanes Vordringen des friesischen Elementes (bis zum Helius-Sincfala), das während derselben Zeit, da die Salier südwärts drangen, sehr denkbar ist. Ganz gewiss darf aber die Angabe bei Lambert von Hersfeld, Utrecht sei eine friesische Stadt, nicht ethnographisch, sondern muss kirchlich verstanden werden; Utrecht war das (Fürst-)Bisthum über alle Friesen, die Franken natürlich, im Norden der Waal — als Minderheit — mit eingeschlossen. Die Mündungen der Schelde, der Maas und des Rheines haben flandrische, suevische, fränkische, aber zeitweise unter friesischer Herrschaft stehende Bewohner. Jedenfalls ist die Linie Durstede-Utrecht-Muiden (Utrecht innerhalb) als die Ostgrenze des nördlichen Frankenlandes zu betrachten. Die Beweise dafür ergeben sich vom Anfang des 7. Jahrhunderts an in folgenden Thatsachen.

Das alte Traiectum. des Antoninischen Itinerars, an der Mündung von Rhein und Vecht gelegen, ist nach einem unbezweifelbaren Zeugniss eine fränkische Feste. Es wird uns nämlich berichtet, dass der König Dagobert I., der von 622—638 regiert hat, dem damaligen Bischof Kunibert von Köln die Feste Trajectum (Trehct in dem Leben des h. Bonifacius) sammt der zerstörten Kirche daselbst übergeben habe mit der Verpflichtung, die Friesen durch die Verkündigung des Evangeliums zu bekehren. Der Bischof von Köln führte diese Thatsache, welche sich nicht bestreiten liess, zur Zeit des heil. Bonifacius als Grund an, wesshalb Utrecht unter Köln stehen müsse. Es liegt auf der Hand, dass Dagobert hier keinen Friesenort, sondern eine zu seinem Reich gehörige Feste, die allerdings, wie die zerstörte Kirche lehrt, hart an der friesischen Grenze lag, eben darum aber für den bezeichneten Zweck wie geschaffen war, verschenkt hat und verschenken konnte. Wäre Utrecht friesich gewesen, so lag in der Schenkung eine offene Kriegserklärung gegen die Friesen, nach einer solchen Kriegserklärung aber den Bischof verpflichten, von dem angemassten Orte Besitz zu ergreifen, wäre eine Lächerlichkeit gewesen. Dagobert hat die Schenkung gemacht, Cunibert sie angenommen, sein Nachfolger macht sie nach mehr als hundert Jahren noch gegen Bonifacius geltend und Bonifacius hat, was sonst in entschiedenstem Interesse seines Gegenbeweises gewesen wäre, an Allem Nichts auszusetzen, als dass Köln jener Verpflichtung nicht nachgekommen sei. Er hebt das mit einer Schärfe hervor, welche offenbar ihre Berechtigung darin hatte, dass die Erfüllung wohl möglich gewesen wäre, desshalb also wirklich die Unterlassung eine freiwillige war und mit Recht auch die Schenkung ausser Kraft setzte. Die Gründe des heiligen Bonifacius schlugen durch, die Ansprüche Kölns wurden abgewiesen. Es steht folglich fest, dass Utrecht lange vor Beginn der eigentlichen Kriege zwischen Franken und Friesen, in der ersten Hälfte des 7. Jahrhunderts eine fränkische Stadt gewesen ist. Wir dürfen weiter gehn, das Zeugniss gilt auch für den Anfang des 7. Jahrhunderts. Die

Kirche war von Franken erbaut, nicht von Friesen; denn Bonifacius sagt ausdrücklich, dass die Friesen Heiden geblieben sind auch nach jener Schenkung. Die Annahme Rettbergs, die Hoheit Dagoberts I. über Utrecht sei die Frucht einer fränkischen Eroberung in Friesland, entbehrt alles Beweises und wird durch die eben erörterten Verhältnisse widerlegt. Radbods Vorgänger, der Friesenfürst Adelgisil, dessen Wirken also in die Zeit von 622—679 gehört, hat erwiesenermassen mit Dagobert II. (673—678) in freundschaftlicher Beziehung gestanden. Erst mit Radbod beginnt der Krieg zwischen Friesen und Franken. Dieser Sachverhalt empfängt seine volle Bestätigung, wenn wir hören, dass schon die Könige Clothar und Theodebert der Kirche von Utrecht Immunität gewährten[1]). So ist also ein Act der Herrschaft bereits für die Zeit von 584—612 gesichert!

Dass nun an der Thatsache, wonach Utrecht von Haus aus fränkisch gewesen ist, der Sieg Pipins von Heristall über Radbod im Jahre 689 etwas zum Nachtheil der Franken sollte geändert haben, wäre geradezu unbegreiflich. Und doch müsste es so sein, wenn man gezwungen wäre, eine Stelle im Leben Willibrords von Alcuin in der Weise zu verstehen, wie es bis jetzt geschehen ist. Es heisst dort von der, wie wir wissen, im Jahre 690 stattgefundenen Ankunft Willibrords in Friesland: „So fuhr der Mann Gottes denn mit seinen Gefährten gen Friesland, bis er nach glücklichem Einlaufen in die Mündung des Rheines die Segel einzog. Dort betraten sie das ersehnte Land, stärkten sich und kamen dann zu der Burg Utrecht, die am Ufer des selbigen Flusses liegt. — Weil aber dasselbe Friesenvolk, bei welchem jene Burg steht, mit seinem König Radbod noch von heidnischen Gebräuchen beschmutzt war, dünkte es dem Mann Gottes gut, nach Francien zu reisen und zu dessen siegberühmtem, wackerem und von Sitten hochehrsamem Fürsten Pipin zu gehen. Der empfing ihn auch mit allen Ehren."

[1]) Sickel, acta regum, 1867. II. Urk. Pipins v. J. 753.

Wenn man diese Worte einfach lässt, wie sie sind, so sagen sie weder, dass Radbod in Utrecht, noch dass Utrecht in Friesland, noch dass Willibrord bei Radbod war. Das Wort „in quo“, auf „eadem gens Fresonum“ bezogen, verräth schon durch die neutrale Form die Unklarheit in der Vorstellung des Verfassers, und muss daher nach dem wirklichen Sachverhalt, den wir anderswoher kennen, verstanden werden, nämlich nicht im strikten Sinne von „in“, sondern in der Bedeutung von „bei“, ähnlich wie unzählige Male bei Schriftstellern dieser Zeiten das lateinische „bei“ im strikten Sinne von „in“ steht. Der Satz enthält auch noch eine andere Unsicherheit darin, dass er dem Leser wenigstens den Eindruck macht, als sollte angedeutet werden, Willibrord habe sich durch einen Besuch bei Radbod überzeugt, dass er und sein Volk Heiden wären. Dass das nicht geschehen ist, lehrt der zeitlich der Sache viel näher stehende Beda, wonach Willibrord auf dem Festland angekommen direct zu Pippin geht und den Radbod auf seiner ganzen Reise von Brittannien rheinaufwärts zu Pippin nicht treffen konnte, weil derselbe nämlich „so eben durch Pippin aus dem ganzen westlichen Friesland (vom Sincfall bis zum Flie) vertrieben war!“ Da aber Utrecht an der Grenze, „bei“ Friesland lag, so konnte Willibrord sich daselbst sehr wohl unterrichten über die Zustände in Friesland. In der Folge „schenkte Pippin ihm einen Platz zum Bischofssitz in seiner berühmten Feste, die mit einem alten Worte jener Völker Wiltaburg, das heisst Stadt der Wilten, in der Gallischen Sprache aber Trajectum genannt wird.“ Man hat mit Unrecht diese Worte so verstanden, als wolle Beda hier sagen, Utrecht habe ausser seinem „Gallischen“ d. h. Romanischen Namen Trajectum, noch einen slavischen Namen gehabt, und als wolle Beda damit ferner bezeugen, in Utrecht wohnten Wilzen oder hätten je dort gewohnt. Denn erstens sagt er gar nicht, „jene Völker“ seien selbst Wilzen gewesen, er sagt nur bei „jenen Völkern existire ein Wort, das „Wilti, Wiltus“ laute und aus diesem Wort „jener Völker“ sei der nichtgallische Name von Utrecht gebildet. Wer sind aber die von Beda gemeinten „Völker?“ Das zweitvorhergehende 9. Kapitel Beda's gibt die klare Antwort: es sind „die mit den Angelsachsen stammverwandten sehr zahlreichen Völker in Germanien, die das Wort Gottes noch nicht gehört hatten.“ Wir wissen also, dass Wiltaburg ein deutsches Wort ist, aus der deutschen Sprache gebildet, aus ihr zu erklären. Folgen wir Beda's Worten, so bietet sich sofort das deutsche Eigenschaftswort viltheis bei Ulfilas, das heisst wild, dar, und zwar in dem Sinne von Recke, Held. Wir kommen dadurch freilich — nicht zwar mit dem Volke, aber mit dem Worte Wilzen zusammen; allein auch in dieser Form ist uns das Wort als ein deutsches, ja von keinem Geringeren, als dem Biographen und Freund Karls des Grossen als ein fränkisches Wort bezeugt[1]). Die Bezeichnung einer Feste als Stadt der Recken, der Helden, der Wildkühnen von Seiten der Franken kann nichts Befremdendes haben, zumal wenn wir nicht vergessen, welche Rolle in der mit der fränkischen sehr nahe verwandten altnordischen Gedankenwelt Riesenheim, Walhöll und andere Götter- und Heldenburgen[2]) spielten. Mag man nun den schönen fränkischen Namen auf das den Franken in die Hände gefallene Römercastell selbst oder auf eine (dann wohl von ihnen selbst) in geringer Entfernung angelegte „Heldenburg“ beziehen, — der Name bestätigt uns die Zugehörigkeit der Gegend zum Frankenland. Dass diese Stellung Utrechts dicht an der Grenze von Friesland für das Missionswerk S. Willibrords und seiner Gefährten und Nachfolger sich ganz vorzüglich eignete, ist klar. Pippin überliess ihm die Stadt der Recken darum gerne als die Burg eines geistigen Heldenkampfes gegen die „Unholde“ des friesischen und des sächsischen Heidenthums, und alle deutsche Fürsten wetteiferten seitdem in der Beschenkung des geist-

---

[1]) Natio quaedam Sclavenorum est in Germania, sedes super litus oceani (Ostsee), quae propria lingua Welatabi, francica autem Wiltzi vocatur. Eginhart, vita Caroli. 12.

[2]) Simrock, D. Mythologie 43—51.

lichen Hochsitzes mit Rechten und Hoheiten über fast sämmtliche Niederlande.

Das Land von Rhein und Vecht an ostwärts ist altes Frankenland. Seine Ostgrenze bildet die Yssel. Das sagt mit deutlichen Worten das Leben S. Ludgers: „auf der Grenze der Franken und Sachsen, den Fluss Yssel entlang“ habe Liafwin sein Missionswerk eröffnet. Zuerst, heisst es weiter, habe er auf dem linken Ysselufer, in Velp eine Kapelle erbaut, darauf eine Kirche am östlichen Ufer in Davintre; da hätten aber die Sachsen, weil sie Heiden waren, die Christen vertrieben und die Kirche in Asche gelegt.

Ueber den Charakter des zwischen diesen beiden Linien, der Utrechter und Deventerer, gelegenen Gebietes, der Veluwe, als Frankenland, der freilich nach dem Vorstehenden bereits ausgemacht ist, belehrt uns zum Ueberfluss noch die berühmte Urkunde Folckers vom Jahre 855[1]).

[1]) Die Urkunde lautet nach Lacomblet, Urkundenbuch für die Geschichte des Niederrheins, Düsseldorf 1840. I. n. 65., mit Hinweglassung des Nebensächlichen:

Ego Folckerus .... in coenobio werdinensi ..... monachicam elegi ducere vitam. quapropter quasdam proprietatis meae res, quae mihi iure hereditario in pago hamulande in comitatu wigmanni, necnon et in batuue in comitatu ansfridi, cum edificiis omnibus [obvenit] .. coram testibus et nobilium virorum praesentia, secundum legem **ripuariam** et **salicam** necnon secundum **euua fresonum** de iure et potestate mea in ius et proprietatem predicti monasterii ..... possidendas tradidi et secundum praedictas leges vestituram feci .... Haec sunt nomina locorum praefatae hereditatis:

In pago qui dicitur felua ... (puthem ... hotseri .... rentilo .... in saltu qui dicitur unnilo .... niutlo ..... in silva quae dicitur hornlo, in Urthunsula .... thri ..... irminlo ...... in illis silvis quae dicuntur burlo, dabbonlo, uuardlo, orclo, legurlo et in ottarloun et in langlo...... in archi ...).

In pago que dicitur Flethetti ... (villa hrara ..... hreni .... rimbrahti .... tiuli ...... hnodi ...... in silva hrenhem ..).

In insula batue ... (and assale .... euuic ..... elti et hrineshem.... getuurdh .... linteruuic ...).

Item commentariolum de hereditate Folkeri quam habet in frisia (in ago kinhem ...... in pago **westrachi** ...... in pago humerki ...).

Die Urkunde besteht, wie bereits v. Richthofen bemerkt hat, aus einem ersten Schenkungsakt und einem Zusatz. Der Zusatz ist eingeleitet durch die Worte: „Ferner Aufstellung von dem (mit verschenkten) Erbgut Folckers, das er in Friesland hat.“ Alles diesem Zusatz Voranstehende ist dadurch als nichtfriesisch erklärt. Dem Zusatz in der Schenkung entspricht ein am Ende der ersten vom 7. November (in der Villa Hlara) datirten Urkunde hinzugefügtes zweites Datum (10. November in der Villa Hlegilo) und ein Zusatz über die in Betreff des Geschenkten geltenden Volksgesetze; es ist nämlich den auf die erste Urkunde bezüglichen Worten: „gemäss dem Ripuarischen und Salischen Gesetze“ noch, den hinzugekommenen Friesischen Gütern entsprechend, nachgetragen „und nach der êwa der Friesen.“ Hiernach fallen unter das „Ripuarische und Salische“, also unter das fränkische Recht die Güter in der Insel Batuwe, im Gau Flethetti und im Gau Felua. Es gilt zwischen

Haec igitur traditio facta est coram pluribus et idoneis testibus in pago cui vocabulum est flethetti in villa que vocatur hlara sub die septima idus novembris et in pago vocato batue in villa que vocatur hlegilo sub die IIII. idus nouembris. Anno ab incarnatione domini nostri iesu christi. DCCCLV. indictione. III. Regnante domno nostro hludouuico imperatore iuniore augusto anno XV. Ego hildiricus subdiaconus. huius traditionis cartam. rogatus scripsi et subscripsi. Hec sunt nomina testium qui hanc traditionem secundum legem ripuariorum fieri viderunt et audierunt. Signum folkeri qui hanc traditionem coram testibus subterius nominatis manu propria perfecit et roboravit. Nomina testium qui in orientali ripa hreni fluminis constituti esse noscuntur. Sig. hildiric. sig. odo. sig. hrodger. sig. engilrad. sig. odaccar. sig. thiatric. sig. uulfhelm. sig. athaluuard. sig. uualthrabban. sig. thiatrad. sig. abbo. sig. egilbraht. sig. uuiger. sig. sahsger. — Dass diese Urkunde den ausschliesslich fränkischen, insbesondere salischen Charakter des Landes zwischen der Utrechter Vecht und der Yssel beweist, liegt am Tage, nicht minder auch, dass dies Land auch unter Wigmann stand, aber nur insofern, ganz uneigentlich, zum Hamalande gezählt worden ist, als Wigmann eben comes in Hamulande war und man der Kürze wegen seinen ganzen Verwaltungsbezirk mit dem Namen seiner Hauptgrafschaft, des rechts der Yssel und des Rheins liegenden Hamalandes, bezeichnete. Hamaland hatte nur sächsisches Recht, das sagt die Urkunde Kaiser Otto's III. vom Jahre 996 (Lacomblet, Urkb. I. n. 127. vgl. ebenda n. 110. die Urk. Otto's I. vom J. 968.) ausdrücklich.

Vecht, Rhein, Yssel und Almeri (Zuiderzee) nur fränkisches Recht, dies Gebiet ist nur Frankenland.

Nach diesem Sachverhalt muss die in der Einleitung zu der Urkunde stehende Angabe, dass die Güter der beiden Gaue Flethetti und Felua gelegen seien „im Gaue Hamulande, in der Grafschaft Wigmanns“ dahin verstanden werden, dass sie allerdings unter dem Grafenbann Wigmanns, des Grafen vom Gau Hamulande, gelegen waren, darum aber keineswegs anders, als in sehr freier, bequemer Redeweise zum Hamaland gezählt werden konnten[1]). Wir wissen von dem Vater der berüchtigten Adela, dem Grafen Wicmann vom Hamaland, dass er als solcher ein Sachse war, Graf des westlichen Sachsenlandes und unter der ê der Sachsen lebte; die Veluwe und Flethetti war kein Sachsen-, sondern Frankenland. Sachsengaue, die, gleich allem Frankenland nördlich der Betuwe, zu Utrecht kamen, waren, sämmtlich erst rechts von der Yssel beginnend: Thrianti (Drenthe), Tuwanti (Twente), der Umbalah- oder Forstgau (Ἀγριδιώκensis), Salo und Isla, und Hamaland (im eigentlichen Sinne). Dass nicht alles Sachsenland zu der Diöcese S. Liudgers gekommen ist, muss wohl dem überwiegenden Ansehen des Utrechter Hochstifts zugeschrieben werden, das nicht nur die Veluwe sich unter den Ottonen zu verschaffen gewusst hat, sondern auch Südholland, Westfriesland und weite Gebiete in Friesland ostwärts vom Flie. In dieser Beziehung ist die Verleihung der neugebildeten Hamalandischen Grafschaft Deventer durch Kaiser Heinrich III. im Jahre 1046 an das Hochstift Utrecht charakteristisch[2]). Es war ein Untergau vom Hamaland, der insofern der Folkerschen Urkunde analog ist, als in der Angabe seiner Begrenzung — und er liegt „im Hamaland“ — das Vorhandensein eines links der Yssel gelegenen Streifens constatirt scheint.

---

[1]) In derselben Weise, wie auch Amore des bekannten Capitulars zu verstehen sein wird.

[2]) Van den Bergh, handboek der middelnederlandsche Geographie, S. 183. ff.

Es bleibt aus der Folker'schen Urkunde noch ein Punkt zu betrachten. Die Schenkung geschehe, so heisst es darin, gemäss dem Ripuarischen und dem Salischen Gesetze. Nun hat aber noch nirgends sich eine Spur gefunden, dass die Batuwe oder gar die Veluwe zu Ripuarien gehörte, vielmehr hat Ripuarien nie über die Waal hinaus gereicht. Von der Betuwe wissen wir, dass sie salisch war. Im Jahre 900 lässt König Zwentibold zu Nimegen eine Sklavin, die der Kirche zu Elst in der Betuwe gehörte, „nach Vorschrift des Salischen Rechts" frei[1]). Damit ist dem Ripuarischen Gesetz auch nach der Veluwe der Weg abgeschnitten.

Der Grund der Erwähnung des Ripuarischen Rechts kann daher nur gefunden werden in der Absicht, bei dem Schenkungsacte gleichmässig dem Salischen und dem Ripuarischen Gesetze zu genügen, ein Verfahren, das bei der wesentlichen Einheit beider Gesetze sehr wohl anging, in diesem Falle aber, wo der Act einem Ripuarischen Orte (Werden an der Ruhr) zu Gute kam, während seine Objecte im Bereich der Salica (und der Ewa Frisonum) lagen, zumal bei der grossartigen Ausdehnung und Vertheiltheit der einzelnen Güter, zur grösseren Sicherheit besonders geboten schien. Es kann aber gerade bei dieser ausdrücklichen Unterscheidung nicht bezweifelt werden, dass wir es in der Veluwe mit der Lex Salica im streng juristischen Sinne zu thun haben.

Wir haben also die wichtige Thatsache gewonnen, dass das Land zwischen Vecht und östlicher Yssel Frankenland und zwar Salisches Frankenland war. Die Betuwe war, wie gezeigt, im nämlichen Falle. Der zwischen der Betuwe und dem Kohlenwald liegende Grossgau Texandrien (von Schelde und Maas umflossen) kann desshalb nur Salisch sein.

Er theilt zwar mit der Betuwe und Veluwe das Loos, in der Vorrede der Lex Salica als nicht vorhanden übergangen zu sein.

---

[1]) Bondam, charterboek der hertogen van Gelderland en graven van Zutphen, I Deel (Utrecht, 1783. fol.) S. 47. Urk. Koenig Suentebolds dd. Niumaga, a. 900, decb.

Indessen sind wir dadurch weder berechtigt, nach dem massenhaften Abzug der Franken in den Südwesten eine Invasion der Friesen in diese Gebiete anzunehmen, wovon keine Quelle weiss, noch auch eine Verödung. Es reicht hin, daran zu denken, dass die Salier allerdings mit dem Kern des Volkes, insbesondere auch mit den Edlen diese ihre Sitze so zu sagen aufgegeben hatten, um von Eroberung zu Eroberuug, nach Tournay, nach Cambray, nach Soissons, nach Paris, nach Orleans, Bordeaux, Toulouse fortzustürmen und das schöne Gallien sich zu unterwerfen: wie musste gegen dieses ungeheure, prächtige Reich das Land nördlich des Kohlenwaldes, Texandrien mit seiner Peel, die Veluwe mit ihren Veenen und Heiden und Maaren in Schatten treten und verschwinden! Indess — salisch blieb das Land, von Saliern bewohnt.

Und doch war es ihre Heimath, das Land, wo sie still zur Kraft und Menge gediehen waren, wo sie bald im Kampf mit den Kaisern Roms, bald wieder in deren Diensten die unwiderstehlichen Krieger geworden, die mit der furchtbaren Streitaxt (francisca) bewaffnet das Werk Cäsars zertrümmerten und ein weites Reich — wenn nicht deutscher Nation, doch deutscher Herrschaft — erbauten. Als aber durch die Erbtheilungen der Merowinger der nordöstliche, deutschere Theil des grossen Frankenreichs, zumal seit den Anfängen der karolingischen Hausmeier, ein selbstständigeres Leben zu zeigen begann, da gedachte man des nordischen Franciens wieder, da trat das alte Texandrien, die Frankenburg an der Vecht, die Betuwe wieder aus dem Dunkel hervor, beschienen von den ersten Strahlen des Christenthums [1]).

In dem alten Salierland, nicht südlich, sondern nördlich von den Ardennen, haben wir zu unterscheiden. Sein ältester Theil ist das Land, das über der Betuwe bis zum Almeri, zwischen der öst-

[1]) S. Lambertus ist der Apostel Toxandriens, mit ihm S. Willibrord, und S. Willibrord mit S. Liudger der Apostel der Veluwe und Frieslands.

lichen Yssel und der Linie Durstede-Utrecht-Muiden liegt. Die Betuwe und Toxandrien sind erst zur Zeit des Carausius, wie wir sahen, salisch geworden. Jenes nördliche Drittel, die eigentliche Heimath der Salischen Franken, verdient, nachdem wir vom Ende des dritten Jahrhunderts abwärts die dortigen Verhältnisse erläutert haben, für die Zeiten aufwärts eine nähere Betrachtung.

Das in Frage stehende Land suchen wir in der Germania des Tacitus, des Ptolmäus vergebens. Einen Namen gab es dafür nicht. Wollen wir in den Berichten der Römischen Schriftsteller Acht haben, ob und mit welchen Worten sie, wo es ganz unvermeidlich scheint, es wenigstens streifen: da schweigen sie entweder völlig oder — weisen uns meist in's Unbestimmte. Fast sollte man glauben, es sei unbewohnt gewesen. Aber dem widersprechen denn doch Thatsachen.

Wir haben gesehen, dass die dem Friedensschluss vorausgehende Unterredung des Cerealis und des Civilis auf einer Brücke über die Yssel stattgefunden hat. Soviel ist gewiss, Cerealis stand auf dem Gebiete von Freunden. Allein auch Civilis hatte die Bewohner zu Freunden, denn nur durch ihr Land kann er von der Bataverinsel sich zurückgezogen haben. Oberhalb des Abflusses der Yssel aus dem Rhein hatten die Römer auf dem rechten Rheinufer erwiesenermassen eine feste Stellung inne, hier wäre eine Flucht mit mehr als hundert Personen, wie sie Civilis zu bewerkstelligen hatte, hoffnungslos gewesen. In der That hatte Civilis die Nothwendigkeit, zu fliehen, vorausgesehen und zu ihrer Erleichterung Anstalt getroffen; er hatte in dem inneren spitzen Winkel, den Rhein und Waal durch ihre Trennung gegenüber Panerden bilden, den von Drusus in den Rhein hineingebauten Damm, wodurch verhindert worden war, dass der Rhein mit der Waal allzuviel Wasser verlöre und so für sich selbst und für die Yssel zu schwach würde, durchstochen und bewirkt, dass der Waal fast alles Rheinwasser zuströmte, der Rhein hingegen zu einem ganz unbedeutenden Wasserlauf geworden[1]) war. Damit hatte das Haupthinderniss eines Rückzugs von der Insel nach Norden aufgehört; die Insel und das über ihr liegende Gebiet sah wie ein einziges zusammenhängendes Land aus. Der Plan war nur möglich, wenn die dortigen Bewohner so befreundet waren, dass keine Zurückweisung oder gar Gefangennahme und Auslieferung an die Römer zu befürchten stand. Und noch mehr mussten sie leisten: sie mussten auch zur Flucht über die Yssel helfen. Wir haben also „Freunde", „Bundesgenossen" der Römer, ungefähr im halben Verhältniss, wie die Bataver vor und nach dem Kriege, zugleich aber auch Freunde des Civilis und seiner östlichen Bundesgenossen vor uns. Alles, was wir sonst an der Stelle über sie erfahren, ist dieses, dass sie „Germanen" waren.

Wären umfassende Ausgrabungen auf diesem Gebiete geschehen, die noch so gut wie fehlen, so hätten sich gewiss mehr Zeugnisse von den ehemaligen Bewohnern gefunden. Indessen schon was wir wissen, ist bedeutsam. An der Hauptstrasse, die über Amersfort die Städte Deventer und Utrecht ziemlich gerade mit einander verbindet, liegt anderthalb Meile westlich von Deventer, von der Strasse in einem südwärts ausweichenden Bogen umfangen, der etwas höhere Ort Het Loo. Dicht dabei dehnt sich, zwischen dem Dorf Hoog Sooren (219' hoch) und den Bergen Spitzleeryen, Galgenberg und Orderberg, das Order Veld oder die Order Mark aus mit Brinks-Orden. Hier lag, im 9. Jahrhundert bezeugt, der merkwürdige Ort Urthun-sula, dessen Name die unverkennbarste Beziehung auf die altgermanische Norne Urth (Wyrd im Beowulf), die Göttin des Werdenden, der Zukunft hat, uns das ehemalige Vorhandensein eines Heiligthums dieser Gottheit, eine fränkische Urthun'sul andeutet[2])! Dass diese merkwürdige Oertlichkeit gerade an einem Loo begegnet, fordert uns auf, uns zu

[1]) Peter, Römische Geschichte III. 2. S. 61.
[2]) Van den Bergh, Geogr. 191.

erinnern, dass die Salier im vierten Jahrhundert ebenfalls an einem Loo ihre Niederlassung hatten, am Toxanderloo. Kaum eine Meile südlich von jenem Loo und seiner Urthunsula ist um das 215' hoch aufsteigende Spelderholt der Bezirk Engeland, wo im 13. und 14. Jahrhundert eine Dingstätte war und noch jezt die Landeshuldigung stattfindet. Anderthalb Meilen westlich von Het Loo ist die nach den Ausgrabungen von Janssen[1]) als Urgermanisches Denkmal constatirte Hünenschanze am Uedeler-Meer, von Germanischen Grabhügeln[2]) umgeben. Die Nähe des „Meeres" und eines anderen tiefen kleineren See's ist schwerlich ohne besondere Beziehung gewählt. Bedenken wir, dass diese Gegend von heiligem Walde umgeben war, so springt die Aehnlichkeit mit dem Heiligthum der Nerthus in die Augen. Es fehlt also der Veluwe auch heute noch nicht an der Beglaubigung, dass in ihr Germanisches Leben, Germanischer Götterglaube, Germanisches Recht gewaltet hat.

Doch wir haben noch andere bestimmtere Anzeichen. Von Noviomagum, dem heutigen Nimegen, aus zogen sich laut der Römischen Militärkarte durch die Bataverinsel zwei Heerstrassen, die eine, nördlichere, lief am linken Rheinufer, die andere, südlichere, am rechten Maasufer dem Meere zu. Beide dienten einer Reihe von Castellen als Verbindung. Uns gehn die Castelle der Rheinlinie an und zwar diejenigen, welche mit dem Strom die Veluwe von Süden her begrenzen. Es sind von Westen an, dem correcteren Antoninischen Itinerar gemäss, die drei: Carvone (im 9. Jahrh. noch Harawa, jetzt Herwen), Mannaritio (jetzt Maurik) und Traiecto (jetzt Utrecht), denen Castra Herculis (das heutige Kesteren), wie wir sahen, durch Maximian hinzugefügt wurde. Es ist gar keine Frage, was diese Römerfesten sollten. Wo man, auf eignem oder „verbündetem" Gebiete Festungen anlegt, da hat man Feinde

---

[1]) Jahrbb. d. Rhein. Alterth. v.'s IV. 1844.

[2]) Man denke an die Schilderung des Grabhügels für Beowulf am Schluss dieses Liedes.

gegenüber. Die Römischn Castelle auf der Rheinlinie am Südrande der Veluwe beweisen also, dass in dieser ein Germanenvolk gewohnt haben muss, das den Römern nichts weniger als stets befreundet war, dem man, gewiss aus Erfahrung, das Schlimmste zutraute, das man eben darum auch von schädlicher, ansteckender Gemeinschaft mit den Batavern fernhalten musste, was allerdings am unfehlbarsten mit einer zwischendurch errichteten Linie von 3—4 Festungen erzielt wurde. Aehnlich wusste Drusus mit seiner Taunusfeste die Bewohner des oberen Rheingaus von ihren wilden Vettern in den Bergen, den Chatten, abzugewöhnen.

Die Veluwe ist uns also als die Wohnstätte eines recht schlimmen Germanenvolkes [1]) durch die soliden Namen von vier Römercastellen bezeugt. Es fragt sich nun: welchem Stamme gehörte dieses Volk an? Man hat gesagt: den Friesen und sich zum Beweise auf die bei Tacitus erzählte Begebenheit des Jahres 58 n. Chr. berufen. „Es hiess (bei den Germanen), den (Römischen) Generälen sei das Recht genommen worden, ihr Heer zum Angriff gegen den Feind zu führen. Darum schafften die Friesen ihr streitbares Heer durch Wälder und Sümpfe, die Kriegsunfähigen (zu Schiffe) über die Seen an das (rechte Rhein-)Ufer und liessen sich auf den unbewohnten und für den Gebrauch der Soldaten vorbehaltenen Gefilden nieder, an ihrer Spitze Verritus und Malorich, die — soweit das bei Germanen angeht — ihre Könige waren. Und schon hatten sie Häuser aufgeschlagen, die Felder besät und bauten das Land, wie wenn es ihnen von jeher gehörte, als Dubius Avitus, der die Provinz (Untergermanien) von Paulinus übernahm, durch Bedrohung mit Waffengewalt, wenn die Friesen nicht in ihre früheren Sitze wieder abzögen oder einen neuen Wohnplatz vom Kaiser erlangten, den Verritus und Malorich veranlasste, die (Reise nach Rom und den Vortrag der) Bitte zu übernehmen.“ Nero hatte aber keine Zeit, sich mit der Bitte zu befassen, beschenkte sie beide mit dem Römischen

[1]) Etwa wie Tac. ann. XI. 19: infensa aut male fida.

Bürgerrecht, gab ihnen aber zugleich den gemessenen Befehl, jenes Gebiet wieder zu verlassen. Sie thaten das erst, nachdem sie in einem Kampf mit Römischer Reiterei den Kürzeren gezogen hatten.

In diesem ganzen Berichte nun ist kein Wort, das sich auf die Veluwe bezöge, wohl aber erfahren wir durch ihn, dass die Friesen südlich von „den Seen" (dies ist der Ausdruck bei Tacitus für die heutige Zuiderzee) nie gewohnt haben. Sie hätten sonst nicht nöthig gehabt, die Greise, Weiber und Kinder „über die Seen" südwärts zu schaffen. Die Gefilde übrigens, in denen sie sich häuslich niedergelassen hatten, sind die bekannten, zwischen dem von Tiberius gezogenen, bis zum Cäsierwald abstehenden Grenzwall und dem Rhein. Der Gedanke an das Land links der Yssel ist hier unmöglich. Die Friesen hatten auf der Wanderschaft aus ihrem Lande nordostwärts von „den Seen" ihre Unbewaffneten auf Schiffen und gingen rechts der Yssel neben den Schiffen her. Wir haben damit eine interessante Bestätigung dafür gewonnen, dass im Jahre 58 noch der unmittelbare Ufersaum rechts der Yssel freigehalten war.

Was die Friesen im Westen angeht, so wissen wir, dass zur Zeit des Batavischen Krieges der Rhein von seiner Mündung (bei Catwyk) an aufwärts sie von den Canninefaten trennte; links des Rheines sassen, auf der Insel, die mit den Batavern stammverwandten Canninefaten, rechts die Friesen. Letztere haben aber nicht bis nach Utrecht sich erstreckt, in diesem Winkel Woerden-Breukelen-Utrecht sassen, wie Tacitus [1]) hinlänglich andeutet und noch heute die Stadt Marssen bestätigt, die Marsaci. Die Canninefaten und die Marsaci bildeten also in Römischer Zeit schon an sich ein Hinderniss für die Friesen, in die Veluwe zu gerathen. Es leuchtet aus dieser Sachlage um das Jahr 70 ein, dass die organisirende Thätigkeit des Römischen Feldherrn Corbulo unter den Friesen im Jahre 47, der ihnen unter andern „die Aecker, die sie bewohnen

[1]) Hist. IV. 57.

sollten, zumass“, in gar keiner Beziehung zur Veluwe stehen kann. Es liegt aber auch eine solche nicht nur überhaupt nicht in den Worten des Tacitus, sondern aus dem Zusammenhang daselbst ergiebt sich auch, dass die in Frage stehenden Friesen die hoch im Norden am Ausfluss des Vliestrom[1]) in die Nordsee wohnenden sind, die schon Olennius „regirt“ hatte, aber nicht lange.

Es bleibt noch ein Missverständniss zu verhüten: als ob nämlich die Veluwe zu Römischer Zeit als ein Anhängsel der Bataverinsel betrachtet worden sei. Diese Ansicht ist am kürzesten widerlegt durch den Schluss des fünften Buchs der Taciteischen Historien. Er sagt darin ausdrücklich vom Rhein, den er von der Yssel (Navalia) unterscheidet, derselbe habe, nachdem jener Damm durchstochen war, die Insel sozusagen gar nicht mehr vom Germanenland getrennt; wir haben gesehen, dass das von dem Rheinlauf unterhalb des Abflusses der Yssel zu verstehen ist. Ueberhaupt kennt Tacitus und alle Römischen Schriftsteller Bataver nur auf der Insel, nur zwischen Waal-Maas und Rhein.

So fest es nun steht, dass die Veluwe während der ganzen Zeit der Römerherrschaft über die Bataverinsel von einem den Römern zuweilen befreundeten, im Ganzen aber sehr gefürchteten Germanischen Volke, nämlich einem Frankenvolke, das man die Salier zu nennen pflegte, bewohnt war, so gewiss ist es doch, dass eben dieses Land zur Zeit Cäsars noch keine Bewohner hatte.

Diese Thatsache, die zu einer Zeit, wo auf der Südseite des Suevenlandes ein Gebiet von 120 deutschen Meilen Weite unbewohnt, und wo überhaupt noch weite Länderstrecken unbevölkert waren, nicht befremden kann, ist uns so bestimmt beurkundet, als es in einer auf andere Punkte gerichteten Erzählung beiläufig nur erwartet werden kann. Es ist bekannt, welche Umwälzung in den oberschwäbischen Landen während des 4. Jahrhunderts die

---

[1]) Tac. ann. XI. 19. IV. 72.

Lentiensischen Alemannen hervorgebracht haben, ihre Zahl war 40,000 Mann. Die Vandalen, welche das ganze Römische Nordafrika eroberten, zählten 80,000 Seelen, darunter 50,000 wehrhafte Männer. Die erste Gothische Sturzwelle, mit welcher Kaiser Decius in Bulgarien zu thun hatte, betrug 70,000 Mann, das Heer, womit Ariovist das östliche Gallien überfluthete, war 120,000 Mann stark, der Zug Attila's, der mehr als das halbe Europa in wilde Bewegung versetzte, 700,000: stärker als alle zuerst genannten Völkerzüge, und stärker als die Hälfte der Hunnisch-Germanischen Völker-Wanderung war jener Usipisch-Tencterische Völkerzug, welcher im Jahre 54—55, durch die Rheinsueven verdrängt, von den Sigambern durchgelassen, um die Bataverinsel nördlich herum sich in die Veluwe ergossen hat. Wie sie das Sigambernland passirt haben, das zeigt die freundschaftliche Haltung von dessen Bewohnern; waren sie einmal bis zur Ruhr gekommen, so öffnete sich nach der unteren Lippe und darüber bis hinter der Betuwe der Weg ohne schweres Hinderniss. Die Bataverinsel umgingen sie, das war aber nur möglich, weil die Veluwe frei war. Von einem Kampf, den sie hier zu bestehen gehabt, kein Wort bei Cäsar. Ja noch mehr: den bei Durstede-Utrecht rechts und links des Rheines sitzenden Menapiern kamen sie zum jähen Schrecken, fanden dieselben unvorbereitet. Ihr Zug kann also in der Veluwe auf kein den Menapiern östlich benachbartes Volk gestossen oder auch nur friedlich damit zusammengetroffen sein, sonst mussten die Menapier, als an sie selbst die Reihe kam, von ihrer Stärke unterrichtet sein. Das waren sie gar nicht. Dies Alles gestattet nicht, ein von den Menapiern östliches, bei der Ankunft der zwei Völker in der Veluwe wohnendes Germanenvolk anzunehmen, beweist vielmehr, dass die Veluwe damals unbewohnt war. Und nur so war es dem Völkerzug von 430,000 Menschen möglich, die Bewegungen auszuführen, wodurch sie die Menapier täuschten. Sie traten, so erzählt Cäsar, als sie an dem Menapischen Rhein angelangt waren und aus Mangel an Schiffen nur durch eine List den Uebergang möglich machen konnten, um die Menapier in Sicherheit einzuwiegen, den Rückzug an, wanderten die Strecke von drei Tagen Weges zurück und kehrten dann plötzlich, indem sie die Reiterei voran schickten, um und fanden, am Rhein wieder angekommen, durch ihre Reiterei, die die 3 Tagereisen in einer Nacht zurückgelegt, über den Rhein gesetzt, die Menapier überrumpelt hatten und den Uebergang beherrschten, Alles nach Wunsch in Ordnung. Bedenken wir eine Rückwärtsbewegung von einem Völkerheer von 430,000 Personen mit Karren und Habseligkeiten — in östlicher Richtung auf drei Tage, und nehmen wir für die Tagereise nur 2 Meilen an, so waren sie am dritten Tage dem damals noch offenen Durchgang zwischen Doesborgh und Arnheim auf eine Meile nahe gekommen (und es konnten so allerdings die nachschleichenden Menapischen Spione sehr gut den Ihrigen berichten, die Fremdlinge hätten das ganze Vorhaben aufgegeben) und standen also im Begriffe, die von ihnen der ganzen Länge nach und gewiss in mehr als der halben Breite überschwemmte Veluwe zu verlassen. Hier gibt es keinen Ausweg: Die Veluwe war nicht bewohnt.

Wir haben also eine Thatsache vor uns, die aller Beachtung werth ist: dass nämlich in dem noch zu Cäsars Zeit unbewohnten Lande über der Betuwe bereits vor dem Bataverkrieg ein zu den Römern in leidlichem Freundschaftsverhältniss stehendes Germanenvolk wohnt. Man kann einwenden: warum schweigen denn die Römischen Nachrichten über dasselbe? Das Bedenken verschlägt nicht. Um von Ptolmäus, der auch andere Völker der Niederlande, z. B. die Canninefaten gar nicht kennt, zu schweigen, so muss man bei Tacitus sehen, wie er im 32. Kapitel der Germania den Raum zwischen den Tencterern, Köln gegenüber, und den Chatten förmlich ignorirt, wie er ganze Völker, die sich noch Jahrhunderte lang eines recht lebhaften Daseins erfreuten, für ausgerottet erklärt: und man wird sich von dem Tacitus der Germania an den Tacitus der Annalen und Historien verwiesen finden. Leider ist uns von diesen Schriften viel verloren; sonst würden wir wohl besser im Stande sein, die Lücken oder Missverständnisse, die in seiner Germania stehen geblieben sind, zu heilen. Auch der Irrthum der Germania, als seien damals die Sigambern ausgerottet gewesen, fände sich vielleicht, hätten wir die 2 Hauptwerke des Schriftstellers noch vollständig, irgendwo thatsächlich berichtigt. Sowohl die Unbewohntheit zu Cäsars Zeit, als die Anwesenheit eines Volkes zu Nero's Zeit ist erwiesen. Hier gibt es nur eine Erklärung: das Volk hat sich innerhalb der beiden Zeitpunkte dort angesiedelt. Der Zeitraum zieht sich aber noch enger zusammen. Von Nordwesten ist das Volk nicht gekommen, es wäre sonst friesisch; wir haben gesehen, dass es das nicht war. Von Osten her ist es — wenigstens seit Tiberius von der Lippe an den Grundsatz aufgestellt hatte, den alle folgenden Kaiser festhielten, dass zwischen dem Rhein und der Yssel einerseits und der Landwehr andererseits keine Ansiedlung zu dulden sei, ganz gewiss auch nicht gekommen. Es bleibt mithin nur an die Zeit vor der Anlegung dieser Landwehr durch Tiberius, vor dessen damit im unverkennbarsten Zusammenhang stehender strategischen Benutzung der Bataverinsel und der Yssel zu denken. Nun aber brauchen wir nicht weiter zu suchen, sondern halten uns an Tiberius selbst: denn wir wissen, dass er ein Rheinisches Volk versetzt hat, die Sigambern, und der Nachweis, dass sie von ihm in das Land zwischen Utrecht und Deventer, in die Veluwe bis an die Vecht versetzt sind, wird, soweit er nach allem Vorausgegangenen noch nöthig ist, leicht geführt.

Beseitigen wir zuerst die irrigen Meinungen. Viel verbreitet ist die Annahme, Tiberius habe die Sigambern an die Merwede, den Wasserlauf bei Dordrecht und Swyndrecht, angesiedelt. Das schliesst man aus dem Namen der Merowinger. Allein der Bogen ist zu kühn für das Gewicht, das er tagen soll. Der Name Merowinger ist aus einem als fränkisch nicht zu bestreitenden Namen Merovech entstanden; jene Gegend aber heisst Merwede, Merewido, wo sie zuerst genannt wird, und nirgendwo Meruwe, — würde also, wenn von ihr ein Geschlecht sich benannt hätte, Merevidinge geben. Sodann darf man auch wenigstens verlangen, dass man irgend ein Königsschloss an der Merewide (als Wasserlauf) oder in der Merewide (als Gegend), mindestens eine Erinnerung, eine Sage davon aufweise. Aber statt eines Königsschlosses, wovon keine Sage weiss, liefert uns die Geschichte folgende älteste Beschreibung [1]): „Es war eine durch Waldungen und Sümpfe unbewohnbare Gegend, von den Leuten dort die Merewede genannt.“ Da hat weder die Wiege eines Königsgeschlechtes gestanden, noch das Volk der Sigambern seine Ansiedlung gefunden. Wohl heissen sie bei den Römischen Dichtern mit Uebertreibung „Sumpfbewohner“; aber in einem vollständigem Sumpf, wie die Merwede buchstäblich einer war, hat noch nie ein Volk gewohnt und geblüht. Ein Land kann einzelne Moor- und Sumpfgegenden haben, wie wir Domitian es selbst bei den Chatten haben antreffen sehen. Die Moriner, die Menapier, die Eburonen hatten solche viele; und die Veluwe mit dem Utrechter Land war gewiss reich an Mooren, aber weites Hügelland, prächtige Waldung, schöne Weiden und Ackerland fehlte auch nicht. Den Römischen Dichtern waren die Schauer, die die Italischen Soldaten auf verunglückten Feldzügen über das „trübselige, rauhe, elende“ Germanenland erfahren hatten, dauernd in die Phantasie gefahren und der Ausdruck „Sumpf“ für das Land, wie „wild“ für die Bewohner ihnen zur Phrase geworden. Wie gewiss das ist, zeigt gerade in Betreff unserer Sigambrer der Dichter Properz, der von ihrem Wohnsitz vor der Versetzung, also von dem Gebiet zwischen Westerwald und Lippe sagt: „Die Sumpfbewohner!“ Ist aber jene Bezeichnung nicht von einer Merewede, sondern (nach der Versetzung) von einem Land zu verstehen, das auch Moorgegenden hatte, so passt sie ganz zu dem Land über der Betuwe, das zwar auch heute noch Moore genug hat, übrigens aber zu den besten Theilen der Niederlande gehört.

---

[1]) Van den Bergh, Geogr. 76.

Eine andere fest eingebürgerte Meinung ist diejenige, wonach die Sigambern, von Tiberius über den Rhein geholt, sich selbst gerade gegenüber, auf dem linken Ufer als Gugerni eingezogen und — die wilden Krieger — nach und nach fleissige Bauern geworden seien, die dem Tiberius (wohl aus Erkenntlichkeit für seine Verdienste) sein Lieblingsgericht, die siseres (Zuckerrüben) geliefert hätten.

Um diese Behauptung zu beweisen, beruft man sich nur auf die Worte Suetons, der im Leben des Tiberius als Ort der Ansiedlung „das Ufer des Rheins" nennt, und im Leben des Augustus sagt: „er versetzte sie auf ein dem Rhein ganz nahes Land." Lassen wir diese Worte zunächst wirklich von den Sigambern gelten, so sagt Suetonius damit noch immer nicht, an welcher Stelle des Rheinuferlandes die Ansiedlung geschehen; denn es heisst nicht: „in dem nächstgelegenen (d. h. ihren vorigen Sitzen nächsten, oder etwa überhaupt: von Rom aus betrachtet näher gelegenen) Uferlande des Rheines", sondern: „in einem dem Rhein zunächst gelegenen Lande." Da Sueton an eben dieser letzteren Stelle von zwei Völkerversetzungen in einem Satz spricht, von der der Ubier und derjenigen der Sigambern, so hat man sich verführen lassen, die Ansiedlungsorte der Beiden ebenso nebeneinander zu denken, wie sie nebeneinander in dem Satz erscheinen. Allein wir wissen, dass es zwei Ereignisse sind, die Jahre von einander entfernt liegen und wovon das erste sich an den Namen Agrippa's, das andere an den des Tiberius knüpft. Das Wichtigste aber ist der grosse innere Unterschied, der zwischen den beiden Versetzungen obwaltet. Die Ubier waren Freunde der Römer von jeher, sie begaben sich gegen ihre binnenländischen Nachbarn unter Römischen Schutz, der ihnen schliesslich in Gestalt der Versetzung auf die andere Seite zu Theil wurde. Ganz anders die Sigambern. Sie waren das Haupt eines die Römer tödtlich hassenden Völkerbundes, man hatte sie — gebrochen, wusste aber noch sehr wohl, wer sie waren; das sind Umstände, die einer gleichmässigen Behandlung in der Versetzung von Grund aus widersprechen. Dass die Römer den Ubiern, denen nur eine Schutzwehr gegen die Sueven und Sigambern Noth that, diese Schutzwehr verschafften durch die einfache Versetzung über den Rhein, ohne weite Entfernung, gewissermassen an derselben Stelle, war nicht blos ganz natürlich, sondern auch ebenso im Römischen, als Ubischen Interesse. Ganz anders standen die Dinge bei den Sigambern. Ihre Versetzung hatte wahrlich nicht den Zweck, sie zu schonen, sondern vielmehr sie auf immer zu brechen und sie langsam für Roms Zwecke brauchbar zu machen. Ihre Fürsten und Edlen waren — wohl fast alle — ihnen genommen; man sollte sagen, damit hätten sich Tiberius und Augustus begnügt und das Volk selbst für unschädlich auf lange gegolten. Aber man hatte den Sigambrischen Heldensinn kennen gelernt, man wusste, dass die Rheinlinie nie sicher war, so lange die Masse dieses Volkes in der Heimath blieb; der heimische Boden schon „wirkt begeisternd" bei Germanen, so meinten mit Recht die Römer. Die Sigambern mussten also fort aus ihrem Lande, wenigstens die Mehrzahl. Getheilt waren sie schwächer; den Rest konnte man wohnen lassen, ihre Masse war auch wohl zu gross, um ganz versetzt zu werden. Mussten sie aber versetzt werden, so verbot das Motiv aufs Entschiedenste eine Ansiedlung, die so gut wie gar keine Theilung war. Die Minderheit hätte man drüben gelassen, die Mehrheit, den Kern, die Gefährlichsten von ihnen, hätte man sich nach Gallien genommen, und das, um sich vor ihnen zu sichern, um an ihnen die Lollische Niederlage zu rächen! Es bedarf nur der Aussprache dieser Thatsachen, um die ganze Ungereimtheit, die absolute Unmöglichkeit der Behauptung, die Gugerni seien die versetzten Sigambern, bloszulegen. Und, was den Widersinn schon allein offenbart, die nächsten Nachbarn der Gugerner wären — dieselben Ubier, die ihnen, kaum entronnen, jetzt völlig preisgegeben worden wären. Was Agrippa gethan, das hätte Tiberius, zum Schrecken der Ubier und zum gerechten Erstaunen der Sigambern, sich beeilt wieder rückgängig zu machen?

Die Methode, ein tapferes Volk, das auch nach der Besiegung

noch gefährlich blieb, durch völlige Entwurzelung aus seinem urheimathlichen Boden innerlich zu brechen, war kurz vor dem Falle mit den Sigambern bei den tapfersten der Rhätier angewendet worden. „Weil das Volk aber stark war an wehrhaften Männern und einen neuen Aufstand erwarten liess, so führte man den kräftigsten und zahlreichsten Theil der jungen Mannschaft ausser Landes und liess nur so viele zurück, als hinreichend waren, um das Land zu bebauen, ohne zu einer Empörung gefährlich zu sein.“[1]) Sollen wir wohl glauben, Augustus habe, um den hier ausgesprochenen Zweck zu erreichen, den Kern der Rhätier etwa vom linken auf das rechte Etschufer hinübergehen lassen? oder sie von Chur nach Bregenz versetzt? Die Weggeführten sind wahrscheinlich zersplittert, in Römische Municipien vertheilt worden. Das hat man mit den Sigambern nicht gethan. Sie wurden zusammen angesiedelt: das deutet darauf hin, dass man sich ihrer Kraft, so wilde, gefährliche Gesellen sie waren, zu einem wichtigen Römischen Staatszweck bedienen wollte. Bekannt sind die Zehntländereien auf dem rechten Ufer des Oberrheins und der Donau; die Grenzwehr war verwegenen Kriegern ohne Unterschied der Nationalität anvertraut, dafür gehörte ihnen das Land zu. Aelter ist das Verhältniss der Mainz gegenüber als Verbündete Roms wohnenden Mattiaken: „dem Gebiet und seiner Begrenzung nach leben sie in ihrem Uferland, der Gesinnung nach gehören sie zu uns“, sagt Tacitus. Das älteste Beispiel eines an den Grenzen frei verbündet lebenden Germanischen Kriegervolkes sind aber die Batazer. „Sie zahlen keine Steuer, werden von keinem Zollbeamten ausgesogen, sie leisten Nichts als Männer, Waffen.“ Das muss auch die Stellung der Sigambrer gewesen sein nach der Versetzung, daher die Sigambrische Cohorte auf dem thracischen Kriegsschauplatz im Jahre 26 nach Christus, also 34 Jahre nach der Versetzung. Diese Cohorte beweist, dass die Versetzten Kriegszwecken zu dienen hatten. Wollen wir Genaueres erfahren, so

[1]) Dio, 54, 22.

brauchen wir nur einen Blick auf die Karte zu werfen und uns den Zeitpunkt zu vergegenwärtigen, in welchem die Versetzung stattgefunden hat.

Drusus hatte den Plan gefasst, Germanien zu erobern. Zum Angriff wählte er drei Richtungen, die eine führte von Mainz aus ins Chatten- und Suevenland, die andere von Xanten ins Sigambern- und Cheruskerland, die dritte nahm den Seeweg zum Einfall in Germanien von Norden her durch die Flussmündungen. Die letztere, grossartiger, als die beiden anderen, erforderte grossartige Vorbereitungen. Die Vorbedingung des Ganzen war die Gewinnung der Bataver, ihre Insel musste den Ausgangspunkt abgeben für das ganze Unternehmen. Das Hauptrerforderniss aber war die Schaffung eines Wasserweges, um mit einer Kriegsflotte ohne die Gefahren des offenen Oceans möglichst hoch hinauf in die Nordsee zu gelangen. Drusus muss von der Bataverinsel aus die Terrainstudien selbst gemacht und in Erfahrung gebracht haben, dass nicht allzu weit nördlich von der Bataverinsel grosse Seen anfingen, die, mit einander zusammenhängend, durch einen Ausfluss mit der Nordsee verbunden waren. Ohne diese Erkenntniss war der ganze Plan gar nicht möglich. Berücksichtigte Drusus nun, dass die in den ersten grossen See mündende Yssel an einer Stelle nicht weiter als zwei Meilen von dem Rhein entfernt war, so bot sich ihm sehr natürlich die Aufgabe dar, diese Strecke zu durchstechen und so den gewünschten Wasserweg zu haben. Freilich kostete diese Durchstechung in Wirklichkeit Riesenarbeit. Es handelte sich um mehr, als zwei Meilen. Die ganze Yssel musste regulirt, durch Dammbauten der Rhein zur Abgabe der nöthigen Wassermasse an den Canal und die Yssel gezwungen, dann der ganze so geschaffene Wasserlauf bis zur Mündung in den See in kriegsmässigen Zustand versetzt, mit Wällen und Castellen versehen, namentlich aber die Ausfahrt in den See durch einen befestigten Hafen geschützt werden. Der an letzterem Punkte von Ptolmäus genannte Ort Navalia (Schiffsstation, Schiffswerft) ist durch seinen Namen Beweis genug, dass diese von Anfang an unerlässliche Anlage nicht versäumt worden ist. Wie alt der Ort sein muss, zeigt die Thatsache, dass nach ihm schon zur Zeit des Batavischen Krieges der Fluss genannt war. Es ist unzweifelhaft eine Drusianische Anlage.

Wir sehen, Drusus ist der erste Römer, der sich mit der Veluwe befasste. Und zwar musste er das nicht blos in Bezug auf die Wasserlinie selbst, sondern — um der Sicherheit dieses wichtigen ungeheuren Werkes selbst willen — auch in Bezug auf das Gebiet rechts wie links, das der neue Strom durchschnitt. Die Streitkräfte, die er bei den Canalarbeiten zur Verfügung hatte — selbst bei Erdarbeiten musste der Römische Soldat kriegsmässig gerüstet sein —, reichten allerdings, zusammen mit der Macht der Bataver, hin, um etwa feindlich erregte Germanen in respectvoller Entfernung zu halten. Aber die Linie bedurfte dauernder Vorkehr zu ihrer Sicherung. Ob Drusus auch diese Aufgabe gelöst hat? Der Feldzug, zu dessen Vorbereitungen das ungeheure Werk gehört hatte, scheiterte, Drusus wandte sich auf immer von diesem Wege, von seinem gewaltigsten Werke ab. Nichts ist wahrscheinlicher, als dass er sich seitdem, mit neuen Feldzügen zu Lande bis zu seinem raschen Tode vollauf beschäftigt, dazu auch im Winter stets zu Rom verweilend, damit begnügt hat, Das, was geschaffen war, nur eben zu erhalten; schon das Bündniss der Friesen mit Rom erforderte das. War ja doch auch nur der erste Versuch missglückt, — kein Beweiss, dass der Gedanke selbst verfehlt sei, so wenig, als der plötzliche Abbruch seiner Laufbahn als Eroberer Germaniens die Unmöglichkeit der Verwirklichung bedeuten konnte. Und in der That — alle Gedanken des Bruders sehen wir Tiberius mit voller Energie ergreifen und verfolgen: Die Eroberung bis zur Elbe, die Stellung Aliso und — den Seeweg ins Herz Germaniens.

Mit dem letzteren hat sich Tiberius gründlich befasst. War Drusus nur bis zur Emsmündung gekommen, so segelte die Flotte des Tiberius die Elbe hinauf; hatte Drusus den Canal geschaffen, so sorgte Tiberius für dessen Sicherung und Erhaltung. Eines wissen wir bereits, was er dazu gethan hat; er hat das Vorland rechts des Rheins und des Canals durch eine Umwallung gegen die Annäherung der Germanen sicher gestellt. Was konnte demselben Zwecke schöner entsprechen, als die Ueberweisung des Landes im Inneren des Canals, zwischen dem See und dem Rhein, als Eigenthum ån ein Volk, das, im Stande seinen neuen Wohnsitz gegen fremde Einfälle zu behaupten, an den Batavern ein Beispiel Römischer Bundesgenossenschaft zur Nachahmung vor Augen hatte! Waren doch selbst die unkriegerischsten aller Germanen, die Ubier, „versetzt worden, um eine Grenzwehr zu sein."

Wir kommen zur Bestätigung der gelieferten Beweise, zu den Nachrichten über die Oertlichkeit, wohin Tiberius die Sigambern versetzt hat.

Strabo, der seinem grossen Kollegen Ptolmäus auch darin ähnlich ist, dass er neben gänzlich unbrauchbaren Nachrichten andere von ausserordentlichem Werthe hat, ist von allen nachcäsarischen Schriftstellern über das Volk der Sigambern am besten, ja eigentlich allein unterrichtet. Während Vellejus und Florus von der Katastrophe gar Nichts wissen, Ptolmäus nur den alten Wohnsitz kennt, Plinius und Tacitus (in der Germania) sie für völlig ausgerottet halten, kennt Strabo nicht nur die Katastrophe selbst, sondern gibt auch ihre Folgen den Hauptzügen nach so an, wie es nur auf Grund sorgfältiger genauer Erkundigung möglich ist. Freilich haftet diesen Bestimmungen noch eine gewisse Verworrenheit an. Man merkt es deutlich, Strabo fehlt die Detailkenntniss der Topographie des Niederrheins; daher kommt es, dass er, vielleicht von einem in Rom dienenden Sigamber, mehr gehört als verstanden hat. Aber was er gehört hat und getreulich gibt, das ist nicht schwer zu ordnen. Die Verwirrung in seiner Darstellung entspringt vor Allem aus dem Umstande, dass er es unterlassen hat, sich die Sitze der nichtversetzten und die der versetzten Sigambern bestimmt einzuprägen und in seinem Bericht stets auseinander zu halten. Er weiss, dass ein Theil versetzt, ein Theil geblieben ist; trotzdem aber spricht er, die Stelle ausgenommen, wo er den in der Heimath zurückgebliebenen Rest des Volkes „rechts des Rheines" erwähnt, überall nur schlechtweg: von den Sigambern. „Die Sigambern“ wohnen „nach den Menapiern“, „nahe den Rheinmündungen“, „die Sigambern“ wohnen „am Ocean“, — hoch „im Norden am Ocean“, „von den Mündungen des Rheins bis zu (denen) der Elbe“ sind die berühmtesten „die Sigambern und die Cimbern.“

Suchen wir in diese Angaben Ordnung zu bringen. Die Sigambern wohnen dem Ocean nahe, das hat Strabo erfahren, das ist der gemeinsame Schwerpunkt der ihm gewordenen Mittheilungen; hieran haben wir desshalb kein Recht zu zweifeln. Steht dies fest, so muss es von den versetzten Sigambern verstanden werden; denn die Heimath des Volkes hat kein Unterrichteter als am Oceane oder nahe dem Ocean bezeichnen können. Der zweite feste Punkt ist der, dass die Sigambern und die Menapier in der Nähe der Rheinmündungen an einander grenzten. Bekanntlich haben die Menapier an den Rheinmündungen gewohnt zur Zeit Cäsars. Die Lage der versetzten Sigambern ist also dort festgestellt, selbst wenn wir einsehen, dass die Menapier nicht an jener Stelle geblieben sind. Verworren aber ist Strabo's Angabe, auf welcher Seite denn die Sigambern an die Menapier grenzten. Folgt man derjenigen Stelle, welche bisher allein beachtet zu werden pflegte: dass die Sigambern nach Gallien versetzt worden seien, so befindet man sich, mit Strabo's eignem Wort, der die Menapier die letzten der linksrheinischen Völker und als die vorletzten ganz richtig die Moriner nennt, nicht die Sigambern, im Widerspruch. Es ist zudem ausgemacht, dass die Menapier nicht blos, wie Strabo meint, „in der Nähe“ der Rheinmündungen, sondern bis an das Meer selbst gewohnt haben. Sein Ausdruck: die Sigambern hätten „unterhalb“ der Menapier, also zwischen diesen und dem Meer gewohnt, ist mithin unrichtig und muss in: „nach“, „neben“ verbessert werden. Darauf führt er übrigens selbst, indem er an der letzten Stelle, wo er von den „berühmten“ Sigambern handelt, sie mit unklarem Ausdruck „jenseit der Rheinmündungen“, also doch über den Rhein hinaus versetzt.

Es bleibt noch eine Ungenauigkeit zu berichtigen. Strabo sagt also, die Sigambern hätten am Ocean gewohnt. Das ist in strictem Sinn verstanden nicht möglich. Auf der rechten Rheinseite an der (Leydener) Mündung wohnten im Jahre 70 n. Chr. die Friesen, ihnen gegenüber auf der linken die Canninefaten. Die letzteren waren die westlichen Nachbarn der Bataver, — hier ist offenbar kein Raum für Sigambern. Die Menapier existirten doch damals auch noch, — wir kennen den Menapier des dritten Jahrhunderts, Carausius. Sie hatten sich nur etwas südwärts, von der westlichen Hälfte der Bataverinsel hinweg, auf das linke Maas-, ja sogar Scheldeufer zurückgezogen. Ein unmittelbares Wohnen der Sigambern am Ocean selbst ist daher nicht statthaft.

So weist mithin Alles die Ansiedlung der Sigambern dahin, wohin auch die Angabe „über den Rhein hinaus“ lautet, jedoch so, dass die Bestimmungen: „in der Nähe des Oceans“ und „den (alten) Menapiersitzen benachbart“ maassgebend sind. Das Resultat ist — die Uebereinstimmung der von ihren Fehlern gereinigten Angaben Strabo's mit den Dispositionen des Tiberius (und Drusus) in den Niederlanden einerseits und mit den unumgänglichen Folgerungen der ältesten Geschichte der Salischen Franken andererseits. Tiberius hat, im Zusammenhang mit seiner Sorgfalt für das grosse Werk seines Bruders im Norden der Bataverinsel, nicht nur die Fernhaltung der Germanen von der Rhein- und Yssellinie durch seinen bis an den Cäsischen Wald vorgeschobenen Grenzwall gesichert. sondern auch das Gebiet zwischen Friesen und Marsacern links und der Yssel rechts durch Verpflanzung der unterworfenen Sigambern in das System des Angriffs gegen Germanien hereingezogen. Für Gallien aber hat er sicherlich gedacht, an diesem gebeugten Volk bald eine zweite Vormauer, hinter der ersten (der Bataverinsel) gewonnen zu haben.

Die Lage, hinter den Batavern, ist wohl auch die Ursache, wesshalb den Schriftstellern das Volk wie verschollen ist. Weiss doch selbst Strabo nicht recht, wie er sich ausdrücken soll. Dazu kam noch dieses, dass man bereits unter Kaiser Claudius (43 n. Chr.) die Yssel Rhein zu nennen anfing, so Pomponius Mela, Plinius, Ptolmäus! Waren die Sigambern nun links des Rheines angesiedelt oder rechts? Waren sie „am Meer“ oder „in der Nähe“ des Meeres? Pomponius Mela und Plinius rechnen das Gebiet ausdrücklich zu den Rheininseln! Inseln im Rhein, da wo er mündet: man sieht, wie alle die Zweideutigkeiten des Ausdrucks selbst bei Strabo, geschweige denn bei Sueton fast unvermeidlich waren. Nur ein Stratege und Geograph von dem Blick und der durchsichtigen Sprache Cäsars wäre hier nicht gestrauchelt.

Indessen darf auch ein an Ort und Stelle bereits hervorgehobener Umstand nicht übersehen werden. Tiberius hatte für mehr als 2 Jahrhunderte nur zu gut gerechnet: das Sigambernvolk war durch den doppelten Schlag, der es getroffen, durch die Entziehung der Fürsten und die Entwurzelung aus dem heimischen Boden, mehr als decimirt, es war betäubt, gebrochen. So wanderten sie, — rheinabwärts, desselben Weges, den sie einst ihren Freunden, den Usipetern und Tencterern gewiesen, in die Fremde. Spät, aber furchtbar hatte Cäsars Rache sie gefunden. Sie verschwanden vom Schauplatz der Geschichte, wie die Eburonen; ihr stolzer, gefürchteter Name —, erblichen am Tage, da sie zum letzten Mal ihre Berge sahen, war untergegangen. „Excisi!“ In der That, Tiberius hatte sie gut begraben. Aber vernichtet, todt waren sie nicht. In die Fremde war mit ihnen gegangen ein Rest der Fürsten und das Erbe der Väter, der Nachhall ihrer Geschichte, die Weissagung ihrer Auferstehung: die alten Sigambrischen Lieder. Viele Menschenalter brauchten sie, bis die Wunden, die sie als Nation erlitten, geschlossen, verschmerzt, vernarbt waren. Dritthalb hundert Jahre zur Rolle der Ubier verurtheilt, lebten sie wie verwandelt, ja verschollen. Um ihr fast zu wohl verborgenes Land stürmten die Kriege der Römer mit den Batavern, den Friesen, den Chauken, an ihrer Grenze zogen über die Yssel die stolzen Triremen ihres Bezwingers Tiberius, seines Nachfolgers Germanikus hinaus über das

Binnenmeer in die Nordsee und zur Ems, zur Elbe. Fremd blieb ihnen nicht der Name Armin, würdig, neben Melo im Lied zu tönen; der Bataver Civilis war ihr Freund. Dies Alles ging an ihnen nicht verloren. Es war schon nicht mehr Nacht, der Morgen graute, es regte sich im verschollenen Land. Wie die linksrheinischen Germanen, auch die nächsten, die Bataver, allmählich ins Römische Wesen versanken und untergingen, da zuckte es über der Bataverinsel, wie ein nahendes Gewitter! Sie hatten die Scheu vor dem Römernamen abgelegt, ihre drohende Haltung zeigte Feinde: befestigte Lager mussten gegen sie errichtet werden, der Krieg war eröffnet. Wer den Namen, die Loosung gab? So viel wir wissen, die Kampfgenossen aus den Tagen Melo's und Armins in den südlichen Bergen, die Chatten. Als aber einmal das Wort: „Franken!"—, das Rom den Kampf auf Leben und Tod ansagte, im Namen des deutschen Weltberufs erklungen war, da zeigte sich die ganze Fronte entlang bis hinunter nach Trajectum altes unverwüstliches Bundesgefühl, ein einziges iscävonisches Volk stand da in Waffen und „Franken!" hallte es wieder in den alten Sigambernbergen, „Franken!" antworteten die verschollenen, auferstandenen Brüder über der Batua. Sie waren am fernsten, weit verschlagen im ungleichen Kampf mit Roms heimtückigstem Kaiser: aber die Führer, wie vor dreihundert Jahren, wurden sie nun doch! Und sowie die Sache da war, klang auch der Name wieder, der Führername Sigambern. Nicht mehr galt er als einfacher Volksname. Sein Alter, sein wundersam verschlungenes Geschick hatte ihn wie verklärt. Wenn ein Geschlecht als erlaucht bezeichnet werden soll heisst es: „von Sigambrischem Blute." Wenn das Volk als ein hohes, edles gefeiert, wenn gleichsam der ideale Typus der Nation gepriesen werden soll, so erscheint es unter dem glänzenden Namen Sigambern. Und als der gewaltige Heerfürst, der die Frankenherrschaft über ganz Gallien ausgebreitet, der die Römer, die Westgothen, die Burgunder, die Alemannen bezwang, sich in der Weihnacht 496 überwunden dem Gekreuzigten stellte, um den schönsten seiner

Siege zu feiern, da sprach Remigius in dem erlauchten Täufling König und Volk an mit dem höchsten Namen, den es trug: „Gesänftigt beuge den Nacken, Sigamber!“

Und dieser Name war nicht nur der richtige für die Franken über der Batua, die die Insel, dann das Land zwischen Maas und Schelde, dann Gallien vom Ardennenwald bis zum Ligerflüsschen erobert, denen Chlodio, Childerich, Chlodwech angehörten, die sogenannten Salischen Franken, sondern auch für die Ripuarier, die Nachkommen der in der alten Heimath von Tiberius gelassenen Sigambern. Die Schaaren, mit denen Julian an den Maascastellen gekämpft hat, stammten aus dem Westen, wie Ammian ausdrücklich sagt, und bezeichnen eben die Maasgegend im Allgemeinen und Grossen als die Grenze des den westlichen Sigambern (und Sigambrischen Bundesgenossen) zugefallenen Feldes: es ist das Diöcesangebiet Köln, wie links der Maas Tongern-Mastricht-Lüttich die Diöcese der Salier (im 4. und 5. Jahrhundert) gewesen ist, merkwürdig genug — die Ubische und Tungrische Germania II! Es ist, als habe zwischen den Saliern und den Ripuariern, diesem wirklichen Bruderpaar, eine Ueberreinkunft bestanden, dass das bis auf einige Entfernung von der Maas ausgebreitete Ubier- und Gugernerland den Kölnischen, und, was westlich davon, den Tungrischen zufallen solle.

Südlich, ins alte Trevirerland, sind keine Ripuarier dauernd gedrungen. Die Trevirischen Lande haben ihre Frankenbevölkerung unmittelbar aus dem Westen, von der Chattisch-Suevischen Frankengruppe zwischen dem Westerwald und der Diemel einerseits und dem Vogelsberg, der Taunushöhe und Mainmündung andererseits, empfangen. Diese Kernvölker breiteten sich sowohl am Main aus, als sie auch das Trevirer- und Nemeterland überflutheten. So blieb den Resten der vorgermanischen Bevölkerung das Innere der Arduenna, das Wallonenland. Westlich davon stürmten, desselben Weges, wie einst Cäsar, aber umgekehrt, die Salier zwischen der Sambre und dem Meere hindurch, gegen die der Reihe nach erliegenden Römerfesten Tournay, Cambray, Soissons, ins romanisirte Gallien.

Die grossartig providentielle Siegesfahrt der Sigambern aus dem stillen Lande her über die Betuwe, zusammengehalten mit dem verhältnissmässig kleinem Beutetheil, den sich die andern bis kaum an die Maas und bis an das Trevirerland geholt, zeigt uns in ungeahnter Vergrösserung das ursprüngliche Verhältniss der beiden Volkshälften. Wie bei der Wegführung die streitbarsten Elemente in ihre stille — fast sagen wir: Meer-uwe wanderten, und, nach der Analogie der Rhätier, nur ein ungefährlicher Rest, an Zahl vielleicht viel grösser, zur Bebauung des Landes übrig geblieben war, so erscheinen auch, als ihre Stunde geschlagen hatte, jene als der Kern und das Mark des Volkes, zum Erobern und Herrschen so berufen wie entschlossen, während diese — zwar der Sigambrischen Aufgabe an ihrem Theil keineswegs fehlen, zwar Stadt und Gebiet der Römischen Metropole am Niederrhein deutsch machen, aber dann sich genügen lassen. Es konnte nicht fehlen, dass schliesslich Chlodwig, als das Sigambrische Volkshaupt, der Erstgeborne gleichsam, auch das seiner Herrschaft harrende Ripuarien, sowie die im ersten Salischen Eroberungsgebiet gelegenen kleinen Frankenreiche an sich nahm. Zuerst verfielen der in Köln residirende König Sigebert der Lahme und sein Sohn Chloderich ihrem Schicksal. Dann kam die Reihe an Chararich, zuletzt musste der in Cambray residirende „Vetter" Ragnachar und sein Bruder Richar, sowie Rignomer in Le Mans und viele Andere Scepter und Leben lassen. Sie alle waren vom Sigambrischen Fürstenstamm, lauter „Vettern"; „Warum hast du," rief Chlodwig dem gefangenen Ragnachar entgegen, — „unser Geschlecht dergestalt erniedrigt, dass du dich fesseln liessest!" So blieb das Haus des Chlodwig allein übrig.

Wir können nicht scheiden, ohne noch einen vergleichenden Blick auf das Salische Gebiet vor Chlodwig vom rechtsgeschichtlichen und vom politischen Standpunkt aus geworfen und eine sowohl diesem wie jenem zu Gute kommende Thatsache betrachtet zu haben. Beginnen wir mit dem Namen Salier.

Die Frage, ob der Name Salier von dem Ysselfluss oder von dem Worte sala d. h. Erbe, Erbgut herkomme, hat durch die Ermittlung der wahren Herkunft des „Salischen" Volkes von den Sigambern ihre historisch-ethnographische Bedeutung verloren und nur mehr eine grammatische behalten. An und für sich, die beiden Worte sala und Sala vorausgesetzt, ist die eine Ableitung so denkbar als die andere. Auf den ersten Blick scheint der zweiten der Gebrauch des Namens in dem Rechte jener Franken das Wort zu reden, der ersten das mehrere Jahrhunderte dauernde Wohnen des Volkes an der Yssel als Grenzfluss.

Ist der Name von dem Begriff „Eigengut, Herrengut, Freimanns Erbgut" unter Umständen, die wir nicht näher kennen, „üblich" und Volksname geworden, so entspräche dies sicherlich nur sehr festen, ruhigen Verhältnissen des Frankenvolkes und wiese, einen Charakterzug hervorhebend, der nur in ganz alter Zeit vorwog, abermals in merkwürdiger Weise auf eine Zeit, die dem Auszug zur Eroberung noch fern gelegen hätte, also recht eigentlich wieder auf das stille Land über der Batua hin! Wir verzichten auf einen historischen Nachweis der Ortsnamen des Prologs zum Salischen Gesetz, müssen aber vorab darauf aufmerksam machen, wie das so viel gewendete Wort[1]) nun doch Recht behält, wonach die vier gekorenen Männer Wisogast, Ar(v)ogast, Salegast und Widogast[2]) „jenseit des Rheines" das Gesetz der Franken, freilich in einer originaleren Gestalt als der uns erhaltenen, auf- und zusammengestellt hätten. Um die grammatische Rechtfertigung der Ableitung von dem Flussnamen — und auf sie kommt es hier allein an) steht es misslicher, als man bis jetzt zu

---

[1]) Waitz, Das alte Recht der Salischen Franken, S. 37.

[2]) Wem der Name Nebisgast ein fränkischer Name zu sein scheint, der denke an „Liudgast, den Künic von Tennemarke" im Niebelungenlied.

beachten pflegte. Die Yssel heisst nämlich im ganzen Mittelalter Isloa, Hisloa, Isla (im Leben S. Ludgers), Isela (im Leben S. Lebuins), nur einmal und zwar fast ein Jahrhundert später, als die übrigen Male, kommt die Form Isalia vor. Sala heisst der Fluss nirgendwo; wie der Name zur Römischen Zeit war, ob nach einer Stelle bei Tacitus Navalia (verderbt Nabalia), ist schwer zu sagen, aber von Sala findet sich keine Spur. Es ist somit eine unbewiesene und unbeweisbare Behauptung, dass der Salogau, das Saloland von dem Fluss den Namen empfangen haben [1]). Auch die Sachsen hatten den Begriff von sala (im 9. Jahrhundert im Ablaut seli) = Haus, Hof, Palast, wie der Heliand beweist, und so wird es wohl aus demselben Grunde auf der sächsichen Seite der Yssel einen Salogau, ein Saloland gegeben haben, aus welchem es auf der linken, fränkischen Seite ein Salrecht, ein Salgesetz und Salier gab. [2])

Diese Franken nun, ausgegangen aus ihrem Nordland, eroberten zuerst die Bataverinsel, es war die Zeit des Carausius; dann drangen sie in der ersten Hälfte des 4. Jahrhunderts südwärts innerhalb der Maas bis dicht an Tongern vor. Wir haben diesem Eroberungsgang entsprechend das ganze Nordland unter salischem Recht gefunden, die Batua nicht minder. Von da bis zur Arduenna kann überhaupt, angesichts des gerade hier dem Römischen Imperator zuerst entgegentretenden Namens Salier gar kein Zweifel sein. Da jedoch gerade dieses Gebiet, zwischen Maas und Schelde, für die Geschichte des fränkischen Reiches und Rechts das wichtige Bindeglied ist zwischen dem Salischen Nordland und dem anfänglichen Reiche Chlodwigs, so haben wir es schärfer ins Auge zu fassen.

Es handelt sich um die berühmte Stelle bei Gregor von Tours: „Viele melden, sie (die Franken) seien von Pannonien ausgegangen. Und zuerst hätten sie (dann) die Ufer des Rheinstromes bewohnt; darauf seien sie nach Ueberschreitung des Rheines hinübergezogen

---

[1]) Vgl. Drenthe, früher Trianthe, Twente, früher Tuuanti, Ems, früher Amisia.

[2]) Vgl. Rein, Die Namen Salier u. Salische Franken. Crefeld, 1847.

nach Thoringien und hätten dort nach Gauen oder Völkerschaften Könige mit wallendem Haar über sich gekoren, von der ersten und, um mich so auszudrücken, edleren Familie unter ihnen. — Auch, erzählen sie, sei damals Chlogio, ein tüchtiger und gar edelgeborner Mann in seinem Volk, König der Franken gewesen; der habe in der Feste Disparg gewohnt, die im Lande[1]) der Thoringer liegt. In unseren Gegenden aber, d. h. nach Süden zu wohnten Römer bis an den Loirefluss. Jenseit der Loire herrschten die (West-)Gothen. Und die Burgunder, der Arianischen Gemeinschaft folgend, wohnten jenseit der Rhone, woran die Stadt Lyon liegt. Chlogio nun schickte Späher nach der Stadt Cambray, folgte dann, nachdem er Alles ausgekundschaftet hatte, selbst, schlägt die Römer, nimmt die Stadt, hält in ihr kurze Zeit seinen Sitz und besetzt dann (Alles) bis an den Sommefluss. Vom Stamme dieses (Chlogio), melden Einige, sei König Merovech her und dessen Sohn war Childerich."

Wir beabsichtigen hier nicht, den historischen Zusammenhang Childerichs, des Vaters von Chlodwig, mit Chlogio zum Gegenstand einer Untersuchung zu machen, die über den Bereich unserer Aufgabe hinausliegt, begnügen uns vielmehr mit der jetzt nicht weiter zu bezweifelnden Gewissheit, dass Chlogio, den sein Zeitgenosse Sidonius Apollinaris richtiger Chlodio nennt, wirklich König der Franken und ein tapferer Eroberer Gallischen Landes gewesen ist. Was also Gregor in vollem Einklang mit anderen keineswegs sagenhaften Zeugnissen von seinem Kampf um Cambray erzählt, dass verleiht auch seinen schlichten Worten, dass er, vor seinem Eroberungszug nach Cambray, in Disparg im Thoringerland seine fränkische Königsfeste gehabt habe, historische Bedeutung. Suchen wir deren Verständniss zu gewinnen.

Zuerst muss die Meinung, als habe es jemals am Niederrhein irgendwo Thüringer, ein Thüringerland gegeben, als eine gänzlich

[1]) Dieser Sinn ist durch die Stellen Gregors bei Waitz, deutsche Verfassungsgeschichte, II. 277—8, Anmm. 1. 3. 2. gesichert.

unhaltbare bezeichnet werden. Sueven, Sachsen, Heruler sind an der Küste Galliens bezeugt, aber keine Thüringer.

Man hat sich, um die Thüringer am Niederrhein zu retten, auf mit dur gebildete Belgische Ortsnamen Durstede, Dordrecht u. a. berufen. Damit ist zuviel bewiesen: durch ganz Gallien und Brittannien gehen die Zusammensetzungen mit dur, sie sind keltisch. Der Gau Thuringasnes, wovon das Testament des h. Willibrord redet, ist, wie v. Richthofen[1]) nachgewiesen hat, im bekannten Thüringerlande. Das Königthum eines gewissen heiligen Basinus, der zu Tronchiennes bei Gent ein Kloster gestiftet habe, ist nicht zu beweisen und der blose Name beweist noch keinen Thüringer. Die Namen Truncinium und Thüringen sind sich etymologisch fremd.

Sehr viel hat man lange geglaubt für niederrheinische Thüringer gewonnen zu haben an der Erzählung des Procopius von Warnern des 6. Jahrhunderts, die nur der Rhein vom Frankenlande scheide. Da die Warner, so schloss man, in der Ueberschrift eines alten Gesetzes mit den Anglen zusammengestellt und beide mit einander Thüringer genannt werden, so sind also Thüringer am Niederrhein nicht zu bezweifeln. Wenn man indess die Stelle bei Procopius sich ruhig ansieht, so stellt sich die Sache anders. Wenn ein Schriftsteller, wie Procopius am Eingang derselben thut, folgende Geographie entwickelt, so ist sein Zeugniss von selbst entwerthet: „Jenseit der Donau wohnen die Warner und erstrecken sich bis zum nördlichen Ocean und bis zum Rhein, (füllen also ganz Deutschland!), der sie und die Franken und andere benachbarte Völker scheidet. Alle, welche ehemals zu beiden Seiten des Rheines wohnten, erfreuten sich jedes Volk seines eignen Namens. Von diesen Völkern wird eins mit dem Namen Germanen benannt, der früher allen gemeinsam gewesen. (Welch' ein Lückenbüsser!) Die Insel Brittia aber liegt in diesem Meere, nicht mehr als 200 Stadien von der Küste entfernt, den Rheinmündungen gerade gegen-

---

[1]) Prolegomena zu seiner „Lex Frisionum", in den Mon. Germ. hist.

über, zwischen Brittannien und der Insel Thule (das stelle man sich vor!). Denn Brittannien, westwärts gelegen, ist da, wo es der Spitze von Spanien gegenüberliegt, ungefähr 4000 Stadien vom Festland entfernt. Brittia liegt den äussersten Gegenden von Gallien gegenüber, die dem Meere zugewendet sind, nordwärts von Hispanien und Brittannien (das zeichne man einmal!)" Hierauf erfahren wir noch, dass auf der Phanthasieinsel Brittia Angeln, Friesen und Britten wohnen, dass wegen Uebervölkerung jährlich Viele in das menschenleere Francien auswandern und der König der Franken jüngst unter anderen Gesandten auch Angeln an Kaiser Justinian geschickt habe, um glauben zu machen, er sei auch über Brittia König! In dem Rahmen einer solchen Geographie bietet der ferne Byzantiner nun die, weiss Gott wie zu ihm gekommene, ächt deutsche, im Stile unserer Gudrun, nur etwas wild, gehaltene — Sage von dem Warnerkönig Radiger und dem weissagenden Vogel auf dem Baum und der verschmähten Brittischen Königsbraut und der durch die Braut selbst gegen die Warner geführten Flotte und der auf dem Meeresstrand an den Rheinmündungen gegen Radiger gelieferten Schlacht, und der Gefangennahme Radigers und — der schliesslichen Heirath der Siegerin und des Besiegten. Das ist kein Beweismittel für die Existenz von wirklichen Thüringern am Niederrhein.

Weiss denn also die Geschichte von eigentlichen Thüringern am Niederrhein gewiss nicht das Mindeste, so fragt sich: wer sind doch die Thoringi, wo ist die Toringia der angeführten Stelle Gregors?

Man hat sich auf die Lesart einiger Handschriften berufen, die Tungrorum und Tongrorum lautet anstatt Toringorum. Indess, wie Ruinart richtig bemerkt, ist damit Nichts gewonnen, indem die auf Grund der Erzählung Gregors vor allen noch erhaltenen Handschriften entstandenen Gesta Francorum und Fredegar die Lesart Toringorum beweisen. Ferner ist mit Recht bemerkt worden, dass die Toringer, die Chlodwig nach Gregor im Jahre 491 unterworfen hat, ebenfalls nicht in Mitteldeutschland, sondern links vom Rheine zu suchen sind. Dieselbe Bewandtniss hat es mit dem „Lande der Turinger“ in dem Leben des heil. Arnulf.

Wir mögen also wollen oder nicht: es muss ein Toringen auf der linken Rheinseite gefunden werden. Einen bedeutsamen Fingerzeig gibt die zuletzt genannte Stelle, indem sie sagt, Toringen sei ein bedeutender Theil des zweiten Germaniens, das Köln zur Hauptstadt habe. Erinnern wir uns nun, dass im 4. Jahrhundert als die 2 Hauptstädte dieses zweiten Germaniens *Köln* und *Tongern* angegeben werden, so bliebe wirklich doch kein anderer Ausweg als einzuräumen: *Tongern* sei das Toringen Gregors! Merkwürdig stimmt hierzu, also zu der (bis jetzt noch unbeachteten) *Nachricht*: dass Tongern ein fränkisches Gaukönigthum gewesen ist neben dem des Chlodwig und *gleich* dem des Sigebert, des Ragnachar, des Chararich — der Umstand, dass Chlodwig *zuerst* dieses Toringen und *danach*, wie es die *Lage* bedingte, das Reich Sigeberts an sich brachte. Es wird also wohl dabei sein Bewenden haben, dass Toringen *Tongern* ist.

Hier erheben sich jedoch neue Schwierigkeiten. Erstens ist die Wahl des Namens *Toringen* für Tongern — nicht zwar zu rechtfertigen, das geht nicht an — aber zu *erklären*. Warum hat man nicht Tongern gesagt? warum Toringen? Wir wollen uns kurz fassen.

Wir begegnen in der fränkischen Litteratur, wie es scheint, bereits im 6. Jahrhundert dem Bestreben, das Frankenvolk dem eben bezwungenen *Römischen* dadurch *ebenbürtig* zu stellen, dass man seinen Namen, seine Könige, seine Städte, seine Urheimath mit den classischen Namen und Personen und Oertlichkeiten Troja's, des Trojanischen Krieges in Verbindung brachte. Uralte Sagen von südöstlicher Herkunft mögen dabei mitgespielt haben. Wenn die Franken von den Trojanern abstammten, dann waren sie ja natürlich an der Reihe, in das Erbe ihrer Brüder, der Römer, einzutreten: weiter hatte das keinen Zweck. Es ist ein Humor darin, dass sie zuerst die bisherigen Trojaner beseitigen und dann — eben neue Trojaner selbst sind! Solche Gedanken schlummerten eigentlich seit Jahrhunderten in Gallien. Es ist im Grunde dieselbe Absicht, die unsere mittelalterlichen Schriftsteller bewog, die deutsche Kaiserreihe als die richtige Fortsetzung der Imperatoren zu Rom und Byzanz zu behandeln, die geflissentliche Anlehnung und vermeintliche Stützung einer neuen Institution durch eine ehrwürdige alte.

Nicht anders verhält es sich mit unserem Toringen. Der Name Tongern, obwohl urgermanisch, dünkte den fränkischen Schriftstellern zu klanglos, der Anfänge ihres herrlichen Volkes zu wenig würdig. Man höre die Sprache des Prologs zum Salischen Gesetz und man wird sich nicht mehr wundern, wenn einem fränkischen Geschichtschreiber „Tongern" viel zu prosaisch, zu obscur vorkam für die Residenz des grossen Stammfürsten Chlodio, des „Erlauchten": „Das hehre Volk der Franken von Gott gestiftet, tapfer in Waffen, fest im Bund des Friedens, tief an Rath, edel geboren, lichthell von Ansehen, schön von Gestalt, kühn, schnell, herb" — dies Volk konnte, so schien es nach 100 Jahren — unmöglich von einem „Tongern", weder Römisch noch Deutsch hohen Klanges, ausgegangen sein. Hier musste eine kleine — „Berichtigung" stattfinden und diese lag nahe genug. Zu den berühmtesten deutschen Völkern jener und früherer Zeit gehörten die Thüringer, mit dem mythischen Namen Irmin-Duren schon im ersten Jahrhundert. Dies hochberühmte Volk, das seines Ruhmes noch im Falle (unter seinem König Hermanfried) würdig blieb, musste seinen Namen leihen, um die Königsburg Chlodio, die ja so gut wie Tournay und die weiteren eine eroberte sein durfte, mit gebührendem Glanz zu umgeben. Die Tongrer traten als Toringer, Tongrien als Toringien auf. Das kostete weit nicht so viel Phantasie als die (bei Gregor nur in dem Wort „von Pannonien" bescheiden anklingende) Trojanische Genealogie! Dass dem Tongernlande das vornehme Kleid von jenseit des Rheines etwas seltsam zu Gesicht steht, darf ebensowenig stören, als der sonderbare, aber nützliche Titel und Ornat als

Römischer Consul und Patricius, womit Chlodwig vom byzantinischen Kaiser Anastasius, — er der Bezwinger der Römer —, sich im Jahre 508 geputzt sah. Der Unterschied lag nur darin, dass deutsch zu deutsch doch noch besser passte als römisch.

Wir haben indess noch der bereitstehenden Einsprache (von Waitz) zu genügen, dass „der Name Tungri doch in späterer Zeit immer nur von der Stadt, nicht von der Landschaft oder als Bezeichnung einer bestimmten selbstständigen Völkerschaft gebraucht werde, nicht einmal ein pagus Tungrorum komme vor. Gregor dagegen kenne die Thoringi als ein besonderes Volk, das eigne Könige hat, das erst Chlodowech der fränkischen Herrschaft unterwirft."

Zuerst muss dieser Einwand beschränkt werden. Die Worte der Basina zu Chlodwig: „Wenn ich in überseeischen Landen einen kennen gelernt hätte, der wackerer wäre, als Du, dann würde ich ja zu ihm gezogen sein" —, haben zur Voraussetzung nur ihre Kenntniss, dass es überseeische Lande gibt, und ihre Absicht, ihm Mannestüchtigkeit als Das, was sie um jeden Preis am Gemahle suche, zu zeigen; dass sie vom Meere herkomme, dass Thüringen, woher sie komme, am Meer liege, sagt sie nicht. Ein Volk von Tongern kann man eigentlich ebenso wenig verlangen als das fränkische Königreich des Ragnachar zu Cambray oder das des Childerich zu Tournay ein Volk repräsentirte; und ob der Name pagus Tungrorum nachweisbar ist, verschlägt in der Sache nicht viel. Aber wenn schon die nicht mehr bestreitbare sachliche Identität der 5 Völker des Cäsar, der Tungri des Tacitus und Ptolmaeus, der Toxandri des Plinius schwer in die Waagschaale fällt, dazu die Identität dieses alten Tungrerlandes mit dem durch das Mittelalter hindurch bekannten pagus Texandrorum, so schwindet jeder Zweifel an der Existenz eines zugehörigen Territoriums auch im 4. und den nächstfolgenden Jahrhunderten durch das bereits im J. 348, dann im 5., 6. und 7. Jahrhundert bezeugte Vorhandensein eines Episcopus ecclesiae Tungrorum, durch die hervorragende Stellung, welche die Stadt Tongern in der Römischen

Provinz, neben Köln eine gute Hälfte repräsentirend, nicht blos zu Julians Zeit, sondern bis ins 5. Jahrhundert einnahm, endlich durch das in das Jahr 636 gehörende Testament des Diakonus Grimo, welches ausdrücklich ein Tongerner Territorium [1]) nennt.

Es hatte also ein Frankenkönig auch im Tongrerlande seinen Herrschersitz und mehr als einer, eine ganze Reihe. Im Jahre 491 stürzte Chlodwig den letzten; der erste, der uns genannt wird, ist der Eroberer von Cambray, Chlodio. Aus dieser neuen Fernsicht in die älteste Frankengeschichte gewinnen wir einen beachtenswerthen Anhaltspunkt für das Geschlecht Chlodwigs selbst. Ist nämlich, wie nun nicht mehr bestritten werden kann, Chlodio Herr von Cambray geworden, nennt aber Chlodwig den König Ragnachar von Cambray „seines (Königs-)Geschlechtes," so ist an der Familienzuammengehörigkeit des Hauses Childerichs von Tournay und Chlodio's von Tongern nicht ferner zu zweifeln und für den Entwickelungsgang der Frankenherrschaft ist zwischen Tournay und der nordischen Heimath ein Königssitz im Tongrerland klargestellt. Die Zeit der Gründung dieses nördlichsten namentlich feststehenden fränkischen Königthums ist unschwer zu ermitteln, wenn man bedenkt, dass im Jahre 357 die Salier der zweiten Hauptstadt von Niedergermanien bereits nahe genug gerückt waren; denn Tessenderlo liegt im Territorium Tungrense. Und dass sie es auf die Hauptstädte abgesehen hatten, liegt sowohl in der Natur der Sache, als die Beispiele Köln, Tournay, Cambray und viele andere es beweisen.

Wir haben soeben bereits angedeutet, dass nach der ganzen Lage der Dinge noch etwas mehr bewiesen ist, als die Identität des Landes der Tungri und Toringi. Auch die Königsstadt, die Hauptstadt steht sachlich fest. Tessenderlo wird Niemand entgegenstellen können, Tessenderlo bezeichnet nur den Weg, auf

---

[1]) Beyer, Mittelrheinisches Urkb. I. S. 7.

dem die nordischen Gäste sich bewegten, und die letzte Station vor — Tongern selbst.

Sachlich steht die Identität von Disparg und Tongern fest. Es liegt uns ob, die Verschiedenheit der Namen zu deuten.

Ehe wir das unternehmen, möge noch auf die ächt salische Natur des ganzen Umkreises von Tongern hingewiesen werden. Wenn mit Recht bemerkt wurde, dass auf -hem (-heim) endende Ortsnamen für das Volksthum der Gegend charakteristisch sind, so ist das in höherem Maasse von einer Gegend anzuerkennen, deren Ortsnamen in auffallender Anzahl auf -mal, -mall (jetzt mael) endigen: sagt doch der Prolog des Salischen Gesetzes, die 4 Gekorenen seien zur Bekundung des geltenden Rechtes „an drei Mallstätten zusammengekommen." Nun finden sich um Tongern folgende Orte: Vliermael (nördlich), Eben-Emael, Mall, Klein Mall, Hermall (östlich), Hamal, Xhendremael, Flemall, Momall (südlich). Omal, Horpmael, Vechmael (westlich); die entlegensten sind $2^1/_2$ Meile von der Stadt entfernt. Das weist auf ächt fränkisch-salischen Charakter.

Doch kommen wir zu dem Stadtnamen Tongern. Bei Ammian heisst sie Tungris, in der Reichsstatistik Tungri, im Reichsitinerar Aduaca Tongrorum, bei Ptolmäus Ἀτουάτουκον (Τούγγρων πόλις), bei Cäsar Aduatŭca [1]). Die Zeit führt uns auf ihren ursprünglichen Namen, an ihn halten wir uns.

Doppelt liegt der Beweis vor Augen, dass Aduatuca ein germanisches Wort ist, das Keltenthum hat kein Recht an ihm. Einmal liegt Aduatuca, wie anderen Orts bewiesen ist, auf Germanengebiet, und zum andern sind die Aduatuci ein Cimbernstamm, einst von Jütland hergezogen, alte Nachbarn der Haruden, Sachsen, Teutonen. Behalten wir den deutschen Charakter des Namens Aduatuca im Auge und suchen uns über das Gebiet der Tungri

---

[1]) Das Vorkommen von Aduatuci und, ausser deren Gebiete, von Advatuca, bildet germanischerseits ein Analogon der mehrfachen Lugdunum, Noviomagus, Bibracte etc. keltischerseits.

näher zu orientiren. Bekanntlich umfasste dasselbe die Völkerschaften der Eburonen, Condrusen und Segnen, Pämanen und Caräser. Der Gau der Caräser war das höchstgelegene Eifelland, das Quellgebiet der Amblève, der Kyll, der Prüm, der Roer und der Ahr. Um die mittlere Roer, zwischen Zülpich und Jülich, wohnten die Segner Cäsars, die Sunuci des Tacitus. Die Condrusen hatten das ganze rechte Maasufer in ziemlicher Breite von Dinant her bis über Aachen hinaus inne und waren so, wie sie auch überall erscheinen, die stärkste der 5 Völkerschaften, nächst den das ganze nördliche Gebiet bis zu den Batavern und den Maas- und Scheldemündungen besitzenden Eburonen.

Sehen wir uns für diesen hinlänglich beglaubigten Umfang der Tungri, der ethnographisch auch durch die Versetzung der Ubier auf das linke Rheinufer, auf Eburonengebiet, wesentlich nicht verändert worden sein kann, nach weiteren Bestätigungen um, so fordert unsere Aufmerksamkeit vor Allem die hervorragende Bedeutung, die, vor dem massenhaften Eintritt fränkischer und suevischer Germanen, die Tungrischen Cohorten im Römischen Heere einnehmen. Diese tritt so recht klar in den Parteikämpfen nach Nero's Tod und im Bataverkriege hervor und gibt der der Bataver kaum etwas nach, übertrifft dieselbe wahrscheinlich. Wenigstens lässt sich von letzteren nicht behaupten, was von den Tungern gewiss ist, dass nämlich 8 ihrer Cohorten, also 4000 Mann ohne ihre Reiterschwadronen auf einmal im Römischen Heere dienten, und das war, wie bemerkt werden muss, nur ihr Hülfscorps; ihr Heerbann betrug zu Cäsars Zeiten 40,000 Mann. Die Nervier, ein kräftiges zahlreiches Volk, gleich den Tungrern auch ein Bund, sind — nachweisbar — nur mit 6 Cohorten vertreten, die mächtigen Lingoner mit 4. In dem allem liegt die schlagendste Bestätigung für die Machtstellung der Tungrer.

Was so die geschriebenen Quellen im Vereine mit Inschriften im Ganzen darthun, dafür fehlt es nicht an Bestätigungen in anderen Inschriften. Der Göttin Viradethi des Condrusengaues setzten die in Brittannien stehenden Soldaten der zweiten Tungrercohorte einen Denkstein. Die keltische Göttin Uxalla, welcher Uxellodunum seinen Namen verdankt, scheint nach dem in jener ganzen Zeit vielfach beobachteten Kosmopolitismus in der Religion, an zwei Sunucen Verehrer gefunden zu haben, wie eine Inschrift aus Emken im Kreis Düren zu verstehen gibt.

Doch die aufmerksamste Würdigung nimmt eine Reihe von fünf Inschriften in Anspruch, welche der Jülicher Gegend angehören. Den offenbar in dieser Gegend verehrten Muttergöttinnen *Vatu*iae geweiht, also einen ächt Tungrischen Cultus vertretend, stellen sie sich in dem ihnen gemeinsamen Namen unmittelbar zu dem Namen Aduatuca. Lösen wir nämlich die adjectivisch gebildete Endung — ca und die präpositionelle Verstärkung Ad von dem Worte ab, so bleibt der Name der Göttinnen (= Trias) übrig! Es hat also der Name Aduatuca mythischen Ursprung, die Stadt war der Vatuiae genannten deutschen Gottheit geweiht und stand unter ihrem Schutz. So fanden die Franken dieselbe und dafür, dass das Bewusstsein dieser Bedeutung, ja der Cult der Gottheit trotz aller keltischen und römischen Elemente im Tungernland dennoch lebendig und frisch geblieben war, zeugen eben die Inschriften. Nun war die Stadt fränkisch geworden. Hätte sie lateinischen oder keltischen Namen getragen, er wäre wie Colonia Agrippina, Metis, Confluentes unberührt geblieben. Der deutsche Name übte einen eigenthümlichen Reiz aus. Zwei Umstände traten hinzu. Im dritten Jahrhundert hatte er gegenüber dem von den unkundigen Römern gemachten Zusatz (A. Tungrorum) noch sein Uebergewicht behauptet, im vierten aber hatte ihn der Zusatz als einen „veralteten" in den Hintergrund gedrängt. Und doch lebte im Volke der alte Glaube, galt noch der alte Cultus und bewahrte somit auch den heiligen Namen vor dem Untergang! So fanden ihn, den unvertilgbaren, zwar nicht officiellen, aber wahrhaft volksthümlichen deutschen, die siegreichen Franken. Eben war unter ihren Waffen das Römerthum in der alten Feste erlegen: da kam auch der uralt deutsche Name der Stadt zu Ehren, der heiligste Rest aus grauer deutscher Vorzeit, vielleicht einer in der Römerzeit nur mehr von den Privaten besuchten Weihestätte entsprechend! Der von Römern befohlene Zusatz musste dem ehrwürdigen Klange weichen, Vatustadt durfte sie sich wieder nennen. Wir brauchen nach Beispielen solcher Namensumwandlung durch die siegenden Germanen nicht lange zu suchen. Wiltaburg bietet die Frankengeschichte selbst, Strataburg die der Alemannen. In keinem dieser Fälle aber erging es ganz so wie bei Aduatuca. Ein Zweites kam nämlich hinzu. Die Franken zogen als Sieger ein, eine Gauvölkerschaft wahrscheinlich nur, unter ihrem Gaufürsten. Das umliegende Land reichte aus, man beschloss zu bleiben. Natürlich wurde die Hauptstadt der Königssitz, der Sitz eines fränkischen Königs. Nicht blos die Lage, die Tradition bestimmte dazu: nein der heilige Name, altehrwürdigen Klanges, entschied. Denn die Franken waren Germanen bis ins Herz hinein, ein Volk, das seine Gottheit ehrte. Indess gerade die Wahl der heiligen Stadt zur königlichen hatte gewisse unvermeidliche Folgen. War Aduatuca der Mittelpunkt des Volkes, so fanden hier alle wichtigeren Zusammenkünfte von allgemeiner Geltung, alle Berathungen und Beschlüsse Statt, hier war der Mittelpunkt der Rechtsprechung, die Hauptmallstätte, die Stätte, an welcher alle kriegerisch wie friedlich bedeutsamen Acte und Feste geschahen. Bei all diesen Gelegenheiten bildete die Religion die Grundlage, Nichts geschah ohne Opfer, ohne Befragung der Götter, ohne Spruch der Priester, ohne die Entscheidung des Heiligthums. Nahmen darum die Franken auch, urdeutsche Einheit anerkennend, den heiligen Charakter der Stadt sofort in ihren Schutz, so musste doch eine Erneuerung geschehen. Die Sprache des fränkischen Cultus musste gelten, der heilige Name ein fränkischer werden. So ist aus Aduatuca, der Stadt der Vatu-Göttinnen, eine heilige Frankenstadt, eine Disi-burg, eine Burg der Göttinnen geworden. Schwerlich sind damit Disen im engeren, niederern Sinne, etwa Walküren, gemeint. Das Wort bezeichnet auch die höchsten Göttinnen; ob nothwendig an eine Drei· ob überhaupt an eine Mehrzahl zu denken ist, muss wohl auf sich beruhen. Die der nordischen Weise, wie so Manches bei den Franken, nahestehende Form, statt des sonst vorkommenden Idisi, ist gerade· auf fränkichem Gebiet, in Disibodenberg an der Lahn beglaubigt.

Welche der uns mit ihrem Namen bekannten deutschen Göttinnen, ob die lohnende und strafende Hêl, ob Freyja, ob (wofür· die gewöhnliche Trias der Matres spräche) die drei Schicksalsschwestern, die Nornen, ob Walküren unter Disi zu verstehen seien, ist schwer auszumachen. Aber fern ihrer Bedeutung kann unmöglich der Begriff der Treue, dieser Stern des deutschen Volks- und Kriegslebens gewesen sein. Und welches Verhältniss nimmt zu diesem die deutsche Frau ein: am Hochzeitstage empfängt sie zum Zeichen, dass sie von nun an mit dem Manne die Noth des Kampfes, die Wonne und Ehre des Sieges zu theilen habe, Waffen, Schild, Speer, Schwert und das zur Schlacht gezäumte Ross! ihr Beisein entflammt zur Tapferkeit, ihr Flehen treibt die Fliehenden in den Verzweiflungskampf zurück, ihre verbindende Hand und Zurede erquickt die Verwundeten; und mehr: was sie rathen, was sie entscheiden, flösst Ehrfurcht ein, die Götter sprechen gern durch ihren Mund; darum gibt es kein heiligeres Unterpfand für einen Vertrag mit Deutschen, als wenn sie edle Jungfrauen als Geiseln stellen. Bildete so dem Deutschen in seinen liebsten und höchsten Gedanken und Verhältnissen das Weib den stärksten Haft, das unauflöslichste, heiligste Band nächst den Göttern, so ist der Gedanke, dass allen Treuen, allen Verbindlichkeiten und Verträgen des Volkes weibliche Gottheit ihre Gewähr geliehen, ihre Besiegelung und Weihe gegeben, nicht mehr auszuschliessen. Der Name ist für unsere Frage nicht wesentlich, die Sache wiegt vor. Die fränkische Insel an der Scheldemündung weist nach Walhöll, die Schicksalsschwester Urth ist uns im fränkischen Nordland begegnet; wird einmal ernstlich und systematisch der altsigambrische Boden zwischen Utrecht und Deventer und der rechtsrheinische zwischen Ruhr und

Westerwald, um den sich noch fast Niemand gekümmert hat, durchforscht, so dürften wir bald besseren Bescheid wissen, das lassen die Dinge, wie sie liegen, nicht bezweifeln.

Fassen wir nun die Disi der Tongrischen Franken als eine Gottheit auf, die dem Ideal heiliger Treue in göttlichem wie menschlichem Rechte, im Recht des Kampfes wie des Friedens entspricht, so ist darin auch der Sinn der Vatu-göttinnen wiedergegeben. Es ist nämlich der Stamm vatu allen deutschen Sprachstufen und -zweigen bis zu unserer „Wette" herab gemeinsam als Bezeichnung eines Bundes, Vertrages, Gelöbnisses, Versprechens, des Unterpfandes, der Bürgschaft; zum Grunde liegt die Vorstellung von Binden, gothisch ist vath = Band, und vidan, vath — vêdum — vidans = binden, — und was die den Bund wahrenden Vatugöttinnen den alten linksrheinischen Germanen und Tungern gewesen, das waren den Franken ihre Disi.

So haben wir denn die mehr als blos sachliche Identität von Aduatuca und Disparg gefunden und in letzterem die fränkische Uebersetzung des ersteren erkannt.

„Noch heute, so schreibt Wendelin in der Mitte des 17. Jahrhunderts über Tongern, stehen die alten Römermauern mit Spuren von Thürmen in regelmässigem Abstand; ihr Umfang beträgt eine Stunde, ihre Form ist ein Viereck. Innerhalb dieser Umfassung ist — viel kleiner — die jetzige Stadt Tongern. Jene alten Mauern sind unten 5, oben 4 Fuss dick, wie ich genau gemessen habe. Täglich findet man Römerspuren, Münzen und kunstvolle Gegenstände. Auch eine merkwürdige Naumachie sieht man noch, von Unwissenden „das Meer" genannt."

Dispargum steht am Schluss der gegenwärtigen Abhandlung, Aduatuca am Anfang. Welch eine Fülle von Begebenheiten, welch ein Völker- und Kampfgewoge, welche Reihe von Schlachten und Helden bewegt sich zwischen beiden! Am Anfang schien es, als sollte nicht blos das linke Rheinufer Römisch werden, Belgien war über halb besiegt, die Usipier und Tencterer traf tückisch Cäsars Schwert, schon suchte sein Blick die Germanen über dem Rhein auf. Da erhoben sich die Sigambern! Bedeutsam war sogleich das Scheitern des überrheinischen Feldzugs. Dann wurde einem ganzen Heere die Feste Aduatuca zum Unheil. Die Eburonen, von der Rache Cäsars verfolgt, wichen: aber schon meldeten sich unter den Mauern Aduatucas die Sigambern! Cäsar ging —, da brachen sie mit ihren Verbündeten über den Rhein. Agrippa, Lollius — fühlten ihre Kraft. Die Ubier mussten hinübergeflüchtet werden, der deutsche Boden vertrug keine Römer mehr. Der Rheinische, der Sigambrische Völkerbund, der Keim aller folgenden, die älteste Wacht am Rhein stand gerüstet. Chatten, Sueven, Cherusker, Bructerer, Marsen hatten sich angeschlossen. Doch ein neuer Cäsar, kühner fast und gewaltiger noch als der erste, erschien auf dem Kampfplatz: Drusus. Die Ueberlegenheit der Kriegskunst führte ihn bis ins Herz Germaniens; nur noch einige Feldzüge — so schien es — und die Elbe war die Römische Grenze. Da griff eine höhere Hand ein, eine Wöla gebot ihm zurückzuweichen und die Norne warf ihm das Todesloos zu. Tiberius konnte nicht vollenden, was seinem grösseren Bruder versagt war. Aber dafür schlug er dem verhassten Volke die tiefe Wunde, dass er, in Tücke Cäsars Schüler, die Sigambern theilte und die kräftigsten fernhin zwischen die Bataver und die Friesen, in das stillste Land — verbannte! Nun hatte das Römische Gallien etwas Ruhe. Allein der Angriff auf Germanien, dessen sich der Sieger vermaass, weckte die Geister des Bundes, an seine Spitze traten die von der Weser, die Cherusker. Drei Legionen büssten den Wahn, als sei die Knechtung gelungen, und Germanikus gewann Nichts, als 2 der verlorenen Adler. Deutschland blieb deutsch —, das war des 70jährigen Kampfes Resultat. Die Kaiser gaben am Nieder- und Mittelrhein die Eroberung auf. Doch das war wenig: schon wetterleuchtete es am Niederrhein, der Batavische Krieg verbreitete das Vorgefühl von Roms Fall durch die Germanen — „die Geschicke nahen mit raschem Schritt.“ Nur nicht so rasch, als wäre es blos aufs Zerstören abgesehen. Die Germanen sollten eine neue Welt aufbauen, im eignen Geist, aber mit der einmal fortgeschrittenen Technik und Bildung. Eine Zeit des Lernens, des Aneignens und Sammelns, und auch des physischen Erstarkens zu dem ungeheuren Werk war nothwendig. Auch das Christenthum musste sich noch vom Osten her durch das Reich, über die Alpen, an den Rhein durchringen.

Es war die Mitte des dritten Jahrhunderts. Die Stunde schlug. Während die von Ariovist Angekündigten am Oberrhein erschienen und im Kampf waren, standen zuerst die alten Bundesgenossen Melo’s, die Chatten auf mit ihrem Gesinde: Franken nannten sie sich, das war die Loosung.

Da, wie der Ruf nordwärts wiederhallte, regte sichs in den alten Sigambernbergen, die Waffen erklangen, Sigambern, Tencterer, Hattuarier, ein wildes Heer, stürmten zum Rhein, kaum wurde dem Einbruch durch die Aufnahme von Hunderten der neubenannten altberühmten Völker ins Heer gewehrt. Köln — wie zur Vorbedeutung — wurde Residenz, fränkische Prätorianer umstanden den Kaiser mit dem ominösen Namen „Postumus“.

Zuletzt erhoben sich die Vergessenen. Das Wort hatten sie gehört, es war auch das ihre. Erst machten sie sich nach der See hin Luft, mit dem kühnen Menapier wurde Freundschaft geschlossen und nun sich in den Besitz der Römischen „Waffenkammer“, der Bataverinsel, gesetzt. Drei Kaiser wehrten, es war vergebens. Der vierte, Julian, musste sie gewähren lassen; nur den Dienst that er ihnen noch, dass er die sich mitvordrängenden sächsischen Elemente über den Rhein zurückwies. Stilicho gewann Nichts zurück. Disparg-Tongern wurde Salischer, Köln Ripuarischer Königssitz: das zweite Germanien gehörte den Sigambern. Aber die Salier hatten nicht umsonst so gut gerastet, sie fühlten die Kraft, es mit ganz Gallien, Celten und Römern, aufzunehmen. Tournay, Cambray fiel Chlodio und seinem Hause zu. Als aber Childerichs Sohn, dem

Zug der Ahnen folgend, südwärts drang, da begegnete er mitten im Siegeslauf dem Gott der Christen. Die Disen verliessen ihn, er traute dem Gott der Chlotilde und wurde Sieger über alle Feinde. Mit doppeltem, dreifachem Rechte nannte ihn da der taufende Bischof mit dem in des Volkes Urzeit zurück- und in des Reiches Zukunft vorausgreifenden Namen: Sigamber.